“十二五”职业教育国家规划教材
经全国职业教育教材审定委员会审定

中等职业教育市场营销专业系列教材

商务沟通与谈判

SHANGWU GOUTONG YU TANPAN

（第四版）

谢群英 何艳萍 主 编
孙 邈 孔德想 副主编

东北财经大学出版社
Dongbei University of Finance & Economics Press
大 连

图书在版编目（CIP）数据

商务沟通与谈判 / 谢群英，何艳萍主编 . —4 版 . —大连：东北财经大学出版社，2025.1 . —（中等职业教育市场营销专业系列教材）. —ISBN 978-7-5654-5497-4

Ⅰ . F715.4

中国国家版本馆 CIP 数据核字第 2024BJ5441 号

东北财经大学出版社出版

（大连市黑石礁尖山街 217 号　邮政编码　116025）

网　　址：http://www.dufep.cn

读者信箱：dufep@dufe.edu.cn

大连天骄彩色印刷有限公司印刷　　东北财经大学出版社发行

幅面尺寸：185mm×260mm　　　字数：367千字　　　印张：15.75

2025 年 1 月第 4 版　　　　　　　　　　2025 年 1 月第 1 次印刷

责任编辑：郭海雷　　　　　　　　　　责任校对：张晓鹏

封面设计：张智波　　　　　　　　　　版式设计：原　皓

定价：38.00 元

教学支持　售后服务　　联系电话：（0411）84710309

版权所有　侵权必究　　举报电话：（0411）84710523

如有印装质量问题，请联系营销部：（0411）84710711

第四版前言

本书在第三版的基础上，根据近年来广大中职师生的反馈意见更新了相关内容。此次修订，力争使教材内容与专业需求、行业发展、课程思政紧密结合，与时俱进。本次修订工作如下：

1. 保持前三版教材编写宗旨、特色、学科知识体系和整体框架结构不变，在保留经典案例的同时，删除了一些过时的案例，增加了一些新颖、有趣、针对性强的案例，使之更加适合中等职业学校市场营销专业课程教学的需要。

2. 深入挖掘课程思政元素，结合社会主义核心价值观"富强、民主、文明、和谐，自由、平等、公正、法治，爱国、敬业、诚信、友善"，围绕知识传授、能力培养、价值塑造三位一体的学习目标，以"润物细无声"的方式，将正确的价值追求有效地传递给学生和读者。

本书由谢群英、何艳萍担任主编，孙邈、孔德想担任副主编。具体修订分工如下：天津市第一商业学校高级讲师谢群英负责整体设计，武汉市第一商业学校正高级讲师何艳萍负责全书的统稿，武汉市第一商业学校教师穆豪负责项目一的修订，山东省济南商贸学校讲师孙邈负责项目二、项目三、项目四的修订，武汉市第一商业学校讲师孔德想负责项目五、项目六、项目七的修订。

我们对悉心指导本书编写的商业职业教育领域专家王晋卿先生致以衷心的感谢和敬意！对参与本书前三版编写的所有人员表示衷心的感谢，特别对丁小芳老师所做的大量工作表示衷心的感谢！

本书学时建议如下表：

学时建议表

项　目	任　务	建议课时		
		理论教学	实训教学	总计
项目一　认知商务谈判	任务一　初识商务谈判 任务二　准备商务谈判	6	2	8

项　目	任　务	建议课时		
		理论教学	实训教学	总计
项目二　走近商务沟通	任务一　初涉商务沟通 任务二　熟悉商务沟通的技巧与方法 任务三　探索商务沟通的语言艺术	6	2	8
项目三　寻找与接近客户	任务一　寻找客户的沟通技巧 任务二　接近客户的沟通技巧	6	2	8
项目四　开局与探测	任务一　营造开局气氛 任务二　开局策略 任务三　探测与防御	6	2	8
项目五　报价与磋商	任务一　报价与讨价还价 任务二　处理客户异议导致的谈判僵局 任务三　让步策略	6	4	10
项目六　促成交易	任务一　表达己方的成交意图 任务二　捕捉对手的成交信号 任务三　促成成交	6	4	10
项目七　签订合同	任务一　初探签订合同 任务二　认定合同效力 任务三　合同的担保和保全 任务四　变更、转让和终止合同 任务五　履行合同 任务六　承担违约责任	8	4	12
机动课时		8		
总学时		72		

　　由于编者水平有限，加之编写时间仓促，书中可能存在疏漏和不当之处，敬请相关专家和广大读者批评指正。

　　在本书编写过程中，编者参考了大量文献资料及网络资源，在此一并向相关作者表示衷心的感谢，并致以崇高的敬意！

编　者

2024 年 11 月

目　录

项目一 ✓ 认知商务谈判

知识目标：

1. 了解商务谈判的概念、特征、内容和类型。
2. 了解谈判信息的功能、特性及信息收集的原则、内容。
3. 熟悉商务谈判的模式。
4. 理解商务谈判人员应具备的基本素质和综合能力。
5. 掌握商务谈判的基本原则及商务谈判的程序。

能力目标：

1. 能够建立起对商务谈判的基本认知。
2. 能够应用商务谈判的基本原则分析并解决实际问题。
3. 能够认知商务谈判人员应具备的基本素质和综合能力，明确自己的努力方向。

素养目标：

深刻理解"诚信、友善"是社会主义核心价值观的基本内容之一，是公民个人层面的价值准则，也是人际交往中必须遵循的道德规范，树立正确的人生观和价值观。

任务一 初识商务谈判

任务描述

认识商务谈判，学习和掌握商务谈判的理论、技巧和实务，是现代人必须具备的基本素质。本任务主要探讨商务谈判应遵循的基本原则、商务谈判的模式及程序。

　　在比利时某画廊曾发生过这样一件事：一位美国商人看中了印度画商带来的三幅画，标价均为 2 500 美元。美国商人不愿出此价钱，双方各执己见，谈判陷入僵局。终于，那位印度画商被惹怒了，怒气冲冲地跑出去，当着美国商人的面把其中的一幅画烧掉了。美国商人看到这么好的画被烧掉，十分心痛，赶忙问印度画商剩下的两幅画愿意卖多少钱，得到的回答仍是每幅 2 500 美元，美国商人思来想去，拒绝了这个报价。这位印度画商心一横，又烧掉了其中一幅。美国商人只好乞求他千万别再烧掉最后那幅画。当美国商人再次询问这位印度画商愿以多少价钱出售最后这幅画时，对方说："最后这幅画只能是三幅画的总价款。"最终，这位印度画商手中的最后一幅画以 7 500 美元的价格拍板成交。

　　资料来源　雷娟，全婧. 商务谈判［M］. 2 版. 西安：西安交通大学出版社，2015.

　　试问：这位印度画商为什么敢烧掉三幅画中的两幅，而剩下的最后一幅画仍能以三幅画的总价款成交？

知识储备

　　中国自古就有"财富来回滚，全凭舌上功"的说法。在现代商业活动中，谈判是交易的前奏曲，是销售的主旋律。

　　可以毫不夸张地说：人生在世，你无法逃避谈判；从事商业经营活动，除了谈判外你别无选择。

　　尽管谈判天天都在发生，时时都在进行，但要使谈判的结果令人满意，却不是一件容易的事。那么，在谈判中怎样才能做到挥洒自如、游刃有余，既实现己方目标，又能与对方携手共庆呢？从现在开始，让我们一起去探索谈判的奥秘吧！

知识窗

名家观点

你的现实世界是一个巨大的谈判桌，不管你愿意与否，你都是一个谈判者。

——荷伯·柯思曼

谈判是一项互惠的合作事业。

——杰勒德·尼伦伯格

一、商务谈判概述

（一）初识谈判

1. 谈判的概念

　　谈判是社会生活中经常发生的事情，每个人都会在某一特定条件下成为一个谈判者。与小商贩讨价还价，购买他的农产品；与单位的领导讨论个人的工作调动；作为企业代表与其他谈判者磋商某一交易合同；作为外交人员与其他国家的官员商讨外交事务等，这些都是谈判，谈判是我们生活中不可缺少的一部分。

要给谈判下一个定义，既简单又困难。说它简单，是因为它几乎每时每刻都出现在我们的生活中，谈判就是人们的一种交际活动。说它困难，是因为谈判的内容极为广泛，很难用一两句话就准确充分地表达出生活中谈判的含义。但我们还是要描绘出谈判的大致轮廓，以便于把握构成谈判概念的一些基本要素。

谈判的含义至少应包括以下几方面的内容：

（1）谈判建立在人们需要的基础上。当人们想交换意见、改变关系或寻求同意时，人们开始谈判。在这里，交换意见、改变关系、寻求同意都是人们的需要。需要推动着人们进行谈判，需要越强烈，谈判的动因就越明确。但谈判又是两方及两方以上的行为，只有各方的需要能够通过对方的行为得到满足时，才会产生谈判。所以说，无论什么样的谈判，都建立在需要的基础上。

（2）谈判是两方及两方以上参加的沟通交际活动。要谈判，就要有谈判对象，只有一方是无法进行谈判的。既然有两方及两方以上的人员参加，这种活动就是一种沟通交际活动，就需要运用沟通交际手段、策略来实现沟通交际的目的。这是谈判活动与人类的其他行为的重要区别。

（3）谈判是寻求建立或改善人们的社会关系。人们的一切活动都是以一定的社会关系为背景的。以交易过程为例，看起来是买卖行为，但实际上是人与人之间的关系，是商品的所有者和货币持有者之间的关系。买卖行为能否发生，取决于买方和卖方新的关系的建立。谈判的目的是要获得某种利益，要实现追求的利益，就需要建立新的社会关系，或改善原有的社会关系，而这种关系的建立是通过谈判实现的。

（4）谈判是一个协调行为的过程。任何谈判协议的达成，都是寻求协调、达成统一意见的结果，否则就是协调活动的失败。谈判的整个过程就是提出问题和要求，进行协商，又出现新矛盾，再进一步协商的过程。这个过程可能会重复多次，直至谈判终结。

（5）谈判要选择恰当的时间和地点。谈判是双方面对面的接触，这就需要选择谈判时间和谈判地点。一般来讲，谈判时间、地点是谈判双方根据实际需要协商确定的。谈判的参与者都十分重视选择恰当的时间和地点。在世界上比较著名的谈判事例中，很多谈判活动都精心选择谈判地点，确定谈判的相关人员。例如，2023年伊朗和沙特恢复外交关系的谈判，地点选择在中国北京，由中国充当中间调解人，促成沙伊两国握手言和、同意复交，充分彰显了中国作为中东安全稳定的促进者、发展繁荣的合作者、团结自强的推动者角色，展现了中国的大国担当。

综上所述，我们认为：谈判是为妥善解决某个问题或分歧，满足各自需要，通过彼此对话而争取达成协议的行为或过程。其本质是沟通，其艺术是妥协。

案例 1-1

一天，一头狮子正在丛林里睡觉，一只小老鼠在狮子的上方飞快地奔跑。突然，小老鼠脚一滑朝狮子的头上落下来，砸在狮子的鼻子上。狮子从睡梦中惊醒，非常愤怒。它用爪子抓住小老鼠想把老鼠吃掉。吓坏了的老鼠哀求说："我恳求狮子大王宽恕我。只要你这一次饶了我的小命，我将来一定报答你的大恩大德。"狮子听后哈哈大笑说："像你这样的小东西还怎么能帮助我？"狮子看小老鼠不足一顿饭，便放了它。此后不久，一些猎人来到这片丛林里，设下绳网。那头狮子落入陷阱，被绳缚住。狮子大声嚎叫，那响雷般的吼声，响彻丛林。小老鼠听到吼声，连忙跑来，看看是否能做点什么。老鼠看见倒霉的狮子，就对它说："别吼了！别吼了！你这样吼下去让猎人听到，就会跑来把你抓住。"小老鼠用尖利的牙齿咬断绳索，把狮子放了出来。小老鼠说："你当初笑我，不相信我能报恩。你现在知道了，小老鼠也能帮助大狮子。"

资料来源　张桂声，赵志仁，张峰. 欧美文学典故［M］. 银川：宁夏人民出版社，2020.

试问：如果老鼠没有和狮子进行沟通谈判，后果会如何？这则小故事对你有什么样的启示？

知识窗

商务谈判的五大艺术

有人将商务谈判的艺术性概括为以下几点：①绝对不与对方争执；②认真部署谈判阵容；③不妨借助声望和名声；④善用对方的冲动；⑤敢于坦诚直言。

2.谈判的动因和要点

（1）谈判的动因。①追求利益。谈判是一种具有明确目的性的行为，其最基本的目的就是追求自身利益的满足。②谋求合作。社会依赖关系的存在，不仅为谈判双方相互间的互补合作提供了可能性，同时也成为一种必然。③寻求共识。暴力并非处理矛盾的理想方式，摒弃对抗、谋求互利合作才是当今社会的主旋律，正如孙子兵法中讲的"上兵伐谋"。

（2）谈判的要点。①确定谈什么，即确定谈判的目标；②确定跟谁谈，即确定谈判的对象；③确定怎样谈，即确定谈判的方式、方法。

3.谈判的评价标准

评价一次谈判是否成功，通常有三个标准：①自身的需要是否因谈判而获得满足，即谈判的目的是否达到；②谈判的效率如何；③谈判结束后与谈判对手之间的人际关系如何。

在谈判中，要使上述的"目的"、"效率"和"人际关系"同时得到满足是很难的，因为这三者之间具有某种程度的冲突。所谓成功，是指在三者之间作出适当的取舍，尽可能使三者处于某种均衡状态。

4.正确认识谈判

谈判是一种复杂的、需要运用多种技能与方法的专项活动。谈判是一门科学，更是一门艺术。

（1）谈判的艺术性表现在要求谈判人员具有较高的素质，包括掌握各种知识，有较高的修养，善于与人相处，能灵活地处理各种问题。

（2）谈判也是沟通的艺术。谈判双方的信任与合作是建立在良好的沟通基础之上的。沟通的内容十分广泛，包括交流双方的情况、反馈市场信息、维护对方的尊严、运用幽默语言、活跃谈判气氛、倾听对方的讲话、控制自己的情绪、建立双方的友谊与信任等。谈判专家认为，只有善于沟通的谈判者才是真正的谈判高手，所以，熟谙沟通谋略、善用沟通手段也是谈判者必备的专业素养。此外，谈判地点、时间和时机的选择，谈判场所的布置、安排，都有一定的策略性，善于谋划和利用这一点，会收到事半功倍的效果。

（3）谈判的艺术性表现在人们的语言运用上。谈判是一种交际活动，语言则是交际的工具。怎样清晰、准确地表达自己的立场、观点，了解对方的需要、利益所在，巧妙地说服对方，以及体现各种社交场合的礼仪、礼貌，都需要良好的语言表达技巧。

（4）谈判可以说是一门妥协的艺术，任何一项谈判的成功，都离不开谈判的某一方、双方或多方作出一定程度的妥协。妥协是谈判艺术的集中体现。

知识窗

交换思想

"如果你有一个苹果，我有一个苹果，彼此交换，那么每人只有一个苹果；如果你有一种思想，我有一种思想，彼此交换，每个人就有了两种甚至多于两种的思想。"

——萧伯纳

（二）商务谈判的概念、构成要素与特征

1.商务谈判的概念

所谓商务谈判，是指有关商务活动双方或多方为了达到各自的目的，就一项涉及彼此利益的标的物的交易条件，通过沟通和协商，最后达成各方都能接受的协议的过程。

理解商务谈判这一特殊的谈判活动，应着重把握以下内涵：①商务谈判的主体是相互独立的利益主体；②商务谈判的目的是获得经济利益；③商务谈判的核心议题是价格；④商务谈判的主要评价指标是经济利益。

2.商务谈判的构成要素

商务谈判的构成要素可以概括为"5W1H"：

（1）Why：为什么要谈判？谈判者谈判的动机或根本利益是什么？谈判者谈判的根本动机来自其需要，具体可通过追求利益、谋求合作等来反映，又通过不同的谈判目标，如最优期望目标、实际需求目标、可接受目标和最低限度目标予以具体体现。

（2）What：谈什么？商务谈判的议题是什么？这是谈判双方共同关心并希望解决的问题。所有的商务谈判，不管它涉及什么商品，都包含某些共同议题，这些议题也是商务谈判的主要内容，如品质、数量、价格、装运要求、保证条款和争议解决方式等一系列交易条件。

（3）Who：谁和谁谈？商务谈判的主体和客体分别是谁？谈判主体，是指在谈判中通过主动了解并影响对方，从而企图使对方接受自己的交易条件的一方（处于主动地位）。谈判主体的最大特点在于其表现出充分的主动性和创造性，通常是先发制人。谈判客体，是指在谈判中，谈判主体所要了解并施加影响，企图使之接受自己交易条件的对方。主体和客体都可以由1~2人组成或由代表团组成，客体有一定的被动性，但也有后来居上的。一般来说，谈判双方都想使自己成为主体，并把对方作为谈判的客体，去影响和说服对方接受己方的观点和条件。这样谈判双方就各自既是主体，又是客体，具有双重性。

（4）Where：在什么地方谈？谈判地点的选择，包括主场谈判、客场谈判、主客场轮流谈判、中立地点谈判等。

（5）When：在什么时间谈？主要是指谈判的时机选择。

（6）How：怎么谈？主要是指谈判的方式、方法。谈判的方式包括口头谈判方式和书面谈判方式等。谈判的方法是最具灵活性的，如在不同的谈判类型条件下，谈判方法理应不同；在谈判的不同阶段，谈判方法也应不同；面对不同的谈判对手，更不能只采用一种方法。总之，谈判方法千变万化，"运用之妙，存乎一心"，绝不可生搬硬套。

在上述构成要素中，商务谈判最基本的构成要素是主体、客体和议题，三者不可或缺，否则就构不成商务谈判。

3.商务谈判的特征

商务谈判既具有一般谈判所具有的特征，也有其自身特点：①以获得经济利益为目的；②以价格谈判为核心；③合同条款的严密性与准确性；④交易对象的广泛性和不确定性；⑤谈判条件的原则性和灵活性。

（三）商务谈判的内容、类型与特点

1.商务谈判的内容

（1）商品品质。商品品质常用的表示方法如下：①规格；②等级；③标准；④样品；⑤牌名或商标；⑥说明书。

（2）商品数量。商品数量是指交易双方对具体商品的实物交易数量，主要由数字和计量单位构成。

（3）商品包装。除少数商品因其本身特点无须包装外，大多数商品都需要有符合其特点的包装。按商品是否需要包装，可以分为散装货、裸装货和包装货。包装分为运输包装和销售包装两种。商品是否需要包装以及采用何种包装，主要取决于商品的特点和买方的要求。

（4）商品价格。商品价格的确定与其他交易条件有着密切联系，双方在确定最终价格时必须考虑这些因素，如商品品质、商品数量、交货期限、支付条件、运输方式、交货地点等。

价格由单价和总值构成。单价即单位商品的价格，包括计量单位、计价货币、单位金额和价格术语（也称价格条件）四个部分。

（5）支付方式。支付方式有货到付款、信用卡支付、在线支付、银行电汇及邮政汇款等。

（6）装运与交付。装运与交付主要包括运输方式、交货时间、交货地点三项内容。

（7）运输保险。运输保险主要包括险别、投保金额、保险金额等。

（8）商品检验。商品检验主要包括商品检验的内容和方法、商品检验的时间和地点、商品检验的机构、检验标准和检验证明等内容。

（9）索赔、仲裁与不可抗力。

2.商务谈判的类型与特点

（1）不同地点谈判的类型与特点。

① 主场谈判。主场谈判是在己方所在地进行的谈判。主场谈判会给己方带来很多便利和优势：谈判者在自己熟悉的环境中没有心理障碍，容易在心理上形成一种安全感和优越感，在通信、联络、信息等方面占据优势；具有由东道主身份所带来的谈判空间环境的主动权，便于主动掌控谈判进程。

② 客场谈判。客场谈判是在谈判对手所在地组织的商务谈判。客场谈判的好处：谈判可能更为主动；谈判者自信心强的一种表现；更有利于谈判者在授权的范围内发挥主观能动性。参加客场谈判时必须注意以下几点：入境问俗，入国问禁；审时度势，争取主动；配备好自己的翻译、代理人。

③ 主客场轮流谈判。主客场轮流谈判是一种在商务活动中互相交换谈判地点的谈判。对于这样复杂的谈判应注意：确定阶段目标，争取不同阶段的最佳谈判效益；坚持主谈人的连贯性，换场不换帅。

④ 中立地谈判。中立地谈判是指谈判地点设在第三地的商务谈判。中立地谈判通常为相互关系不融洽、信任程度不高的谈判双方所选用。

（2）不同地位谈判的类型与特点。根据谈判双方在谈判中地位的差异和实力的对比，商务谈判分为以下三种类型：

① 主动地位的谈判。当谈判对手实力弱小，己方实力强大时，谈判者一般处于主动谈判地位。

② 被动地位的谈判。当谈判对手强大而己方实力弱小时，谈判者一般处于被动谈判地位。被动地位下的谈判，表现为对手实力强大、准备充分、充满自信、姿态强硬。

③ 平等地位的谈判。当谈判双方实力相当，任何一方都不占据谈判优势时，谈判者一般处于平等的谈判地位。

案例 1-2

从 2008 年中国第一条高铁——京津城际高铁正式开通运营至 2020 年年底，全国铁路营业里程达到 14.63 万千米，其中高铁 3.79 万千米，复线率 59.5%，电气化率 72.8%。当我们享受着便捷高速的高铁服务时，你可知道我国引进高铁时的谈判有多么艰辛？

德国西门子自恃技术强大，不仅开出了 520 亿元人民币的天价，而且设置了 50 多项技术转让障碍。我国铁道部官员出面与德国西门子交涉，对方以为铁道部服软了，更加肆无忌惮。于是铁道部要求北车长客加速与法国阿尔斯通的谈判，在投标截止日期前完成，双方直接签订协议。随后，南车四方与日本高铁联合体顺利达成一致，投出了标书。加拿大庞巴迪以合资的方式参与了投标。加拿大庞巴迪虽然实力较弱，但是非常配合，中方有意与其合作，极大地削弱了其他三家的气焰。德国西门子连投标的资格都没有，直接出局。消息传开之后，德国西门子的股价暴跌，整个谈判团队集体被总部炒了鱿鱼。

2005 年，铁道部开始时速 250 千米高铁的招标。这一次，德国西门子"学乖"了，每列动车组开价 19 亿元人民币，技术转让费也降为 8 000 万欧元。因为德国西门子的介入，法国阿尔斯通与日本高铁联合体只能接受这样的价格。

资料来源　殷向洲. 商务谈判理论与技巧［M］. 武汉：武汉理工大学出版社，2022.

试问：当你在各种对话、谈判中处于被压制的状态时，会不会像中国北车那样，迅速作出正确的反应，把看似一次不成功的谈判，最后却扭转乾坤了呢？

（四）商务谈判的基本原则

商务谈判的基本原则也是商务谈判的指导思想和基本准则。遵循必要的商务谈判原则是取得商务谈判成功的基本保证。商务谈判原则是指导谈判活动的行为准则，反映了市场的运行规律，具有普遍的适用性。

案例1-3

20世纪70年代末，可口可乐公司和百事可乐公司先后与印度政府谈判，想到该国设厂，开拓新兴市场。谈判初期，印度政府出于对本国饮料工业进行保护的目的，拒绝这两家企业的进入，双方谈判陷入僵局。但是这两家企业并未气馁，而是继续寻找谈判时机。后来，印度政府提出：进入印度市场，必须保证今后生产的产品要有相当的份额出口到其他国家，而且要接受印度政府的监督，使用当地的原料，雇用当地的劳动力，按印度的有关规定汇出利润。这样就出现了又一个僵持的局面。要是在过去，看到这些苛刻的规定，百事可乐公司很可能一走了之，现在却一改高傲态度，抢在可口可乐公司前面向印度政府提出了三项保证：一是保证就地取材；二是全部雇用当地劳动力；三是在印度设厂生产的产品中50%将出口外销。从表面看，百事可乐公司作出了很大让步，但从深层次看，百事可乐公司从此成功地打入印度市场，并能充分利用印度廉价的劳动力和原料，同时在印度人心目中树立起了一个慷慨无私、互利合作的大公司的形象。另外，百事可乐公司在与可口可乐公司的竞争中掌握了主动权，从而在印度这个饮料市场上成为一个率先参与者。

资料来源　龚荒.商务谈判与推销技巧［M］.北京：清华大学出版社，2005.

试问：百事可乐公司的成功在于其在谈判中坚守了哪些谈判的基本原则？

1.调和利益、不调和立场的原则

（1）不要在立场上讨价还价。①谈判者在基于立场的要求上讨价还价，就会把自己局限于这些要求之中，就会谈不清、判不明，越谈越糊涂；②在立场上讨价还价会降低谈判的效率，基本上是不可能达成建设性协议的；③在立场上讨价还价会损害双方的关系，这样的谈判常常会不欢而散。

（2）双方的利益是谈判的基点。当谈判双方发生尖锐的立场对立和冲突时，特别应注意以下三点：①不要因为双方立场对立，就认定双方的利益也是对立的；②在对立立场背后所存在的共同利益常常会大于冲突导致的成本；③由于隐藏在立场后面的利益往往是不明确、不具体的，甚至可能是互相不一致的，这时找出隐藏在对立立场背后的共同利益常常是至关重要的。

（3）协调谈判双方的利益。①站在对方的立场上考虑问题，要多问"为什么"，了解对方的需要、希望、担忧；②要考虑双方的多重利益；③要特别注意对方的基本要求，主要包括安全感、良好的经济状况、归属感、被人承认和掌控自己的命运；④提出双方获益的方案。

2.人、事分开原则

要处理好"对事不对人""对人不对事"的辩证关系。

（1）正确了解对方的看法。①把自己放在对方的位置上考虑问题；②谈判者不要以自己的担心来推断别人的意图；③谈判者不要因为自己的问题去责怪对方；④消除谈判双方认识上的分歧，把不同的看法提出来；⑤注意照顾对方的面子。

（2）保持适当的情绪。应该对自己和对方的情绪波动做到心中有数，要允许对方发泄怨气，学会消除对方的不满情绪，但不必付出什么代价。例如，一条同情的短信、一句抱歉的话、一次礼节性的拜访、一个拥抱或给小孩一件小小的礼物等。

（3）进行清晰的沟通。①要认真听取对方的话语。遇到不清楚的地方及时询问，如："对不起，您的意思是？"②谈判者在谈论自己的感受时要注意措辞。如"你不遵守诺言""我感到很失望""你以强欺弱""我觉得受到歧视"这些话语都会使谈判气氛变得不愉快。③发言要有目的性。

3.意愿与客观标准分开原则

（1）意愿不能成为谈判的基础。

（2）客观标准要独立于各方主观意愿之外，在理论上至少适用双方，并应合法和切合实际。

（3）运用客观标准时既要注重情理，又要顶住压力。绝不屈服于压力，可以屈服于原则。

4.商务谈判的一般性原则

（1）知己知彼、充分准备原则。

（2）平等协商、互惠互利原则。

（3）言而有信原则。

（4）少讲多听原则。

（5）留有余地原则。

（6）礼敬对手原则。

（7）守法原则。

案例 1-4

小米公司作为中国的科技巨头，早在几年前就进入了印度市场，并迅速成为当地最受欢迎的手机品牌之一。凭借其高性价比的产品和出色的市场策略，小米公司在印度获得了巨大的成功。然而，随着市场份额的不断扩大，小米公司也开始面临来自当地政府和竞争对手的各种挑战。2023年6月，印度以小米公司违反本国《外汇管理法》为由，开出了48亿元的天价罚单，还限制了其在印度的经营权。面对这一巨额罚款，小米公司并没有选择直接支付，而是选择了与印度政府展开谈判。据内部消息人士透露，这次的谈判不仅涉及罚款问题，还涉及小米公司在印度的未来发展策略、投资计划以及两国之间的经贸合作。可以说，这是一次涉及多方利益的复杂谈判。

小米方面强调，公司始终遵循印度的法律法规，并为当地创造了大量的就业机会，为经济发展做出了贡献。而印度政府则希望能进一步吸引外资，促进当地的经济发展。双方在谈判中都展现出了很大的诚意和合作意愿。经过这场谈判，印度宣布撤销对小米公司的48亿元罚款，并解除了对该公司的经营限制。

资料来源　编者根据相关新闻报道整理。

试问：你认为小米公司的做法对你有什么样的启示？之所以能够谈判成功，要诀是什么？

二、探索商务谈判的模式

（一）商务谈判的 APRAM 模式

1. 构建 APRAM 谈判模式

（1）进行科学的项目评估（Appraisal）。项目评估工作主要是指正式谈判之前的准备工作。

（2）制订谈判计划（Plan）。计划是行动的基础，任何商务谈判都应该有一个完整的计划。一个完整的谈判计划应该包括：明确谈判的目标和对方的目标，找出双方的利益共同点与不同点；对利益共同点和不同点采取不同的处理办法。

对于双方利益的共同点，应该在随后的正式谈判中首先提出，并由双方加以确认。这种做法能够保持和提高双方对谈判的兴趣和争取成功的信心，同时也能为后面解决双方利益的不同点打下良好的基础。对于双方利益的不同点，则要通过双方发挥创造力，根据"成功的谈判应该使双方的利益需要得到满足"的原则，积极寻找使双方都满意的办法来加以解决。

（3）建立关系（Relationship）。建立谈判双方的信任关系会提高谈判的成功率。应注意的是：尽量设法表达自己的诚意；要努力使对方信任自己；最终使对方信任自己的是行动，而不是语言。

之所以要建立这样一种关系，是因为在通常情况下人们是不愿意与自己不了解、不信任的人签订合同的。在与一个从未谋面也没有听说过的人谈判时，人们从不敢麻痹大意，在行动之前就层层设防，在谈话中也尽量不轻易许诺；反之，如果双方都已相互了解，建立了一定程度的信任关系，谈判的难度就会大大降低。因此，谈判双方之间的相互信赖是谈判成功的基础。

如何建立谈判双方的信任关系、增强彼此的信任感呢？经验证明，做到以下三点至关重要：

第一，要坚持使对方相信自己的信念。对事业与个人的关心、周到的礼仪、工作上的勤勉等都能使对方信任自己。

第二，要表现出自己的诚意。与不熟悉的人进行谈判时，向对方表示自己的诚意是非常重要的。为了表明自己的诚意，可向对方介绍一些在过去的交易中自己与他人真诚相待的例子。

第三，通过行动最终使对方信任自己。为了使对方信任自己，要做到有约必行、信守诺言。必须时刻牢记，不论自己与对方之间的信任感有多强，只要有一次失约，彼此之间的信任感就会崩溃，而其一旦崩溃就将难以修复。

（4）达成使双方都能接受的协议（Agreement）。在谈判中先确认一致的问题，对于不一致的问题，应该充分交换意见，共同寻求一个有利于双方的利益需要和双方都能接受的方案来解决。

要充分认识到，签订双方满意的协议不是谈判的最终目的，谈判的最终目的是协议的内容得到圆满的贯彻执行。如果对方不遵守协议，那么协议也将变得一文不值。虽然我们可以依法向对方提起诉讼，但是解决问题却可能需要相当长的时间，并且为此要投入大量的精力。此外，在提起诉讼期间，希望对方履行的义务依然得不到履行，因此，虽然己方最后胜诉并得到赔偿，但是同样付出了沉重的代价。

（5）协议的履行与关系维持（Maintenance）。谈判的结束不是以签约为标志，而是以履约的顺利完成为标志的，协议履行者是人，而不是协议本身，所以，即使协议签订得再严密，仍需要人来履约。为了促进双方共同履约，应该注意的是：要求别人信守协议，自己首先要信守协议；对于对方遵守协议的行动给予适时的情感反应。

在谈判中，人们最容易犯的错误是：一旦达成了令自己满意的协议就认为万事大吉，会鼓掌欢呼谈判的结束，以为对方会立刻毫不动摇地履行其义务和责任，这实际上是一种错觉，因为履行职责的不是协议书而是人，协议书不管规定得多么严格，它本身并不能保证得到实施。因此，签订协议是重要的，但维护协议并确保其得到贯彻实施更加重要。

为了促使对方履行协议，必须认真做好以下两项工作：

① 对对方遵守协议约定的行为给予适当的、良好的情感反应。经验告诉我们，对一个人的成绩给予良好的反应是最能鼓舞其干劲的，其信守协议的精神就会保持下去。

② 当你要求别人信守协议时，自己首先要信守协议。通过努力，确保了协议能认真履行，对一项具体交易来讲，可以画上一个圆满的句号，但对一个具有长远战略眼光的谈判人员来讲，则还有一项重要的工作要做，就是维持与对方的关系。从长远考虑，对于在本次交易协商中与对方建立起来的关系，应想方设法予以保持和维护，避免以后与对方进行交易时，再花费力气重新培养与对方的关系。

维持与对方关系的基本做法是：保持与对方的接触和联络，尤其是个人之间的接触。

2.实施APRAM谈判模式的前提

树立正确的谈判意识是APRAM谈判模式顺利实施的一个重要前提。这种谈判意识是整个模式的灵魂。

APRAM谈判模式要求树立的谈判意识包括以下几点：

（1）谈判是协商，而不是竞技比赛。竞赛是以输赢为结果的，冠军永远只有一个。谈判则不同，谈判是通过信息沟通，使双方在充分认识目前和未来的基础之上，不断调整自身的需要而形成的满足双方需要的方式选择。

（2）谈判双方的利益关系应该是互助合作关系。谈判双方之间的关系既有合作关系又有竞争关系，是合作基础上的竞争。如果把市场比作一块蛋糕，那么，谈判双方必须首先通力合作把蛋糕做大，然后才是蛋糕如何分割更合理、更有效率，更能满足双方的需要。

（3）在谈判中，双方除了利益关系外还有人际关系，后者是实现前者的基础和保障。任何交易都是有风险的，必须要付出成本，因此，为了控制交易风险，谈判双方必须首先对交易伙伴作出评估和选择，良好的人际关系是彼此建立好感与信任的基础。

（4）谈判者不仅要着眼于本次交易谈判，还要放眼未来，考虑今后的交易往来。商务谈判不同于其他事务的谈判，谈判的主要目的是满足双方的经济利益。对经济利益的追逐是所有企业永不停息的目标，只要企业存续，企业就不可能停止商务谈判。并且，每一次谈判都不是孤立的，企业实力的呈现、企业诚信形象的树立是通过一次次的活动逐步实现的。寻找一个交易伙伴是有代价的，谈判方案的执行依然需要双方的共同努力与合作，因此，谈判必须着眼长远。

这种谈判意识会直接影响和决定谈判者在谈判中所采取的方针和策略，决定谈判者在谈判中的行为。

3.实施APRAM谈判模式的步骤

（1）项目评估。具体步骤为：需求评估→可行性分析→项目总体安排→项目授权→谈判项目预演。

（2）制订正确的谈判计划。具体步骤为：确定谈判时己方要达成的目标→努力理解谈判对手的目标→再次进行比较→详细制订时间计划、预算计划和人员计划→作出风险评估。

（3）建立谈判双方的信任关系。具体步骤为：努力使对方信任自己→尽量设法表现出自己的诚意→要记住最终使对方信任自己的是行动，而不仅是语言。

（4）达成使双方都能接受的协议。具体步骤为：核实对方的目标→清楚地确定双方意见的一致点→为了协调不一致，要提出双赢的解决方案并加以归纳整理→共同解决剩下的不同点。

（5）协议的履行与关系的维持。要求别人信守协议，首先自己要信守协议；对于对方遵守协议的行为给予适时的情感反应。

4.APRAM中的双赢

双赢首先要把"蛋糕"做大，而不是急于分"蛋糕"。

（1）导致谈判误区的四个障碍：①过早地对谈判下结论；②只追求单一的结果，认为"创造"不是谈判的一部分；③认为在谈判中，一方所得就是另一方所失；④谈判对手的问题始终该由他们自己解决。

（2）走出误区的思路和方法：①把方案的创造和对方案的判断行为分开；②谈判者应该先创造方案，然后再做决策，不要过早地对解决方案下结论；③常用的创意方法是"头脑风暴法"；④充分发挥想象力，扩大方案的选择范围；⑤在激发想象力阶段，不是寻找最佳方案，而是要尽量扩大谈判的选择余地；⑥从多角度分析问题，找出双赢的解决方案；⑦替对方着想，让对方容易作出决策。

知识窗

头脑风暴法

A.F.奥斯本首次提出并于1953年正式发表了一种激发创造性思维的方法——头脑风暴法（Brainstorming）。

Brainstorming原意为短暂的精神错乱，奥斯本借用这个词来形容会议的特点是让与会者敞开心扉，使各种设想在相互碰撞中激起脑海的创造性"风暴"。

现在这个词已被全世界认可为"快速大量寻求解决问题构想的集体思考方法"。

头脑风暴法的大意是：通过会议形式，让所有参加者在自由愉快、畅所欲言的气氛中自由地提出想法或点子，并以此相互启发、相互激励、引起联想、产生共鸣，从而诱发更多的创意及灵感。

（二）商务谈判的赢-赢模式

1.赢-赢模式的概念

赢-赢模式，简称双赢模式，是指把谈判当成一个合作的过程，把对手当成伙伴，找到满足双方需要的方案，使费用更合理，风险更小。

赢-赢模式强调：不仅要通过谈判找到最好的方法去满足双方的需要，而且要处理好责任和任务的分配（如成本、风险和利润的分配等）问题。

赢-赢谈判追求的结果：你赢了，我也没输。

2.实施赢-赢模式的障碍

实施赢-赢模式的障碍包括：①过早地对谈判下结论；②只追求单一的结果；③误认为一方所得即另一方所失；④认为谈判对手的问题始终该由他们自己解决。

3.达成商务谈判赢-赢的途径

要实现双赢的局面，必须注意以下几点：①树立双赢的观念；②将方案的创造与对方案的判断行为分开；③充分发挥想象力，扩大方案的选择范围；④找出双赢的解决方案；⑤替对方着想，让对方容易作出决策。

案例1-5

一个妈妈把一个橙子送给了邻居的两个孩子，这两个孩子便讨论起来如何分这个橙子。两个人吵来吵去，最终达成了一致意见，由一个孩子负责切橙子，另一个孩子负责分橙子。结果，这两个孩子按照商定的办法各自取得了一半橙子，高高兴兴地拿回家去了。

第一个孩子把半个橙子拿到家，把皮剥掉扔进了垃圾桶，把果肉放到榨汁机里榨果汁喝。另一个孩子回到家把果肉挖掉扔进了垃圾桶，把橙子皮留下来磨碎了，混在面粉里烤蛋糕吃。

虽然两个孩子各自拿到了看似公平的一半，然而，他们各自得到的东西却未物尽其用。这说明，他们事先并未做好沟通，也就是两个孩子并没有申明各自的利益所在。没有事先沟通导致了双方盲目追求形式上和立场上的公平，因而，双方各自的利益并未在谈判中达到最大化。

资料来源　凡禹．沟通技能的训练［M］．北京：北京工业大学出版社，2010.

试问：如果两个孩子进行充分的沟通以后会发生哪些可能的变化？

（三）商务谈判的合作谈判模式

1.合作谈判模式的概念

合作谈判模式又称哈佛原则谈判法，它强调各方的利益与价值，借助寻求各方有所收获的方案来获得谈判的成功。合作谈判模式是对双赢谈判模式的发展与升华。

2.合作谈判程序

（1）商务谈判的准备——建立风险价值。风险价值，是指打算合作的双方对所要进行的交易内容的评估确定。例如，要购买的货物，估计可能的价值是多少？最理想的价格是多少？总共需要多少资金？其他的附带条件是什么？可接受的最高价是多少？其中包括产品风险、资金风险、舆论风险、社会风险等。风险价值是双方谈判的基础，没有风险价值建立是构不成谈判的。

（2）确定合作剩余。合作剩余即合作比不合作增加的价值。

在商务谈判中，双方合作所带来的利益总量为A+B（为弹性空间）+C，如图1-1所示。谈判双方都有自己必须获得的最低利益（即临界点），甲为A，乙为C，如果最低利益得不到满足，就会退出谈判。甲、乙双方应将利益争夺空间定为B，而不能将C和A纳入双方争夺的范围。当甲、乙双方中任何一方的利益接近临界点A+B或C+B时，就应适可而止。

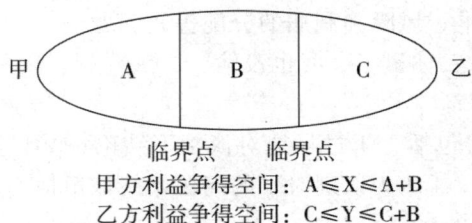

甲方利益争得空间：A≤X≤A+B
乙方利益争得空间：C≤Y≤C+B
图1-1　双方合作的利益总量

（3）达成分享剩余的协议。

三、商务谈判的程序及各阶段策略

（一）商务谈判的程序

商务谈判从准备谈判开始到成交与签约，构成了一个完整的过程，在这整个过程中始终贯穿着商务沟通与交流（如图1-2所示）。

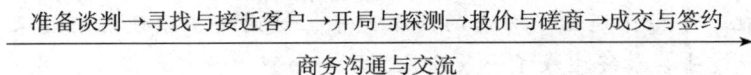

准备谈判→寻找与接近客户→开局与探测→报价与磋商→成交与签约

商务沟通与交流

图1-2　商务谈判的程序

（二）商务谈判各阶段策略

从本项目的任务二开始，以后各项目将对商务谈判各阶段策略逐一加以论述。

任务实施

一、复习

1.商务谈判的概念、特征。

2.商务谈判的内容、类型。

3.商务谈判的基本原则。

4.商务谈判的模式。

5.商务谈判的程序。

二、分组

将全班学生每4~6人分成一个小组，每个小组选出1名同学作为组长。

三、实训

（一）每位同学讲一则商务谈判的小故事

1.个人构思和酝酿故事情节（课余时间完成）。

2.小组交流：小组长组织全组同学依次发言。

3.全班交流：每个小组推荐1~2名同学在全班交流。

4.教师做总结性陈述（以表扬和鼓励为主）。

（二）分析案例

案例素材见案例1-4。

过程组织：

（1）阅读案例，构思个人分析案例的思路。

（2）以小组为单位进行讨论，提倡采用"头脑风暴法"。

（3）每个小组派1名代表在全班交流，在本组代表发言时全组同学起立，可以对本组代表的发言进行补充。

（4）教师讲评案例。

（5）学生以小组为单位完成案例分析文案。

任务二　　准备商务谈判

任务描述

任何一次成功的谈判都是建立在扎实的准备工作基础之上的。本任务主要探讨商务谈判信息准备、商务谈判的人员配备、商务谈判方案的确定及应用所学知识分析案例等。

案例导入

20世纪50年代，美国出兵朝鲜之前，除了美国兰德公司对这次战争进行的战略预测之外，还有欧洲的一家名叫德林的公司，倾其所有，甚至不惜亏本倒闭，花巨资研究完了有关朝鲜战争问题的报告。经过大量研究分析，该公司认为：如果美国向朝鲜出兵，中国也一定会出兵；若中国出兵，美国注定要失败。这份研究报告的主要结论只有寥寥数字："中国将出兵朝鲜"，并附有380页的研究内容。在朝鲜战争爆发前8天，德林公司打算把这一研究成果以500万美元的价格卖给美国对华政策研究所，但美方认为价码太高而没买。但嫌贵的后果是什么呢？正如我们所知，美国盲目出兵朝鲜，中国随即派出了志愿军抗美援朝，使美军惨败。美国远东军司令长官麦克阿瑟将军讽刺美国政府："不愿花一架战斗机的价钱，却花掉了数艘航空母舰的代价打了这场预先可以避免的战争。"

朝鲜战争结束后，美国人为了吸取教训，仍花费280万美元买回了德林公司的这项研究成果。

资料来源　许以洪，陈青姣. 市场调查与预测［M］. 3版. 北京：机械工业出版社，2020.

试问：这个案例带给我们的启示是什么？

知识储备

一、准备商务谈判信息

商务谈判前要做好充分、详尽的信息调查研究和整理，做到知己知彼。谈判的准备和谈判的进行一样重要，如果没有谈判前充分、细致、全面的准备工作，就不会有谈判的顺利进行。任何一项成功的谈判都是建立在良好的准备工作基础上的。俗话说："兵马未动，粮草先行。"打仗是这样，谈判也是如此。

在发达国家，信息查询渠道十分畅通，人们可以很方便地查询到需要的信息。这种信息查询与分析系统、数据处理系统、预测分析系统既可以由企业提供，也可以由社会的专门机构提供。目前我国企业收集处理信息的系统比较落后，社会上专门提供信息咨询服务的机构也很有限，在这方面我们与发达国家还有较大差距。

知识窗

名言精选

知己知彼，百战不殆。

凡事预则立，不预则废。

不打无准备之仗，不打无把握之仗。

谈判的秘诀在于知道一切、回答一切。

（一）谈判信息的功能与特性

信息是一种战略资源，是制订谈判计划和战略的依据，是谈判双方相互沟通的纽带，是控制谈判过程的手段。未来的权力来源不是少数人手中的金钱，而是多数人手中的信息。

1.谈判信息的功能

信息是一种财富，或者说它可以转变成财富；信息是商务活动的先导；信息是商务谈判策划的依据；信息是商务谈判成败的决定性因素。

2.谈判信息的特性

谈判信息具有知识性、价值性、时效性、创新性、多源性、共享性、反馈性和继承性的特点。

知识窗

名家观点

"与人谋事，则须知其习性，以引导之；明其目的，以劝诱之；谙其弱点，以威吓之；察其优势，以钳制之。与奸猾之人谋事，惟一刻不忘其所图，方能知其所言；说话宜少，且须出其最不当意之际。于一切艰难的谈判之中，不可存一蹴而就之想，惟徐而图之，以待瓜熟蒂落。"

——英国著名哲学家弗朗西斯·培根《谈判论》

（二）谈判信息收集的原则

谈判信息收集的原则主要包括：①时效性原则；②准确性原则；③目的性原则；④系统性原则；⑤经济性原则；⑥针对性原则；⑦全员性原则。

案例 1-6

两个同龄的年轻人同时受雇于一家超级市场，开始时拿同样的薪水。后来叫阿诺的小伙子青云直上，薪水自然提高了不少，而那个叫阿德的小伙子却仍在原地踏步。阿德很不满意经理的不公正待遇，终于有一天，他到经理那儿发牢骚了。经理一边耐心地听着他的抱怨，一边在心里盘算着怎样解释清楚他和阿诺之间的差别。"阿德先生，"经理开口说话了，"你今天到集市上去一下，看早上有什么卖的。"阿德从集市回来向经理汇报说，今早集市上只有一个农民拉了一车土豆在卖。"有多少？"经理问。

阿德赶快又跑到集市上，然后回来告诉经理一共是40袋土豆。

"价格是多少？"

阿德又第三次跑到集市上问清楚了价钱。

"好吧，"经理对他说，"现在请你坐到这把椅子上一句话也不要说，看别人怎么说。"

阿诺被派出去不久就从集市回来了，并汇报说开始只有一个农民在卖土豆，一共40袋，价格是20元，土豆质量很不错，他带回来一个让经理看看。这个农民后来还弄来几箱西红柿，据他看价格非常公道。昨天他们超级市场里的西红柿卖得很快，库存已经不多了。他想这么便宜的西红柿经理肯定要进货的，所以他不仅带回了西红柿做样品，而且把那个农民也带来了，他现在正在外面等回话呢。

此时经理转向了阿德，说："现在你肯定知道为什么阿诺的薪水比你高了吧？"

阿诺总是能够主动对经理的指示进行分析，获取相关的信息，为经理的决策提供有效信息。

资料来源 启文. 躺着做梦 不如立刻行动 [M]. 石家庄：花山文艺出版社，2020.

试问：你对如何收集信息有哪些新的感悟？

（三）谈判信息准备的内容

1. 谈判对手的资料

谈判对手的资料包括以下几方面：①谈判对手的营运状况、财务状况及资信状况；②谈判对手习惯采取的付款方式和付款条件；③谈判对手的声誉及可信任度；④谈判对手对己方的信任程度；⑤谈判对手的真正需求；⑥谈判对手参与本次谈判的人员情况及参加权限；⑦谈判对手对这项业务的重视程度，其所追求的谈判的主要利益和特殊利益；⑧谈判对手谈判的最后期限；⑨谈判对手的谈判作风和个人情况，包括品格、业务能力、经验、情绪等方面。

2. 市场资料

市场资料主要包括：①交易商品市场需求量、供给量及发展前景；②交易商品的流通渠道和固有销售渠道；③交易商品市场分布的地理位置、运输条件、政治和经济条件等；④交易商品的交易价格、优惠措施及效果等。

3. 交易条件资料

交易条件资料一般包括商品名称、品质、数量、包装、装运方式、保险、检验、价格、支付方式等方面的内容。

4. 竞争对手资料

竞争对手资料一般包括：①现有竞争对手的产品因素，如数量、品种、质量、性能、包装方面的优缺点；②现有竞争对手的定价因素，如价格策略、付款方式等；③现有竞争对手的销售渠道因素，如有关分销、储运的实力对比等；④现有竞争对手的信用状况，如企业的成长史、履约率等；⑤现有竞争对手的促销因素，如推销力度、广告宣传、营业推广、服务项目等。

5.与谈判相关的环境资料

与谈判相关的环境资料一般包括政治状况、法律制度、商业习惯、社会文化和财政金融等情况。

6.有关货单、样品资料

了解谈判对手的货单、样品资料，对于探究其生产能力、行业地位和产品技术参数具有重要意义。

案例1-7

我国某冶金公司要向美国某公司购买一套先进的冶炼组合炉。该冶金公司选派了一名高级工程师与美商谈判。为了不负使命，这位高级工程师做了充分的准备工作。他查找了大量有关冶炼组合炉的资料，花了很多的时间和精力对国际市场上冶炼组合炉的行情以及美国这家公司的历史和现状、经营情况等进行了全方位的了解。

谈判开始，美商一开口要价150万美元。中方代表列举各国成交价格，使美商目瞪口呆，经过谈判，以80万美元达成协议。当进行购买冶炼自动设备的谈判时，美商报价230万美元经过讨价还价，美商将价格降到130万美元，中方仍然不同意，坚持出价100万美元。美商表示不愿意继续谈下去了，把合同往中方代表面前一扔，说："我们已经作出了这么大的让步，贵公司仍不愿意合作，看来你们根本没有合作的诚意。这笔生意就算了，明天我们就回国。"中方代表闻言，轻轻一笑，把手一伸，做了一个优雅的"请"的动作。美商真的走了，冶金公司的其他人有些着急，甚至埋怨工程师不该把价格压得这么低。工程师说："放心吧，他们会回来的。同样的设备，去年他们卖给法国只有95万美元，国际市场上这种设备的价格100万美元是正常的。"果然不出所料，一个星期后美商又回来继续谈判了。工程师向美商点明了他们与法国的成交价格，美商愣住了。他们没有想到眼前这位中国商人如此精明，于是不敢再报虚价，只得说："现在物价上涨得厉害，比不了去年。"工程师说："每年物价上涨指数不超过6%。一年时间，你们算算，该涨多少？"美商被问得哑口无言，在事实面前，不得不让步，最终以101万美元的价格达成了这笔交易。

资料来源 殷向洲.商务谈判理论与技巧［M］.武汉：武汉理工大学出版社，2022.

问题：分析中方在谈判中取得成功的原因及美方处于不利地位的原因。

（四）收集和整理信息

1.收集信息的途径

收集信息的途径包括：①收集公开的信息资料；②直接调查（邮寄调查、电话访谈、人员调查）；③在商务谈判中使用商业间谍。

2.整理信息资料

整理信息资料一般分为以下四个阶段：①筛选阶段，检查资料的适用性，这是一个去粗取精的过程；②审查阶段，识别资料的真实性、合理性，这是一个去伪存真的过程；③分类阶段，按一定的标准对资料进行分门别类，使之条理化；④评价阶段，对资料做比较、分析、判断，得出结论，供谈判人员参考。

案例 1-8

1959 年 9 月 26 日，我国在黑龙江松嫩平原上打出了第一口油井，取名为大庆油田。然而，由于当时国际环境复杂多变，中国并没有向外界公布大庆油田的地理位置和产量，有关大庆油田的一切信息几乎都是保密的，甚至外界连大庆油田的具体地址都不知道。但是日本人不仅知道，还掌握得非常准确。他们对我国大庆油田有关的信息收集，既没有派间谍、特务，也没有收买有关领导和一般群众，完全依靠对我国有关大庆油田公开资料的收集与综合分析。

后来，《中国画报》封面上登出了一张大庆石油工人艰苦创业的照片。照片上，工人们身穿大棉袄，正冒着鹅毛大雪奋力拼搏。日本人根据这张照片分析出，大庆油田可能是在东三省北部的某个地点。接着，日本人在《人民日报》上又看到这样一篇报道，说王进喜到了马家窑，说了一声："好大的油海啊！我们要把中国石油落后的帽子扔到太平洋里去。"于是，日本人找来伪满时期的旧地图，发现马家窑是位于黑龙江省海伦东南的一个村子，在一个小铁路车站以东的 10 余千米处。

接着，日文版的《中国人民》杂志里又有报道说，中国工人阶级发扬了"一不怕苦，二不怕死"的精神，大庆石油设备不用马拉车推，完全靠肩扛人抬运到工地。日本人据此分析出，大庆的石油钻井离马家窑远不了，太远了人工是扛不动的。

当王进喜光荣出席第三届全国人民代表大会的消息见报时，日本人肯定地得出结论：大庆油田出油了，否则王进喜当不了人大代表。

他们进一步根据《人民日报》上一幅大庆油田钻塔的照片，从钻台上手柄的大小等信息推算出油井的直径，再根据油井直径和国务院的政府工作报告，用当时公布的全国石油产量减去原来的石油产量，估算出平时大庆油田的石油产量，在这个基础上，他们很快设计出适合大庆油田使用的石油设备。

这样，当我国大庆油田突然向世界各国宣布征求石油设备的设计方案时，其他各国都没有准备，而唯独日本人胸有成竹，早已准备好了与大庆油田现有情况完全吻合的方案与设备，在与大庆油田代表的谈判中一举中标。

资料来源　邵光，张晓华，张世兵. 市场调查与预测［M］. 上海：上海交通大学出版社，2015.

试问：日本人完全依靠对我国有关大庆油田公开资料的收集与综合分析，得到了我们一直保密的有关大庆油田的准确信息，从中我们得到了哪些启示？

（五）信息资料的传递与保密

1.资料的传递

商务谈判信息资料的传递是指谈判人员同已方企业的联系应事先规定好联络方式和制度，并明确联络程序、责任人，以便迅速地汇报谈判情况，请示下一步行动，避免贻误商机。

2.资料的保密

对于谈判信息资料的保密，一般措施包括：

① 不要给对方制造窃密机会，如文件调阅、保管、复印、打字等。

② 不要随便托人代发电报、传真等。

③ 不要随意乱放文件。

④ 不要在公共场所，如餐厅、机舱、车厢、过道等地方谈论有关的谈判业务问题。

⑤ 不要过分信任临时代理人或服务人员。

⑥ 最后的底牌只能让关键人物知道。

⑦ 在谈判达成协议前，不应对外公布谈判细节。

⑧ 必要时使用暗语。

案例1-9

中国某公司与日本某公司就某项交易举行谈判。在谈判开始后，双方人员彼此做了介绍，并马上投入到技术性谈判中。中方商务人员利用谈判休息时间，对日方技术人员表示赞赏："您技术熟悉、表述清楚，水平不一般，我们就欢迎这样的专家。"该技术人员很高兴，表示他在公司的地位很重要，知道的事也多。中方商务人员顺势问道："贵方主谈人是你的朋友吗？""那还用问，我们常在一起喝酒，这次与他一起来中国，就是为了帮助他。"他回答得很干脆。中方商务人员又追问了一句："为什么非要你来帮助他，没你就不行吗？"日方技术人员迟疑了一下："那倒不是，但这次希望他能成功，这样他回去就可晋升部长职务了。"中方商务人员随口跟上："这么讲我也得帮助他了，否则，我将不够朋友。"

通过这番谈话，中方断定对方主谈人为了晋升，一定会全力以赴以求得谈判的成功。于是，在谈判中巧妙地加大压力，谨慎向前推进，成功地实现了目标，同时也使对方满意。

资料来源　丁萍芳. 商务人才职业素养［M］. 苏州：苏州大学出版社，2013.

试问：（1）中方如何通过了解谈判人员相关信息收集到了谈判信息？中方是如何利用谈判信息的？

（2）日方在谈判信息的管理上存在什么问题？应该如何预防？

（六）信息准备的要求

商务谈判的信息准备必须符合准确、全面、适用、及时的要求。

二、配备商务谈判人员

在波澜壮阔的历史进程中，许多重大历史事件无不闪耀着谈判者超人的智慧和令人赞叹的谈判技巧。我国古代的经典谈判案例有：苏秦、张仪合纵连横；晏子使楚，不辱使命；蔺相如完璧归赵等。在近代，周恩来的外交才华、陈毅的幽默风趣给世人留下了深刻的印象。

当我们感叹谈判者的英姿飒爽、雄才伟略时，当我们为谈判者的智慧与气魄折服时，有没有想过：谈判之所以成功，与谈判者良好的品质和修养、宽阔的心胸和大无畏的气魄是分不开的。

那么，成为一名优秀的谈判人员需要具备哪些良好的素质和能力呢？

（一）商务谈判人员应具备的基本素质

1.政治思想素质

政治思想素质主要包括忠于职守、平等互惠和团队意识。作为商务谈判人员，必须要有高度的责任心和事业心，自觉遵守组织纪律，维护组织利益；必须严守组织机密，不能自作主张，毫无防范，口无遮拦；要一致对外，积极主动。优秀的谈判人员应遵循的理念是：一旦坐到谈判桌前，就要彼此尊重，并在此基础上展开智勇较量。但谈判的最终目的不是谁压倒谁，也不是置对方于死地，而是为了沟通和调整，使双方都能实现己方的基本目的，达成一致。

2.个人品质

在谈判中，对谈判人员的品质要求是对其技能要求的前提和基础。面对谈判中的压力和种种诱惑，能否把握自己、牢记使命、忠于所代表的一方是非常关键的。如果利欲熏心、损公肥私，谈判注定要失败。

3.工作作风

谈判是交锋，是较量。谈判人员只有高屋建瓴、胸怀大局、不计较个人得失、灵活机动、进退自如、抱着高度的责任心，才能在谈判中迎难而上，保证谈判的顺利进行。

4.思维意识

谈判是竞争，是角逐，更是合作。双赢甚至多赢的局面是大势所趋，也是现实要求。采取正当的手段求同存异，共同获益是大道。一味强调己方利益，甚至将对方置于死地的做法不仅不合时宜、愚蠢，而且会自取灭亡。

在风云变幻的谈判场上，谈判人员必须具有很强的逻辑思维能力和敏锐的洞察力。思路开阔敏捷，推理判断准确，决策果断及时，善抓主要矛盾，不纠缠细枝末节，随时洞察对手的动向，方能应付自如，游刃有余，确保谈判成功。

5.知识结构

知识改变命运，知识也是谈判成功的保障。这里的"知识"既包括反映在谈判内容中的业务知识，也包括反映在谈判策略及技巧中的相关知识。

对谈判人员的知识素质要求是"T"字形结构，即博而专。

6.技能结构

技能是知识的外在体现和运用，直接体现了谈判人员的业务能力。它包括运筹计划、观察判断、应变自制、表达倾听、交际协调、独立思考、自我调节等。

7.心理调节

（1）意志力：百折不挠、情绪稳定、精力集中、勇气、魄力、毅力、忍耐、自主。

（2）自制力：不管是胜利在望还是陷入僵局，都应戒急戒躁，切忌感情用事。喜形于色或愤愤不平既失风度，又会给对手留下把柄和可乘之机。自制力的核心是感受性要高，耐受性要强。

（3）协调力：内部配合协作；外部良性引导，避免冲突。

（4）责任心：心怀双赢，对自己、对对手负全责，敢于承担责任。

8.体魄强健

谈判是一项牵涉面广，耗时长，节奏紧凑，压力巨大，需消耗大量体力和精力的工作。谈判高手善于随时将自己调整到最佳状态，保持头脑清醒，顺利开展谈判。

（二）商务谈判人员应具备的综合能力

1.观察判断能力

谈判人员不但要善于察言观色，还要具备对所见所闻作出正确分析和判断的能力。观察判断是商务谈判中了解对方的主要途径。

例如，在第二次世界大战中，德军的一位参谋根据法军阵地上出现的一只波斯猫，判断出地下肯定有法军的指挥部，从而一举摧毁了法军的阵地。因为在战争期间，普通士兵不可能养这种高贵的猫，而这只猫每天9：00准时到地面上晒太阳，说明他的主人离它不远。

可见，只有通过细致的观察判断，才能为了解对方、辨别信息真伪提供强有力的依据。那么，在谈判中如何应用自己的观察能力呢？比如，你的对手是个爱抽烟的人，当他点烟的时候是暗示你停止谈话的信号。等他开始吞云吐雾时，你可接上刚才的话题。如果他不停地抽烟，你可以有技巧地在他拿起烟的时候，适时地递上一份文件或报表，或其他能令他参与谈判的东西，那样，他就不好意思再沉浸在吞云吐雾中了。

2.灵活的现场调控能力

善于应变、权宜通达、机动进取是谈判者必备的能力。随着双方力量的变化和谈判的进展，谈判中可能会出现比较大的变动。如果谈判人员墨守成规，那么谈判要么陷入僵局，要么破裂。所以，优秀的谈判人员要善于因时、因地、因事随机应变。

著名的电视节目主持人杨澜在现场调控能力方面的灵活表现令人拍案叫绝。一次，杨澜在广州天河体育中心主持大型文艺晚会。节目进行到中途，她在下台阶时不小心摔了下来。正当观众为这种意外情况吃惊时，她从容地站起来，诙谐地说："真是人有失足，马有失蹄啊！刚才我这个狮子滚绣球的表演还不太到位，看来，我这次表演的台阶还不太好下。不过，台上的表演比我精彩得多。不信，你看他们！"顺手一指，现场观众的注意力已被她引到了台上。观众听到她略带自嘲的即兴发挥，忍不住大笑起来。

3.巧妙的语言表达能力

谈判重在谈，谈判的过程也就是谈话的过程，得体的谈判语言力重千钧，所以，谈判人员必须娴熟地驾驭语言。古今中外，许多著名的谈判大师也都是出色的语言艺术家。

有一次，美国和苏联关于限制战略武器的协定刚刚签署，基辛格向随行的美国记者介绍情况。当谈到苏联大约每年生产250枚导弹时，一位记者问："我们呢？"基辛格回答说："数目我虽知道，但我不知道是否需要保密？"该记者回答："不保密。"基辛格立即反问道："那么，请你告诉我，是多少呢？"

在回答那些应该回避的问题时，为了使自己不陷入尴尬的境地，巧妙地运用语言的魅力，可以避免对抗性谈判，并使谈判变得有趣。

4.高度的自信心和创造力

优秀的谈判者往往有一定的创造力、丰富的想象力、勇于拼搏的精神、顽强的意志和毅力。他们愿意接受不确定性，敢于冒险，把谈判看成一个竞技场，期待大展身手，与对手好好较量一番。在他们看来，拒绝是谈判的开始，谈判越有竞争性，自己就会变得越勇敢。所以，他们从来不在谈判之前就锁定自己的方案，在认真执行计划的同时，他们会努力拓展自己的想象空间，即便是在双方达成一致的基础上，他们也会寻找达成协议的更好的选择。

5.较强的心理承受能力

谈判人员宽广的心胸、良好的修养能为谈判双方进行观点的表述搭建一个稳固的平台。通常，他们都具有极高的涵养，在顺境时不骄不躁，不目中无人；在逆境时保持良好的进取心态，不把自己的缺点和错误强加给别人；当别人侮辱自己时，不以牙还牙，而是宽容有加，用智慧来应对。具有这种非凡气质的谈判人员，所流露出来的人格魅力会使对方在心理上不敢轻视。

6.注重礼仪礼节

礼仪礼节作为一种道德规范，是人类文明的重要表现形式。任何行业都有一定的礼仪规范。在谈判中，礼仪礼节作为交际规范，是谈判人员必备的基本素养。

在谈判桌上，一个谈判者彬彬有礼、交流坦诚、格调高雅，往往能给人带来赏心悦目的感觉，能为谈判营造一种友好的气氛；反之，谈判者的无知和疏忽，不仅会使谈判破裂，而且会产生恶劣的影响。因此，在谈判的不同阶段要遵循一定的礼仪规范。

商务谈判常涉及巨大的经济利益，所以谈判人员必须博学多才，掌握一定的谈判技能，将彼此的利益置于首位，努力实现双赢。如具备了上面列举的素质和能力，相信你也能成为谈判高手，可以在谈判场上尽情驰骋了！

知识窗

谈判能力

谈判能力在每种谈判中都能发挥重要作用，无论是商务谈判、外交谈判，还是劳务谈判。在谈判中，双方谈判能力的强弱差异决定了谈判结果的差别。对于谈判中的每一方来说，谈判能力都来源于八个方面，概括一下就是NOTRICKS，每个英文字母分别是一个英文单词的大写字头，八个英文单词分别是——need、options、time、relationships、investment、credibility、knowledge、skills。

• "N"——need，含义是需求。在买卖双方中，谁的需求更强烈一些？如果买方需求较多，卖方就拥有相对较强的谈判能力；相反，你越希望卖出你的产品，买方就拥有越强的谈判能力。

• "O"——options，含义是选择。如果谈判不能最后达成协议，那么双方会有什么选择？如果你可选择的机会较多，对方认为你的产品或服务是唯一的或者没有太多的选择余地，你就拥有较多的谈判资本。

• "T"——time，含义是时间。它是指谈判中可能出现的有时间限制的紧急事件，如果买方受时间的压力，自然会增强卖方的谈判能力。

• "R"——relationships，含义是关系。如果与现有顾客之间建立了强有力的关系，在同潜在顾客谈判时就会拥有谈判的关系实力。但是，也许有的顾客觉得卖方只是为了推销，因而不愿建立深入的关系，这样，在谈判过程中将会比较吃力。

• "I"——investment，含义是投资。在谈判过程中各投入了多少时间和精力？投入较多、对达成协议承诺较多的一方往往不具备较强的谈判能力。

• "C"——credibility，含义是可信性。潜在顾客对产品的可信性也是谈判能力的一种。如果推销人员知道你曾经使用过某种产品，而他的产品具有价格和质量等方面的优势时，无疑会增强卖方的可信性，但这一点并不能决定最后是否能成交。

• "K"——knowledge，含义是知识。知识就是力量。如果你充分了解顾客的问题和需求，并预测到你的产品能如何满足顾客的需求，你的知识无疑增强了你对顾客的谈判能力。反之，如果顾客对产品拥有更多的知识和经验，顾客就有较强的谈判能力。

• "S"——skills，含义是技能。这可能是增强谈判能力最重要的内容了，不过谈判技能、技巧是综合性的学问，需要广博的知识、良好的口才、敏锐的思维等。

（三）商务谈判人员应当具备的特质

一个优秀的商务谈判人员应当具备的特质包括：有发掘更多资讯的勇气；更有忍耐力；有开高价的勇气；有追求双赢局面的正直态度；愿意当一个好听众。

（四）谈判风格的选择

1.谈判风格的含义

谈判风格是指谈判人员在谈判过程中通过言行举止表现出来的，建立在其文化积淀基础上的，与对方谈判人员明显不同的关于谈判的思想、策略和行为方式等。

2.谈判风格的类型

（1）合作型。你认为在所有的人际关系中，冲突是不可避免的。你知道如何控制自己的情绪，面对对方的提议表示尊重，尽量避免争吵、个人攻击和威胁。你的倾听和善解人意是实现目的最有力的手段。你的目的：找到乐观的、让大家都满意的解决方案。结果：你能找到最佳途径，既解决了问题，又多交了一个朋友。

合作型对待冲突的方法是：维持人际关系，确保双方都能够达到个人目标。

合作型对待冲突的态度是：一个人的行为不仅代表自身利益，而且代表对方的利益。当遇到冲突时，他们尽可能地运用适当的方式来处理冲突、控制局面，力求实现"双赢"的目标。

（2）妥协型。你认为只要事情能够得到解决，双方都应该作出让步，就像在市场上讨价还价的时候，只能谋取一个中间数值。根据谈判对方的性格特点，你轮番使用"胡萝卜"和"大棒"，有的时候强硬，有的时候柔和。你的目的：在双方利益的中间找到一个妥协点，有时更靠近你的利益，有时更靠近他的利益。结果：这个方法可以帮助你解决一个问题，但无法从根本上解决。其结果很可能是你和对方都不满意，你们都没有达到自己的目的，只是找到了一个勉强的解决办法而已。

妥协型对待冲突的方法是：说服和运用技巧，目的是寻找某种权宜性的、双方都可以接受的方案，使双方的利益都得到不同程度的满足。妥协型风格意味着双方都采取"微输微赢"的立场。

妥协型对待冲突的态度是：双赢是不现实的，不是赢一点，就是输一点，这才是常态。他们在处理冲突时，既注重考虑谈判目标，又珍视双方的关系。

（3）顺从型。你实在太好说话了，在所有的谈判中你都会让步，因为你害怕冲突，愿意让对方满意，维持你们的关系。为此你不惜牺牲自己的利益，忽视自己的意愿，在心中默默咀嚼失望和苦涩。你的目的：不要让对方发怒，只要满足了他的条件，你就能获得安宁。结果：不仅你自己感到郁闷，对方也会进一步提出条件，而不像你设想的那样感激你的善良。

顺从型对待冲突的态度是：不惜一切代价维持人际关系，很少或不关心双方的个人目标。他们把退让、抚慰和避免冲突看成是维护这种关系的方法。这是一种退让或"非输即赢"的立场。其特点是对冲突采取退让-输掉的风格，容忍对方获胜。

（4）控制型。你喜欢飞舞的盘子和摔得"啪啪"作响的门，或者说，你喜欢赢！对你来说，一切谈判都是力量的较量，只有坚持到底才能获胜。你一定要求对方让步，拒绝听新的建议，为了维护自己的利益，你可以用牙咬，用指甲抓，不惜使用威胁和暴力。你的目的：在力量的较量中取胜。结果：当然，你有的时候会赢，可更多的时候，你的态度会使你的谈判对手更加抵制，并在未来的很长时间里与你对抗。

控制型对待冲突的方法是：不考虑双方的关系，采取必要的措施，确保自身目标得到实现。他们认为，冲突的结果非赢即输，谈得赢才能体现出自己的地位和能力。控制型的谈判者可以使用任何支配力来维护自认为是正确的立场，或仅仅是为了使自己获胜。

小测试

测一测你是哪一种类型的谈判者

记下你对以下问题的选择，然后才能进入下一步。

（1）你让秘书晚上加班两个小时完成工作，可秘书说她晚上有事。

黑桃：这是她自己的问题，她自己想办法解决。你是她的上司，她没有权力讨价还价。

红桃：那就算了，你自己加班把工作做完，反正你应该明白，谁都是不能指望的。

方片：你询问她有什么要紧事，她说她的孩子独自在家，于是你建议说你愿意给她介绍一个临时保姆，费用由你来出。

梅花：你退让一步，让她加班一个小时，而不是两个小时。

（2）你在和上司谈判加薪问题。

方片：你先陈述自己的业绩，然后把自己真实期望的薪水数目说出来。

黑桃：你强硬地说出一个数目，如果他不答应你就准备辞职。

梅花：你提出一个很高的数目，然后准备被他砍下一半——那才是你真实期望的。

红桃：你等他说出数目，因为你实在不愿张口。

（3）多年来你一直在男友的父母家度过除夕夜。

红桃：你觉得很委屈，可有什么办法？生活的习俗就是如此。

梅花：好吧，但大年初二或初三他一定要陪你回你的父母家。

方片：安排一次春节假期的境外旅行，这样他就无法要求你回他父母家过除夕了。

黑桃：你整个除夕晚上都闷闷不乐。

（4）忙了整整一个星期，你终于可以在周末好好休息了，可这时男友建议你和他的朋友一起去跳舞。

红桃：他难得想跳舞，你不愿意让他失望。

黑桃：反正你不会去，他愿意去的话就自己去。

梅花：你建议把跳舞改成聚餐。

方片：你说你很疲倦也很抱歉，然后建议下个星期再一起约朋友去跳舞。

（5）你10岁的侄子总让你给他买这买那，这次他想要辆小摩托车。

梅花：你说你最多给他买一辆儿童自行车。

黑桃：你断然拒绝，没什么可商量的。

红桃：你让步了，这样他就不会再缠着你了。

方片：好吧，但他应该先去学驾驶。

（6）你的男友拒绝和你分担刷碗的家务。

方片：你耐心地解释说你希望他分担一些家务。

梅花：如果他能一周刷一次碗，你就很满意了。

红桃：他不愿意就算了，还是由你自己来刷。

黑桃：你不能容忍一个不做家务的男人。要么他答应，要么就走人。

（7）你在餐厅用餐，邻座的客人在吸烟，烟都飘到了你这边。

黑桃：你大声提出抗议："现在的人怎么都这么不自觉！"

方片：你微笑着对他解释说烟味呛到你了。

梅花：你请求侍者给你换张桌子。

红桃：你默默忍受着，可一晚上都不开心。

（8）凌晨三点，你的邻居家里还在开派对，声音非常吵闹。

红桃：你用耳塞把耳朵塞住。

黑桃：你打110电话报警。

方片：你马上去他家敲门，说你需要睡眠。

梅花：你也去加入他们的派对。

（9）和男友从电影院走出来，他想吃泰餐，而你想吃日本菜。

梅花：今晚吃日本菜，下次吃泰餐。

黑桃：就吃日本菜，否则就各自回家！

红桃：好吧，那就吃泰餐，如果他真的这么想吃。

方片：既然你们都想去异国情调的餐厅，那不如去吃印度餐。

（10）你约一个朋友一起看服装秀，演出已经开始了，她还没有到。

梅花：你自己进去看。

黑桃：你把她的票卖掉了，这能给她一个教训。

方片：你不停地给她打电话询问她到哪里了。

红桃：你一直等着她。

（11）你的同事在会议上吸烟。

红桃：你什么也没说，因为担心他会记恨你。

黑桃：你对他说："你至少应该学会尊重别人。"

梅花：你对他说："应该尽量少吸一些烟，这对你的健康有好处。"

方片：你建议休息一会，让想吸烟的人吸一支。

（12）你新买的洗衣机坏了……

梅花：你气愤地打电话给厂家，要求退货或折扣。

红桃：你自责是不是自己没有按照程序操作。

方片：你给消费者协会写信，投诉厂家。

黑桃：你去售后服务部大吵大闹。

（13）一天，公司中某位同事神秘地告诉你：公司对你近期业务感到不满，准备将你调离现岗位。面对这种突发事件你该怎么办？

方片：充耳不闻，顺其自然，以不变应万变。

红桃：私下打听，看是否确有其事。

梅花：直接找领导理论。

黑桃：递交辞呈。

（14）某合资企业招聘销售人员，按照规定，你于某日下午3：00去人事部面谈，你于2：50到达指定地点，结果你发现会客室内已经坐满了人，此时你的感受是怎样的？

红桃：被录用的机会比想象的更渺茫。

方片：没有改变。

梅花：可能性更大。

黑桃：直接走人。

不要忙着看结论，因为这除了干扰测试结果，排除了测试给你带来帮助的可能性之外，没有任何实际意义！

结论：方片最多：合作型；梅花最多：妥协型；黑桃最多：控制型；红桃最多：顺从型。

（五）商务谈判人员的选用

1.具备什么条件的人可以入选

入选条件包括：①品质可靠的人；②既具有独立工作能力又具有合作精神的人；③具有相当智力与谈话水平的人；④愿意去各地出差的人。

2.什么样的人不宜选用

一般来说，不宜选用的人包括：遇事相要挟的人；缺乏集体精神和立场善变的人。

（六）谈判人员的配备

1.谈判小组的构成原则

谈判小组的构成应遵循以下原则：根据谈判项目大小、难易、重要程度和谈判对象确定小组规模；对谈判人员进行授权；谈判小组成员在知识、性格上要有互补性；谈判小组成员应层次分明、分工明确；贯彻节省原则。

2.谈判人员的构成

通常情况下，谈判人员的构成包括：技术方面——技术人员；商务方面——商务人员；法律方面——法律人员；语言翻译——翻译人员；配备1名首席谈判代表；配备1名记录人员。

除了以上几类人员之外，还可配备其他辅助人员，但是人员数量要适当，要与谈判规模、谈判内容相适应，尽量避免不必要的人员配置。

3.谈判人员的职责

（1）首席谈判代表：组织协调整个谈判小组的工作，对谈判进行总体组织。企业可委派专门人员来担任，一般由企业的副职兼任，也可以从谈判小组成员中选择合适者兼任。

（2）技术人员：负责产品性能、技术质量标准、产品验收、技术服务等问题的谈判，一般由熟悉生产技术、产品性能和技术发展动态的技术员、工程师或总工程师担任。

（3）商务人员：由熟悉贸易惯例和价格谈判条件、了解交易行情的有经验的业务员或会计师担任，其职责是掌握该项谈判总体的财务情况等。

（4）法律人员：一般由掌握经济法律专业知识的人员担任，通常是一些特聘律师、企业法律顾问或其他熟悉有关法律规定的人员。其职责是监督谈判在法律许可范围内进行等。

（5）翻译人员：由熟悉外语和相关知识，善于与别人紧密配合、工作积极、纪律性强的人员担任。其职责是准确传递谈判双方的立场、态度和意见。

（6）记录人员：其职责是准确、完整、及时地记录谈判内容，要求具有一定文字记录能力，并具有一定的专业知识。一般由上述人员中的某人兼任，也可派专人担任。

4.谈判人员的分工与合作

根据需要确定主谈人和辅谈人，并确定他们的职责及相互配合关系：

① 洽谈技术条款时技术人员是主谈人；

② 洽谈商务条款时商务人员是主谈人；

③ 洽谈法律条款时法律人员是主谈人。

知识窗

充分发挥女性在谈判中的作用

女性与男性在思维方式、对待竞争、寻求友谊和解决问题等方面差异较大。在男性居多的谈判世界里，女性的参与能够发挥独特的平衡作用。

女性在谈判准备工作上较为细致，谈判过程中比较注重公平，计算精细，语言表达能力甚佳。因此，在谈判成员的组成上适当考虑起用女性谈判者，尤其是在激烈复杂的谈判中让女性谈判者参与，不失为谈判成员组合上的一项重要策略。

三、制订商务谈判方案

制订商务谈判方案是指对即将展开的商务谈判，根据客观的可能性，运用科学方法，从总体上对谈判议题、谈判目标、谈判策略和谈判议程等作出的决定和选择。

谈判方案的内容主要包括：谈判议题及人员安排、谈判目标、谈判策略和谈判议程。

商务谈判方案制订的要求：简明扼要；明确、具体；富有弹性。

（一）确定谈判议题及人员安排

谈判议题就是谈判双方提出和讨论的各种问题。确定谈判议题首先要明确己方要提出哪些问题、要讨论哪些问题。要对所有问题进行全盘比较和分析，还要预测对方要提出哪些问题，哪些问题是己方必须认真对待、全力以赴去解决的，哪些问题是可以根据情况作出让步的，哪些问题是不予以讨论的。

要根据谈判议题确定谈判人员，具体人员安排如上述的谈判人员配备。

（二）确定谈判目标

1.谈判目标的确定

谈判目标的确定，是指对谈判所要达成结果的设定，是谈判的期望水平。

（1）最优期望目标。最优期望目标通常是对谈判者最有利的理想目标，可以最大限度地满足自己的利益，当然也是对方所能忍受的底线。

确立最优期望目标的意义在于：激励谈判人员尽最大努力争取尽可能多的利益，清楚谈判结果与最终目标之间存在的差距；在谈判开始时，以最优期望目标为报价起点，有利于在讨价还价中处于主动地位。

（2）实际需求目标。实际需求目标是谈判各方根据主客观因素，综合考虑各方面情况，经过科学论证、预测和核算后，纳入谈判计划的谈判目标。其特点是：它是秘而不宣的内部机密，一般只在进入谈判过程中的某个微妙阶段后才提出；它是谈判者坚守的防线；这一目标一般由谈判对手挑明，而己方则见好就收或顺梯下楼；该目标关系到谈判一方的主要经济利益。

（3）可接受目标。可接受目标是谈判人员根据各种主客观因素，经过论证、预测和核算之后所确定的谈判目标，是己方可努力争取到或能作出让步的范围，它能满足谈判方的部分需求，实现部分利益，该目标的实现意味着谈判成功。一般情况下，可接受目标在实际需求目标和最低限度目标之间选择，是一个随机值。

对于该目标，谈判方应采取两种态度：现实态度，即树立"只要能得到部分资金就是谈判成功"；抱着多交朋友的思想，为长期合作打下基础。

（4）最低限度目标。最低限度目标是商务谈判必须实现的目标，是作出让步后必须保证实现的基本目标，是谈判者必须坚守的最后一道防线，舍此则不惜谈判破裂。

2.谈判目标可行性分析

谈判目标可行性分析主要应考虑下列因素：本企业的谈判实力和经营状况；对方的谈判实力和经营状况；竞争者的状况及其优势；市场情况；影响谈判的相关因素；以往合同的执行情况；如果对方是我方唯一选择的合作伙伴，我方应如何确定目标体系。

3.做好谈判目标的保密工作

谈判目标的实现有赖于各方的谈判实力和谈判策略的有效性，谈判实力在短期内难以改变，而谈判策略的有效性则取决于对对方信息掌握的完备程度，特别是对对方谈判目标的掌握程度。所以，谈判目标的保密工作显得格外重要。

做好谈判目标的保密工作，可以从下面三方面入手：①尽量缩小谈判目标的知晓范围；②提高谈判人员的保密意识，降低无意识泄密的可能性；③有关谈判目标的文件资料要收藏好，废弃无用的文件资料要尽可能销毁，不能让其成为泄密的根源。

案例 1-10

一个犯人被单独监禁，监狱当局已经拿走了他的鞋带和腰带，因为担心他会伤害自己。这个囚犯整日无所事事，在单人牢房里无精打采地走来走去。他提着裤子，不仅因为他失去了腰带，还因为他失去了15磅的体重。从铁门下面塞进来的食物是些残羹剩饭，他拒绝吃。但是现在，当他用手摸着自己的肋骨的时候，他嗅到了一种万宝路香烟的味道。他喜欢万宝路这个牌子。通过门上一个很小的窗口，他看到门廊里一个卫兵正在吸烟，只见他深深地吸一口烟，然后慢慢地吐出来。这勾起了囚犯的烟瘾。所以，他用他的右手指关节客气地敲了敲门。

卫兵慢慢地走过来，傲慢地哼道："你要干什么？"囚犯回答道："对不起，请给我一支烟……就是你抽的那种万宝路。"

卫兵感到很惊异，囚犯还想要烟抽，真是异想天开。他嘲弄地哼了一声，就转身走开了。

这个囚犯却不这么看待自己的处境。他认为自己有选择权，他愿意冒险检验一下他的判断，所以他又用右手指关节敲了敲门，这一次，他的态度是威严的。那个卫兵吐出一口烟雾，恼怒地扭过头，问道："你又想要什么？"囚犯回答道："对不起，请你在30秒之内把你的烟给我一支，否则，我就用头撞这混凝土墙，直到弄得自己血肉模糊，失去知觉为止。如果监狱当局把我从地板上弄起来，让我醒过来，我就发誓说这是你干的。当然他们绝不会相信我。但是，想一想你必须出席每一次听证会，你必须向每一个听证委员证明自己是无辜的；想一想你必须填写一式三份的报告；想一想你卷入的事件吧——所有这些都只是因为你拒绝给我一支劣质的万宝路！就一支烟，我保证不再给你添麻烦了。"

资料来源　刘海华. 经理人有效沟通技巧［M］. 北京：北京大学出版社，2008.

试问：结局会怎样？卫兵会给囚犯烟吗？他会为囚犯点上烟吗？如果答案都是肯定的，设想一下卫兵是怎么想的？

（三）制定谈判策略

制定谈判策略，就是要选择能够达到和实现本方谈判目标的基本途径和方法。谈判策略的确定需要考虑如下因素：双方实力的对比；对方主谈人员的性格特点；双方以往的关系；对方和己方的优势所在；交易本身的重要性；谈判的时间限制；是否有建立持久、友好关系的必要性。

案例 1-11

美国"旅店大王"希尔顿曾经做过这样一件让他终生引以为豪的事情。当年，希尔顿计划在达拉斯建造一座耗资数百万美元的新旅店，以实现他"以得克萨斯州为基地，每年增加一座旅馆"的发展计划。但由于资金短缺，该酒店不得不中途停工。

希尔顿决定去见卖给他地皮的大商人杜德，他开门见山地告诉杜德，饭店工程无法继续。杜德听后不以为意，认为此事与他无关。希尔顿说："杜德先生，我来找您是想告诉您，饭店停工对我来讲固然不是一件好事，但您的损失会比我更大。""我不明白您在说什么。"杜德说。

希尔顿向他解释了其中的道理："如果我公开透露一下，饭店停工是因为我想换一个地方盖饭店，那么饭店周围的地价一定会暴跌，这样的结果对您是不利的，您看是不是呢？"

杜德听后，经仔细权衡利弊，最终同意了希尔顿的要求。由杜德出资将那家饭店建好，然后交给希尔顿，待赚了钱再分期偿还给杜德。两年后，由杜德出资建成的达拉斯希尔顿大饭店正式营业，使希尔顿又向"旅店王国"迈进了一大步。

资料来源　周忠兴. 商务谈判原理与技巧［M］. 南京：东南大学出版社，2003.

试问：这次谈判为什么能取得成功？你对谈判又有什么新的感悟？

（四）确定谈判议程

典型的谈判议程至少包括以下三项内容：谈判应在何时举行，为期多久；哪些事项列入讨论范围，哪些不列入讨论范围；讨论的事项如何编排先后顺序，每一事项应占多少讨论时间等。

1.谈判议程中的时间策略

（1）合理安排谈判的时间进程。①合理安排好己方各谈判人员发言的顺序和时间；②对于谈判中双方容易达成一致的议题，应尽量在较短的时间里达成协议，以避免浪费时间和无谓的争辩；③对于主要的议题或争执较大的焦点问题，最好安排在总谈判时间的3/5之前提出来；④在时间的安排上，要留有机动余地，以防意外情况发生；⑤适当安排一些文娱活动，以活跃气氛。

（2）在确定谈判时间时应注意的问题具体包括：①谈判准备的程度；②谈判人员的身体和情绪状况；③市场的紧迫程度；④谈判议题的需要；⑤谈判对手的情况。

知识窗

文化习俗对谈判时机的影响

与英国商人洽谈生意，要注意圣诞节和复活节前后两周尽量不安排或少安排业务洽谈活动。

与法国人谈判，不要把时间定在7月的最后一周和8月份。因为这段时间是法国人的休假期，法国人对休假十分重视，无论你用何种手段都不能使他们为谈判而错过或延误一次假期。

希腊人6—8月从不谈生意，同时星期三下午也不接待任何来宾。

西班牙人在下午午休期间（14：00—16：00）不做生意，银行在夏天13：30就关门下班，许多生意是在他们的晚宴上谈成的，西班牙人的晚宴一般都在21：00以后。

巴西人则以喜爱娱乐而闻名，所以要避免在狂欢节期间同他们谈判。

……

2.通则议程与细则议程

（1）通则议程。通则议程是谈判双方共同遵照使用的日程安排，可由一方准备，也可由双方协商确定，一般要经过双方协商同意后方能正式生效。它包括双方所谈事项的次序和主要方式。

（2）细则议程。细则议程是己方根据通则议程拟定的细节安排，供己方自己使用，是本方谈判方案的具体体现，具有保密性。

3.商务谈判场所的选择

商务谈判场所的选择方式包括：①在己方地点谈判；②在对方地点谈判；③在双方所在地交叉轮流谈判；④在第三地（主客场地以外的地点）谈判。

任务实施

一、复习

1.准备商务谈判信息。

2.配备商务谈判人员。

3.确定商务谈判方案。

二、分组

将全班学生每4～6人分成一个小组，每个小组选出1名同学作为组长。

三、实训

（一）分析讨论谈判风格测试结果

问题：通过谈判风格测试，你认为符合你的性格特点吗？你在现实生活中采取的谈判风格与测试结果相同吗？你打算维持还是改进你的谈判风格？如何维持？怎么改进？

（二）案例分析

1.20世纪90年代初期，东南亚的M国兴起投资热潮，一时房地产市场行情看好。某市的一家建筑公司花巨资买了一大片土地，准备盖高级住宅区和高级别墅。由于M国地处热带，台风频繁，所以必须采用一种坚固抗风的钢材——精密锰钢，才能保证建筑的安全。公司决定派以副董事长为首的代表团去日本洽谈购买钢材事宜。

代表团在机场受到日方公司代表的热烈欢迎。豪华轿车在等着他们，日方代表还衷心希望他们在东京能过得愉快，一切好像都是好兆头。日方代表甚至还"好心"地告诉他们，多在日本待些天，什么时候回去，他们可以帮助预订机票。代表团团长告诉他们回去的时间在月底，只有10天左右的时间来谈判。

日本人真是太热情了，一连几天闭口不谈生意，团长急得去找日方经理时，经理彬彬有礼地劝他稍等，因为第一次来日本，要尽情领略一下异国风光。团长出于礼貌不好拒绝，又无可奈何。于是在日方人员的盛情款待下，他们又用了2天时间游览了东京，用1天时间去了富士山，用1天时间参观了日方工厂。

团长越来越心焦，而日方经理仍漫不经心，热情得很，拉着他们又是喝酒，又是赴宴，又是打网球，似乎生意已经成交。

只剩下4天的时间了，而日方的礼仪很周到，看样子还有不少"盛情款待"，再拖下去肯定对代表团没有任何利益了，要知道房地产市场风险很大。于是，团长在一天晚上趁机问了一下对方的代表。

在M国代表的再三要求下，日方代表答应第二天一早进行谈判。

第二天一早谈判开始前，日方经理早已把他们返程的机票送到团长手里，令团长感激不尽，自然气氛也缓和了很多。最终，不论M国代表怎样讨价还价，日方企业都没有作出实质性的让步，最终团长还是在日方拟好的合同上签了字。

原来，日方已打听到建筑公司早已买下几百亩地，如果在雨季前不开工，将损失惨重，而现在已是3月底，离5月份的雨季不远了，他们也没有时间去寻找其他供货商；M国代表团后天回国，现在又有机票了，所以在这两天内必须完成谈判。

最后，日方企业大赚了一笔。

试分析双方在本次谈判中胜败的原因。

2.荷伯是美国谈判学界中的权威人士。他有一位朋友是医生。医生居住的大楼所在地被一位房地产商看中并准备在此建造摩天大楼，大楼中除医生一家没有搬迁外，其他居民早与房地产商达成协议搬离大楼。医生一家与房东的租赁合同还有两年，加上医生不愿意搬迁，因而就有了医生与房地产商就搬迁事宜进行谈判的过程。

医生把此事交给了荷伯。荷伯也非常愿意帮助这位朋友。他的思路非常清楚：此次谈判既要维护当事人（医生）的权益，又要找出一个双方都愿意接受的解决方法。具体来说，就是要商谈一个双方都能接受的搬迁费用。

房地产商将此项谈判交给了他的秘书杰克，这是一位年轻的小伙子。在接到任务的第二天，杰克就给荷伯打电话，并问荷伯，他的当事人要多少钱才肯搬迁？荷伯说他的当事人好像不愿意搬迁，因为租约期还有两年。杰克也知道租约期还有两年的事情。看到荷伯态度坚决，杰克无奈只能自己先开价。虽然杰克的开价从2.5万美元一直上升到5万美元，但荷伯对他说的话始终就是：不搬或差远着呢。

杰克的开价已经大大超过了当事人医生的心理价位，但为什么荷伯仍不还价呢？

其实，荷伯在接到谈判任务后对谈判事项做了调查和分析。他首先制定了谈判策略——欲擒故纵，因为当事人有十分有利的条件来实施这一策略。另外，也是最重要的一点，即他估算出了房地产商买下那栋大楼的价钱、大楼空闲的代价以及当事人租赁期满为止要为抵押托管支付的所有费用，共25万美元。也就是说，荷伯估算出的价格是他此次谈判的一个大筹码，荷伯希望能为他的当事人拿到25万美元中的50%，并认为这并不太过分，因为假如当事人不愿意搬迁的话，两年后，那个房地产商就要付出25万美元，想想也是比较合理的。

果然，在杰克不断加码的过程中，荷伯以12.5万美元的价格使这场谈判画上了句号。他们约好日期在工地见面：杰克给荷伯支票，当事人立即搬迁。

试问：荷伯采用了什么策略？优秀的谈判人员应具有怎样的素质？

过程组织：

（1）分析讨论谈判风格测试结果，以个人在小组内部发言为主，记录发言要点，不做优劣评价。

（2）教师组织学生仔细阅读案例，进行个人分析案例的构想。

（3）以小组为单位进行讨论，提倡采用"头脑风暴法"。

（4）每个小组派一名代表在全班交流，在本组代表发言时全组同学起立，可以对本组代表的发言进行补充。

（5）教师讲评案例。

（6）学生以小组为单位完成案例分析文案。各组上交分析讨论谈判风格测试结果的发言要点记录。

项目小结

认知商务谈判，学习和掌握商务谈判的理论、技巧和实务，是商务谈判人员必须具备的基本素质。从事商务谈判必须遵循商务谈判的基本原则和一般性原则。不同的商务谈判模式各有特点，没有最好，只有更好，需要我们在实践的基础上不断创新。商务谈判程序是对无数商务谈判过程的科学总结。信息准备是商务谈判的先导，是商务谈判成败的决定性因素。在信息准备的诸多内容中，谈判对手的信息资料显得尤为重要，理应给予高度关注，还应注意谈判信息资料的保密，以避免不应有的损失。谈判本身是一项高度的技巧性和艺术性相结合的工作，所以谈判人员必须具备一定的专业素质和综合能力，后者尤为重要。多数商务谈判都不是靠某一个谈判人员去单打独斗而能成功的，需要组建一个高效精干的谈判队伍——谈判小组，谈判小组的人员构成及其分工与合作尤其重要。谈判方案包括：谈判议题及人员安排、谈判目标、谈判策略和谈判议程。

项目训练

一、判断题

1. 商务谈判的本质是沟通。 （ ）

2. 交谈与谈判都是说话，因而两者是一码事。 （ ）

3. 谈判是一门妥协的艺术。 （ ）

4. 利益和立场都是可以调和的。 （ ）

5. 赢-赢谈判追求的结果：你赢了，我也赢了。 （ ）

6. 合作剩余即合作比不合作增加的价值。 （ ）

7. APRAM中的双赢关键不在于如何把蛋糕做大，而在于如何把蛋糕分得公平。 （ ）

8. 谈判中的价格竞争也是情报竞争。 （ ）

二、填空题

1. 谈判的动因是：＿＿＿＿＿＿、＿＿＿＿＿＿和＿＿＿＿＿＿。

2. 谈判的要点是：＿＿＿＿＿＿、＿＿＿＿＿＿和＿＿＿＿＿＿。

3. 评价一次谈判是否成功，通常有以下三个标准：＿＿＿＿＿＿、＿＿＿＿＿＿和＿＿＿＿＿＿。

4. 商务谈判的构成要素可以概括为"5W1H"：＿＿＿＿＿＿、＿＿＿＿＿＿、＿＿＿＿＿＿、＿＿＿＿＿＿及＿＿＿＿＿＿。

5. 不同地点谈判的类型有：＿＿＿＿＿＿、＿＿＿＿＿＿、＿＿＿＿＿＿和＿＿＿＿＿＿。

6. 不同地位谈判的类型有：＿＿＿＿＿＿、＿＿＿＿＿＿和＿＿＿＿＿＿。

7. 商务谈判的模式主要有：＿＿＿＿＿＿、＿＿＿＿＿＿和＿＿＿＿＿＿。

8. 商务谈判的信息准备必须符合＿＿＿＿＿＿、＿＿＿＿＿＿、＿＿＿＿＿＿、＿＿＿＿＿＿的要求。

9. 影响谈判能力的因素有：＿＿＿＿＿＿、＿＿＿＿＿＿、＿＿＿＿＿＿、＿＿＿＿＿＿和＿＿＿＿＿＿。

10. 一个优秀的商务谈判人员应当具备的特质包括：＿＿＿＿＿＿、＿＿＿＿＿＿、＿＿＿＿＿＿、＿＿＿＿＿＿、＿＿＿＿＿＿。

11. 制订谈判方案的要求包括：＿＿＿＿＿＿、＿＿＿＿＿＿、＿＿＿＿＿＿。

三、案例分析题

一天，陈女士携女友到一家刚开业不久的百货大楼购物。在一排做工精致、用料考究的女式风衣前，陈女士发现一件成衣的标签上赫然印着60元的标价。这是一起明显的标价错误，因为这排风衣的统一标价是160元。售货员非常友好地向陈女士致歉，并告知小标签上的价格是因为电脑的差错，"60"元前面的"1"字没有标示清楚。但陈女士认为，既然小标签上印着60元，这就意味着商家对顾客的一种承诺，因此，她坚持要以60元的价格买走该风衣。售货员不敢做主，她让陈女士留下联系方式，告知次日将给她一个满意的答复。百货大楼的负责人连夜经过紧急磋商，最后决定以60元的售价将该风衣卖给陈女士。这起纠纷引起了新闻媒体的关注，一时，当地各大报纸纷纷报道了这则消息，并展开了一场讨论：陈女士该不该以60元的价钱买走这件风衣？大部分人都支持百货大楼，纷纷谴责陈女士的行为是出于一种"占便宜"的动机。而这家刚开业不久的百货大楼由于严守信用、言出必行而赢得了非常好的口碑，从而提高了知名度，一时间，该百货大楼门庭若市、生意火爆。

问题：当报刊报道了这则消息后，陈女士的做法受到了舆论谴责，你认为陈女士的做法有不当之处吗？如果换成是你，你会怎么做？百货大楼赢得了非常好的口碑，你觉得他们的做法有什么特别之处吗？谈谈你的体会。

项目评价

本项目考核由自我评价与小组评价、教师评价两部分构成，考试成绩根据学生对项目训练部分的完成情况给出，教师评定成绩和学生自评成绩分别由教师和学生根据课堂教学、课堂讨论及实训完成情况给出，填写表1-1和表1-2。

表 1-1   **自我评价与小组评价表**

主要内容		评价等级（在符合的情况下面打"√"）							
		全都做到了		80%做到了		60%做到了		没做到	
		个人	小组	个人	小组	个人	小组	个人	小组
自我总结	我的优势								
	我的不足								
	努力目标								
	具体措施								
小组建议									

表 1-2   **教师评价表**

主要内容	教师评价等级（在符合的情况下面打"√"）			
	优秀	良好	合格	不合格
态度认真、参与积极				
专业知识掌握情况				
综合运用知识解决问题				
综合评语	教师签名： 年 月 日			

项目二 走近商务沟通

学习目标

知识目标：

1.了解商务沟通的口头语言和行为语言。

2.了解非语言信息与语言信息的关联及形体暗示的沟通功能。

3.熟悉常见形体语言及形体暗示的含义。

4.熟悉各种空间暗示、时间暗示和沟通距离暗示的含义。

5.掌握各种听和说的技巧。

能力目标：

1.能在沟通中恰当地使用形体非语言暗示表达特定含义。

2.能在沟通中恰当地使用听的技巧。

3.能在沟通中恰当地使用说的技巧。

素养目标：

以中美贸易摩擦为背景，让学生了解商务沟通场合不同文化背景下口头语言、行为语言的重要性，同时也通过案例升华学生的民族自豪感，向勇于开拓创新的"中国智造"企业学习，培养学生的责任感、担当意识与爱国情怀。

任务一 初涉商务沟通

任务描述

认识商务沟通，学习和掌握商务沟通的理论、技巧和实务，是商务人员必须具备的基本素质。本任务主要探讨商务沟通的概念，以及商务沟通中的口头语言、行为语言。

案例导入

2024年10月，中国商务部部长王文涛与美国商务部部长雷蒙多进行了一次电话沟通。这次通话，并非只是普通的问候，而是在中美元首旧金山会晤后，落实各项共识的关键步骤。

此次对话的背景是，中美已经就经贸问题成立了工作组，并刚举行了第二次会议。但是这一次，雷蒙多却继续污蔑中方，她把美国对中国的贸易限制，描绘成一种正当合理的举动。她强调美国国家安全，为美国的高科技出口控制辩护，声称绝不会妥协。这样的措辞，突出了一个很明显的问题：美国用所谓的"国家安全"，常常被用来打压海外竞争者，尤其是中国的高新技术企业。很明显，雷蒙多一上来就想给中方立规矩，试图用这种高压态度，让中方感到压力，不过我们并没有因为这种施压而改变立场，相反，中国商务部部长在通话中明确表达了中方的三大诉求：希望美方重视中方企业的关切，取消对中企的不合理制裁，以及改善中国企业在美的营商环境。这三点不仅是双方公平合作的前提，也是维护全球经济秩序的基本要求。

资料来源　新华社. 商务部部长王文涛同美商务部长雷蒙多通话［EB/OL］.［2024-11-01］. http：//www.news.cn/20241008/c6b7f00ea55a4e0ab88d8ac27f7f793a/c.html.

试问：在谈判中，为了获得胜利，需要运用哪些语言？

知识储备

商务沟通就是指商务活动主体凭借一定的通道（或媒介），将信息发送给既定对象（接受者），寻求反馈以达到相互理解的过程。

研究表明，一个正常人每天要花60%～80%的时间在说、听、读、写等沟通活动上。在说、听、读、写四种沟通形式中，听占沟通时间的40%，而说、读、和写分别占35%、16%、9%。据了解，学生在学校平均每天有46%的时间是在听，而其中的66%是听他们的老师讲课。然而，效果又如何呢？尽管人们花很多时间去倾听，但对方所说的75%左右的内容通常都被忽视、被误解甚至被遗忘。专家的研究结论表明：20%的沟通是有效的，80%的沟通是无效的。但是，人们要使自己的日常生活更加美好，使自己的职场打拼更加出色，都离不开有效的人际沟通。因此，与他人进行有效的沟通，并且赢得他们的合作，这是现代人应努力培养的一种能力。

一、商务沟通中的口头语言

各种思维需要用语言来表达。商务沟通的整个过程就是交易双方语言交流的过程。把双方判断、推理、论证的思维结果和思想感情准确地表达出来，语言是关键。商务沟通中使用的语言主要有四种：

1.外交语言

外交语言是指商务沟通中所有委婉、礼貌的表达方式的用语。外交语言的特征是可能性、原话性、缓冲性。典型的外交语言通常表达为"很荣幸能与您共同谈判该项目"、"有关谈判议程悉听尊便"、"愿我们的工作能为扩大双方合作作出贡献"、"此事可考虑"、"有待研究"、"我已讲了我所能讲的意见"、"请恕我授权有限"、"可以转达贵方要求"、"此事无可奉告"、"请原谅，我有我的为难之处"、"不能满足贵方的愿望"、"既然如此，深表遗憾"、"坚持贵方立场是您的权利，但竞争失败的责任则由您自己负"、"我们谈判的大门是敞开的，贵方请示过后，可以随时和我们联系"及"您说了我想说的意思"等。

2.商业法律语言

商业法律语言是指与交易有关的技术专业、价格条件、运输、保险、税收、产权、企业法人与自然人、商检、经济和法律制度等行业习惯用语和法规条例的提法。商业法律语言的特征是刻板性、通用性、严谨性。典型的商业法律语言有："装运港船上交货（FOB）"、"成本加运费（CFR）"、"成本、保险费加运费（CIF）"、"货交承运人（FCA）"及"买方信贷"等。

3.文学语言

文学语言是指在谈判中使用的优美动人的修辞。文学语言的特征是优雅、诙谐、生动、形象和富有感染力。鉴于人们受民族文化的熏陶及个性、爱好，文学语言自然而然地被商务人员所引入，并且有很大的魅力。典型的文学语言有"平分秋色"、"浑水摸鱼"、"得寸进尺"、"春风化雨"、"山重水复疑无路，柳暗花明又一村"及"友谊桥梁的架设者"等。

4.军事语言

军事语言是指在商务谈判中运用的军事术语，即简明、干脆、坚定的语言。在商务谈判中难免产生激烈对峙的局面，而且有的对手"吃硬不吃软"，从谈判的效果出发，军事语言就不可或缺。军事语言的特征就是干脆、简明、坚定、自信。典型的军事语言有"价格防线"、"成本底线的摸底或侦查"、"集中突破一点"、"知己知彼，百战不殆"、"闪电战术"、"走马换将"、"各司其职"及"声东击西"等。

知识窗

名家观点

"最理想的朋友，是气质上互相倾慕，心灵上互相沟通，世界观上互相合拍，事业上目标一致的人。"

——周汉晖

"在交谈中，判断比雄辩更重要。"

——葛拉西安

二、商务沟通中的行为语言

尽管语言在人际沟通中发挥着重要的作用，但心理学家研究发现，在两个人面对面的沟通中，55%以上的信息交流是通过无声的身体行为语言来实现的。身体行为语言，是指那些包括目光、表情、身体运动、触摸、体态、身体间的距离等在内的非语言性的身体信号。身体行为语言在人际沟通中发挥着口头语言所无法代替的作用。

人的身体的每一个姿态变化都包含了丰富的情感，能表现出许多内在和外在的信息，表达其内心的变化。因此，在商务沟通中不仅有语言交流，也有行为交流，不仅要听其言，还要观其行。

了解了行为语言所表达的信息，在谈判中不仅要辨认、感知、预测、分析、掌握对方的行为，更要学会巧妙地运用行为语言传递自己的信息。有声语言的阐述与无声语言（即行为语言）相互配合，能起到事半功倍的作用。

任务实施

一、复习

1.商务沟通的概念。

2.商务沟通中的口头语言。

3.商务沟通中的行为语言。

二、分组

将全班学生每4～6人分成一个小组，每个小组选出1名同学作为组长。

三、实训

以本任务开篇的导入案例为素材，进行案例分析。

过程组织：

（1）教师组织学生仔细阅读案例，搜集中美经贸问题谈判资料，进行案例分析。

（2）以小组为单位进行讨论，提倡采用"头脑风暴法"。

（3）每个小组派1名代表在全班交流，在本组代表发言时全组同学起立，可以对本组代表发言进行补充。

（4）教师讲评案例。

（5）学生以小组为单位完成案例分析文案。

任务二　　熟悉商务沟通的技巧与方法

任务描述

任何一项成功的商务沟通都需要一些技巧与方法，商务沟通的技巧与方法分为非语言技巧与语言艺术两类。本任务主要探讨非语言技巧与方法在商务沟通中的重要性及其应用。

案例导入

欧洲A公司代理B工程公司与中国C公司就出口工程设备的交易进行谈判。C公司根据A公司报价提出建议，对方应根据中国市场的竞争性和该公司第一次进入市场的实际情况认真考虑调整报价。A公司做了一番解释后仍不降价，并说其委托人B工程公司的价格是如何合理。C公司再次对其条件进行了分析，A公司又作出一番解释，一上午下来谈判毫无进展。C公司认为A公司过于傲慢固执，A公司认为中方毫无购买诚意且没有理解力。

双方相互埋怨之后，谈判不欢而散。

试问：谈判如何才能继续下去？

知识储备

一、非语言沟通

非语言沟通指的是除语言沟通以外的各种人际沟通方式，它包括形体语言、副语言、空间利用及沟通环境等。

非语言沟通涉及人们面对面沟通中的诸多方面，用来加强或替代所说的话。有时候人们有意识地运用非语言沟通技巧，而有时候却是一种下意识的行为。例如，面部露出微笑、眉头紧皱、开会入席的座位、办公室的大小及室内陈设，凡此种种都表达着各种信息，高兴或苦恼、权势或地位等。

非语言沟通在实际沟通活动中起着非常重要的作用，甚至比通过语言表达的信息更为重要。有关研究表明，在人们的实际沟通过程中，非语言沟通所包含的信息远远超出语言所提供的信息（如图2-1所示），正所谓"无声胜有声"。

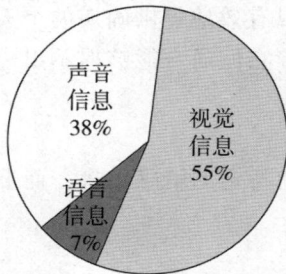

图2-1　沟通信息分布图

对听者来说，非语言沟通可以帮助确定讲话者是否有诚意，因为当一个人在谈话时，尽管他/她讲的话可以掩饰其真实想法，但其身体语言可能就不会被掩饰得那么好了，正如人们常说的"不仅听你说什么，更重要的是看你怎么说"。

当然，说者也从非语言信息中获益，通过观察听者所传递的非语言信息来判断自己所传递的信息是否被理解。

非语言沟通又与语言沟通密切相关。在实际沟通中，当语言信息与非语言信息不一致的时候，人们往往会更加相信非语言信息。

（一）语言信息和非语言信息的关联

1.重复

例如，当谈到某个方向时，伴随着手指的指示。

2.矛盾

当某人在争吵中处于劣势，嘴巴却颤抖着说道："我怕他？笑话！"事实上，从说话人颤抖的嘴唇上不难看出，他的确感到恐惧和害怕。又如，当顾客在首饰店的柜台前指着金灿灿的手链对服务员说："请把这条项链给我看看。"服务员一定会认为顾客是口误，这时，服务员通常会认定顾客需要的东西是他所指的手链而不是他所说的项链。这个例子说明，在语言信息和非语言信息出现矛盾的时候，非语言信息更能让人信服。

3.代替

当经理走进办公室，显出一副伤脑筋的样子，不用说，他与上司的见面很糟糕。这时，非语言信息就发挥着代替语言信息的作用。

4.强调

通过非语言信息，使语言信息得到补充。如一位经理通过敲击桌子或者拍一下同事的肩来强调有关信息的重要性。

非语言沟通有各种类型，其中主要包括身体动作、空间利用、副语言等。具备认识和辨析这些非语言信息的能力无疑有助于有效沟通。在人际沟通中，人们的内心活动变化会在手势和形体语言中有意无意地流露出来。

（二）形体姿态透露出来的非语言信息的沟通功能

1.态度信息

一方面，手势和形体姿态可以帮助我们传递或强化语言表达的信息；另一方面，形体暗示更能生动地反映出信息传播者对他人的态度。

2.心理信息

研究表明，形体暗示功能可以有效地提供确切的个人心理状态信息，它不仅能表明人们是否自信，还能暗示出自信度。它们通常能够揭示出一个人是否靠得住，也能将一个人的消极心理状态暴露无遗。

3.情绪信息

我们的表情能非常准确地传递特定的情感信息，而形体暗示则显示我们情绪的变化水平和紧张程度。

4.相关信息

通过非语言沟通还能揭示许多其他重要的相关信息，如个人偏好、权力地位以及情绪变化等。显然，如果我们不熟悉手势和其他非语言信息，就容易在人际沟通过程中产生误解，甚至引起不必要的冲突。

手势和形体姿态在人际沟通中非常重要，我们可以将眼睛比作心灵的窗口，同样也可将形体暗示看成我们心理活动的晴雨表，内心活动的变化会在手势和形体姿态中有意无意地流露出来。

知识窗

名家观点

"有许多隐藏在心中的秘密都是通过眼睛被泄露出来的，而不是通过嘴巴。"

——爱默生

"沉默是一种处世哲学，用得好时，又是一种艺术。"

——朱自清

二、解析非语言信息

除了演员、政治家和演说家们会通过训练使自己有意识地利用一些手势来加强语气外，在通常的人际沟通过程中，许多手势都是无意识的。比如，当说话者激动时，手臂的快速动作可以强调正在说的内容。利用头部、肩部、手臂和手掌、手指、腿、脚表示的姿势形式也很丰富，尽管其常常只起到辅助作用。例如，把手指放在嘴唇前表示要求安静；当讨论进行得很激烈时，有人为了使大家情绪稳定下来，作出手掌心向下按的动作，意思是说"安静下来，不要为这一点小事争执了"。

（一）常见的形体语言

常见形体语言解析如下：

1.头部动作

朝一边点头是催促某人紧跟着；上下点头是赞许、同意或默认；摇头是不同意；朝对方略微侧转头表示注意；单手或双手抱头是沉思、沮丧或懊恼等。

2.手臂和手的动作

双臂张开表示热情和友好；双手插裤袋表示冷淡或孤傲自居；两臂交叉抱在胸前表示戒备、敌意或无兴趣；双手合十表示诚意；招手表示友好等。

3.手指动作

捋发表示对某事感到棘手，或以此掩饰内心不安；十指尖相触表示自信或耐心；指点某人/物表示教训或威胁；握拳表示愤怒或激动；搓手表示急切期待或心情紧张等。

4.腿和脚的动作

双脚呈僵硬的姿态表示紧张、焦虑；脚和脚尖点地表示轻松或无拘束；坐着时腿来回摆动表示轻松或悠闲；跺脚表示气愤或兴奋等。

5.坐姿和站姿

不同的坐姿和站姿传达出不同的沟通信息。面试时，应试者弓着背坐着，两臂僵硬地紧夹着，两腿和两只脚紧靠在一起，就好像对面试者说"我很紧张"。同样，如果应试者懒散地坐着，表明他过分自信或随便，令人不舒服。一般来讲，无论是站着还是坐着，当一个人放松或悠闲的时候，身体往往处于比较舒展的状态；而当一个人不舒服、紧张、害怕时，整个身体都是绷得紧紧的，手臂会紧贴身侧，两腿紧靠在一起。

6.眼神

常言道：眼睛是心灵的窗口。显然，眼睛具有很强的交流功能和感染力，常见的表现形式有注视、凝视、回避、扫视、斜视和眨眼等。

研究表明，眼睛具有许多特有的交流功能，透过眼神，可以透视出人的内心世界，其沟通功能大致包括以下几点：

（1）专注作用。眼神能够反映出一个人的注意力及兴趣程度。一般来说，瞳孔的大小能精确地反映一个人的兴趣水平和对他人的态度。例如，当兴趣强烈时瞳孔会放大，而当兴趣丧失时瞳孔就会收缩。

（2）说服作用。眼睛在说服性沟通中发挥着重要的作用。在沟通中，劝说者要使人感到真诚可信，必须与被劝说者保持眼神的接触。为了避免可信度的显著下降，劝说者的视线不能经常向下看或离开被劝说者。过度的眨眼或眼皮的颤动都会让对方生疑。

（3）亲和作用。眼神在建立、保持以及终止人际关系方面扮演着很重要的角色。紧紧盯着某个人看只是一种感兴趣的标志，而注视则表明你对对方很感兴趣，并允许对方获得关于你的信息。这里需要强调的是，神色举止在人际关系中的作用比其他任何一种非语言交流都更重要一些。

（4）调节作用。我们有足够的理由相信，眼神配合手势可以更好地进行暗示，神色举止可以显示出一个人的内心世界。

（5）强力作用。人的神色举止不仅可以折射其地位高低，也能有效地反映出其领导能力。一份对某军校警官神色举止的有趣研究显示，级别低的警官看上去比级别高的警官更谦逊，同时也证实那些看上去总是小心翼翼、行动谨小慎微的学员大多数只获得级别较低的领导职务。事实上，实权在握的人，看上去其目光通常很有力。这类人常以有力的目光注视着自己的部下，控制着他们的情绪。相反，那种回避和低头不敢对视的目光一般被看成是软弱和屈服的标志。通常，这类人不具备领导才能或领导能力不强。可见，通过对目光的观察，有助于管理人才的聘用。

（6）影响作用。通常，眼睛和脸部表情可以作为交流中有效的中介，当你看到某个人的表情是冷漠或者热情或者可爱时，你可能会意识到，眼睛所表达的语言就是情感语言。当一个人很想了解另一个人是在表达一种肯定的还是否定的感情时，他可以通过观察瞳孔的变化来加以判断。当一个人所表达的是肯定的情感，如高兴或幸福时，瞳孔就会增大；反之，当其表达的是否定的情感，如悲伤或痛苦时，瞳孔则会缩小。

总之，眼睛可以反映一个人是在表达肯定还是否定的情感，这与"喜形于色"的说法是一致的，即人们常把自己的情感表露出来，把情感的温度表现在目光中。因此，希望了解别人心情和情感的人，可以通过对方面部和眼睛所提供的信息进行判断。

（二）形体暗示辨析

形体暗示在传递有关自信度、个人偏好、独断性、权力大小方面起着关键的作用，它可以分为受欢迎的形体暗示和不受欢迎的形体暗示两种。

1.受欢迎的形体暗示

在沟通时，表现出开放和自信的形体暗示是很受欢迎的。在人际沟通过程中表现出开放的姿态非常重要，会给其他人这样的信号：我真诚地表现出自己真实的思想。开放式的姿态常引起对方同样的开放式的姿态。开放式形体暗示通常表现为：伸展一下双手，松一下衣服扣子或领带，放松一下四肢等。

对于希望表现出镇定自若的人来说，自信的动作非常重要。一些典型的自信动作有：手指尖塔（将双手指尖靠在一起形成尖塔状）；双手背后，下颌微抬；斜着身子，以手托头。

在人际沟通过程中，掌握形体暗示对于了解对方的偏好、情绪或权力地位等信息具有重要作用。通过解读对方所表现出来的形体暗示，你可以了解别人对你是否感兴趣。

小测试

希望得到别人喜欢的愿望人人都有，喜欢别人但却没能激起对方作出回应，问题是否出在自己一方呢？如果确实喜欢一个人，你可以通过适当的形体暗示将自己的意思表达出来。对照下列受欢迎的形体暗示表现，你做到了哪几种？

①不期而遇时有向前的倾向；②身体和头直接面对对方；③开放的形体姿态；④肯定地点头；⑤活泼的动作；⑥减小个人距离；⑦适当放松；⑧身体接触；⑨保持目光接触；

⑩微笑。

2.不受欢迎的形体暗示

在沟通时，表现出自我防御的封闭式姿态及不自信、紧张、保护性的动作等形体暗示是不受欢迎的。例如：紧收双臂、夹紧双腿等相关的动作就是一种自我防御的封闭式形体暗示；像摸嘴、摸鼻子、抓头发的手部小动作通常是不自信的表现。保护性的动作有很多，它们都带有创造不愉快气氛的意味，如目光下垂、封闭的形体姿势是典型的保护性动作。紧张的动作也有许多，如捻手指、拉衣角和摸耳朵等。

小测试

对照下列形体暗示表现，从中你能解读出什么信息？

①短时间的目光接触；②翻白眼；③不高兴的面部表情；④相对较少的动作；⑤身体僵硬；⑥神情冷漠；⑦封闭的形体姿态；⑧身体紧张。

显然，上述形体语言传递出"不喜欢"的暗示。此外，当一个人希望得到别人的喜欢，但自我表现过了头时，也会适得其反。例如，那些挥手过于夸张、盯着人看、点头过度的人，常常会引起别人的反感。又如，坐得太近的人虽然希望传递他们表示喜欢的暗示，但事实上，这些粗俗、过分的形体暗示常常也会引起他人的反感。

开放式和自信的动作是受欢迎的，而保护性的和紧张的动作则不受欢迎。当然，通过对形体语言的解读，虽然可以初步判断信息传播者的个人喜好、权力地位，但是若想获得确切的信息，还要综合其他语言和非语言的沟通效果来下结论。

（三）空间暗示的解析

在沟通中，不同的沟通方式表达了不同的含义。通过控制交际双方的空间距离进行沟通，称为空间沟通。人们在交谈中掌控距离的方式表达了他们的信仰、价值观以及文化修养。例如，德国文化崇尚秩序井然和等级森严，所以德国人倾向于划分出界限分明的私人领地，从而明明白白地表露了他们保留个人隐私的需要。美国人要求拥有自己的办公室以保护自己的隐私，通过使用巨大而且能够升降的办公桌与别人保持距离；相反，阿拉伯人在公共场合很少顾忌隐私，他们在谈话时表现得亲密无间。这种沟通的特点被描述为：目光的直接接触，手的互相触摸，沐浴在对方温暖而潮湿的呼吸中，这些都代表了深层次的有感觉器官参与的交谈，这种沟通方式对很多欧洲人而言是不可忍受的。

必须承认，我们的空间受到两种相互竞争的需求的影响：友好协作的需求和保留隐私的需求。大体上来说，通过形体上的接近可以表达我们想发展更密切关系的愿望。因此，形体上的接近在人际交往中扮演着十分重要的角色。相反，我们可以通过与他人保持距离以满足自己保留隐私的需要，这时我们常常使用形体方式来确信这种距离的存在。例如，使用肘部以防止他人靠得太近，或者把椅子移开，或者侧过身等，以对自己的心理空间作出防御性反应。

使用空间的方式以及我们对他人使用空间方式的反应，会给其他人留下很深的印象。例如，就办公室的空间大小而言，有些组织是根据职位高低来决定办公桌的大小，有些组织则取决于权力的大小。此外，家具的陈设也构成了空间暗示的一个因素。事实上，管理者在办公桌后面与人沟通时，两人之间的办公桌就不经意地构成了一道物理的甚至心理上的屏障，难以以开放的心态与人沟通。通常，人们会从这些空间暗示获得自己的判断，如友好程度、亲密程度、霸道程度、诚实程度以及同情程度。作为代表个人和企业形象的管理者必须知道在不同场合中什么样的空间行为是合适的，什么样的空间行为是不合适的，因为这些行为举止在形象管理中是十分重要的。

（四）时间暗示的解析

如同空间一样，时间在沟通中也起到传递信息的作用。通过对把握时间的观察，可以了解到人们对事件的重视程度以及职位的高低。例如，从你是否坚持确保准时赴约的态度，就可以反映出你对这次约会的重视程度，至于谁等谁、等多久，则反映了两者间的从属关系。一般来讲，无论是组织还是个人，都对迟到或等待有一定程度的容忍范围。如果没有准时赴约让他人等很久，就会引起对方的不满，同时也会降低自己的信誉。

对于是否按时赴约的心理准备取决于双方的价值估量：如果你是与自己的上司约会，你一定不会让他等你，而应早到以恭候对方；如果你是与同事或下属约会，你对按时赴约的心理准备就显得轻松随意。

在对参加会议的到会时间控制上，与会成员通常提前到会等待，而会议主持或主席则准时到会，从中也可以看出不同职位或权势者对时间把握的差异。

时间暗示还表现在其他方面。例如，说话的语速或手臂挥动的频率会反映出人们内心情绪的紧张程度和感觉，走路的快慢则反映了人们的性格、心理、年龄、健康状况。

（五）沟通距离的解析

通常，根据人们不同的需要，沟通距离被划分为四种：亲密距离、私人距离、社交距离和公众距离。

1.亲密距离

亲密距离是很容易辨别的，一般在 0.5 米以内。在这种距离下，交谈者会有意识地与对方频繁地进行身体接触，其适用对象为父母、夫妻或知心朋友等。

2.私人距离

私人距离一般在 0.5～1.2 米，往往是人们在酒会交际过程中与他人接触时的距离。在这种距离下，常常会发生更进一步的人际交往。我们习惯性设定的私人距离会反映出自信心的强弱和保护个人隐私需要的心态。优秀的沟通者与他人接触时，会对他人设定的私人距离保持足够的敏感性。

3.社交距离

社交距离一般在 1.2～3.5 米，主要用于商业活动和咨询活动。这种距离的控制基于你是站着还是坐着，或者你是与一个人交谈还是与一群人交谈。

4.公众距离

公众距离一般在 3.5 米以上。从社交距离到公众距离的变换对我们有很重要的暗示作用：在公众距离中的较近阶段 3.5～7.5 米，对非语言信息的理解会千差万别；7.5 米以上的公众距离对人际交往是具有破坏性的，如声音中的潜在含义会传递失真。

当然，这种沟通距离的划分也不是绝对的，它受到文化的制约，不同文化背景的人对这种距离的敏感性是不一样的。

（六）音质的解析

音质在实际沟通中占有很重要的位置，它具有情感作用、印象管理作用和调节作用。

1.音质的内容

（1）声调。声调指的是一组词的升降调，表示该句子是问句还是陈述句，说明讲话的人是没有把握还是很自信，或表示一个声音很郑重或者含讽刺意味。当音调和某个字词的含义相邻时，人们往往相信声调。西恩·戴维斯提到，有人用"快死了，你呢"来回答朋友的问候"你好吗"，听到这种回答的朋友却回应"很好"。因为语速很快，所以他们不会去探究字面的意思。

（2）音高。音高指的是声音的高低（就像钢琴上弹奏出的高低音符那样）。低音被认为较高音更具权威性，更性感、更悦耳。讲话人生气或激动时，音高往往会提升。有的人提升音高是为了提高声音。女性在演讲时应该努力降低音高，这样就不至于声嘶力竭。

（3）重音。重音指的是句子中要强调的一个词或一组词。强调句中的不同部分，意思可能相差很多。讲话富有激情的人，通过变换声调、音高和重音，讲话听起来更加有张力和表现力。反之，说话只用一个声调，听起来没有吸引力而且很冷漠，是缺乏激情的表现。

2.调整音质的策略

（1）不要让你的声调将你定型。不同的声调会给人以不同的感受。许多电影制作人在试镜者的其他条件都差不多的时候，一般会以谁的声调符合剧中角色作为用人依据。

（2）低沉的声音比较有权威感，让人信赖。我们经常根据声乐家的标准将一般人的声音分成高音、中音、低音。声调高的人给人以紧张、缺乏自信与情绪化的负面印象；声调低的人则让人感觉稳重老练。

（3）适时放慢说话速度，以给人认真、权威和思虑周密的良好印象。

（4）适时加快说话的速度，可以给人以充满热情与活力的印象。

（5）声音要大小适中。声音太大通常给人以吵架或没礼貌的感觉，声音太小又让人觉得羞怯、内向与缺乏自信。

任务实施

一、复习

1.非语言沟通的定义。

2.非语言沟通的主要功能。

3.常见的形体语言解析。

二、分组

将全班学生每4~6人分成一个小组，每个小组选出1名同学作为组长。

三、实训

（一）每位同学讲一则非语言沟通的小故事

1.个人构思和酝酿故事情节。

2.小组长组织全组同学依次发言。

3.每小组推荐1~2名同学在全班交流。

4.教师做总结性陈述（以表扬和鼓励为主）。

（二）分析案例

王先生是国内一家著名的进出口公司的外贸经理，携秘书刘小姐一行赴伊朗某公司进行商务礼仪拜访。王先生一行在抵达伊朗的当天下午就到交易方的公司进行拜访，然后正巧遇上他们的祷告时间，主人示意他们稍作休息再进行会谈。王先生对这样的安排表示出不满。东道主为了表示对王先生一行的欢迎，特地准备了欢迎晚会。秘书刘小姐希望自己依照惯例上穿白色无袖紧身上衣，下穿蓝色短裙，在众人略显异样的眼光中步入会场。为表示敬意，主人向中国来宾递上饮料，当习惯使用左手的刘小姐很自然地伸出左手接饮料时，主人立刻变了神色，并很不礼貌地将饮料放在了餐桌上。在接下来的会谈中，一向很有诚意的东道主没有再和他们进行任何实质性的会谈。

试问：为什么一向很有诚意的东道主没有再和他们进行任何实质性的会谈，他们有无不妥之处？假如你是王先生，面对这个情况该怎么做？

过程组织：

（1）教师组织学生仔细阅读案例，进行案例分析。

（2）以小组为单位进行讨论，提倡采用"头脑风暴法"。

（3）每个小组派1名代表在全班交流，在本组代表发言时全组同学起立，可以对本组代表发言进行补充。

（4）教师讲评案例。

（5）学生以小组为单位完成案例分析文案。

任务三　　探索商务沟通的语言艺术

任务描述

要收到良好的商务沟通效果，就必须注意语言艺术，而语言的艺术不外乎听和说。本任务主要探讨听的技巧和说的技巧。

案例导入

有一名汽车销售员向一名顾客推销汽车，交易过程一直都很顺利。当这位顾客刚要下单时，因为一位推销人员跟他谈起了昨天的足球赛，该销售员一边跟同事津津有味地说笑，一边填写销售单据，不料顾客却突然扭头离去，连车也不买了。

销售人员冥思苦想了一天，不明白为什么顾客对已经挑好的汽车突然放弃。晚上9点，他终于忍不住给顾客打了一个电话，询问顾客突然改变主意的理由。顾客不高兴地说："今天下午准备购买时，我跟你谈到了我的女儿。她刚考上了重点大学，我多骄傲啊！可是你却一点儿都没有倾听我的讲述，只顾跟你的同事谈论足球赛。"

销售员恍然大悟，原来生意失败的根本原因是自己没有认真倾听顾客的话语。

资料来源　张道广. 成长：征服世界的24堂课［M］. 北京：华艺出版社，2008.

试问：这个案例带给我们什么样的启示？

知识储备

一、听的技巧

（一）全身心投入

1.专注

专注，是指用形体语言给沟通者以"我在注意听"的表示。它要求你把注意力集中于说话人的身上，要心无二用。听别人说话最忌讳"左耳进，右耳出"，别人的话在你的心中没有留下任何痕迹。

专注不仅要用耳，而且要用全部身心，不仅是对声音的接收，更是对含义的理解。

（1）排除干扰。在沟通过程中，我们要尽量排除干扰。这些干扰可能来自于环境，比如房间内外的喧闹、他人的说话声、怪声和异味、室内温度过高或过低、坐的椅子不舒服，以及视觉上的干扰等。当然，还可能是电话铃声或者客人来访。

可见，外界干扰有很多，你要是不能排除它们，就得想办法把它们的影响降低到最低限度。我们可以通过注意力聚焦来实现这一点，具体做法是：①做深呼吸；②寻找有趣的方面；③注意参与的姿势；④保持距离；⑤保持目光交流。

（2）关注内容。人们常说，不要根据封面来评论一本书。同样，当我们听别人说话时，也不要因自己对说话人的主观印象而忽略其表达的内容。

在听的过程中，我们要以开阔的胸怀自由地去听，要关注话的内容而不要评价说话人。我们怎样才能更好地从他人所说的内容中学到知识呢？可以选择以下三个策略：①不要过多考虑你是同意还是不同意；②对你不熟悉的领域要特别注意；③把你获得的新信息与你已有的知识有机地结合起来。

（3）听清全部内容。听清全部内容，说起来容易，但是做起来不容易。人们的思维有很大的局限性，容易分散注意力，遗漏应该听到的内容。

注意力难以集中，这在接听电话时可以得到证明。在电话交谈期间，你可能同时在从事不同的活动，如看电视、想起以前的电话、担心即将到来的约会、在本上记下自己的一些差事等。

（4）捕捉要点。对于处处留心的人来说，往往能在用心听别人谈话的过程中获得某种宝贵的知识和信息，从而触发自己的思考，产生灵感的火花。

听话时是否能捕捉到有用的信息是非常重要的，这也是听的基本目的之一。我们在听的过程中，要善于从言语层次中捕捉要点，发现有用的信息。说话人在强调某些重点语句时，常采用故意放慢语速、突然停顿、提高声调或故意降低声调以及手势等加以提示，这样我们就可以从说话人的语气、手势变化中捕捉信息要点。

2.跟随

专注的目的之一是使你积极地听，在对方说话过程中，除了专注于说话人发出的信息外，还可以采用跟随方式。跟随的关键在于组织信息，这是听话技巧中最为复杂的过程，可以利用听说速度的差异造成的时间间隔来做这项工作。具体来说，组织信息包括以下三种方式：复述内容、记笔记、做比较。

（1）复述内容。复述是指准确简洁地重新表达对方的意见。这样做不仅可以检验自己是否正确地理解了听到的话，还可以鼓励对方，并表明你在听。

（2）记笔记。随听随记，有助于提高听的效果。记录对方所说的话，不必请求允许。这样做说明了你对正在讨论的话题感兴趣，并准备追随说话人的思路。记笔记会产生一种无形的力量，使得说话人充分地表达自己的见解。

（3）做比较。在采用以上两种方式组织信息的同时，需要注意做比较，分清哪些是事实，哪些是假设，哪些是优点，哪些是缺点，哪些是积极面，哪些是消极面。同时，特别要注意意思的连贯，看看说话人现在说的和刚才说的是否一致。

3.移情听

为了弄明白说话人所说的意思，特别是其言外之意、潜在含义、引申含义等，我们需要运用移情听。除了要听人们说的话，还要注意他们是如何表达的，要敏锐地听出说话人的忧虑、伤痛、愤怒、爱意、自豪、激情、绝望、高兴等各种感受并对其作出相应的反应。

有效听出说话人言外之意的方法如下：

（1）了解说话人。听出说话人的意图、期望、设想、观点、价值取向等，你并不需要同意或接受这些概念、观点或者价值观，而是要尽力去理解它。

（2）揣摩词语。同一词语对于不同的人来说具有不同的含义，要尽力揣摩对方使用这一词语的隐含意义。

（3）观察非语言暗示。手势、手指、跷二郎腿、声调、面部表情和紧张程度是一些非语言信息，它们是信息传递的重要组成部分。对于面前的这些信息，用眼睛去"听"（也就是观察非语言信息）有时跟用耳朵听同样重要。

要理解副语言（包括语调、音量等），它揭示了说话人已说的话语和未说出的情感之间的不一致。

（4）体会言外之意。在许多情况下，当你移情听时，从说话人的话中听出他不想说出的东西则相对简单。

（5）敞开胸怀地听。你并不需要改变自己的观点，但是你要能了解并评价别人的观点。不要急于得出结论或放弃自己的想法，你只需以开阔的胸怀去自由地听。

（6）选择合适的时间和地点。外在干扰的副作用很大，如果可能的话，一定要避开干扰并找到合适的时间和地点以达到有效倾听的目的。

4.保持公正

无论是专注、跟随还是保持公正，都是为了在沟通过程中全面理解说话人想要表达的观点。保持公正包括区别事实和观点、控制情绪和避免曲解。

（1）区别事实和观点。在听说话人阐述时，你要能够从他的话语中分辨出哪些是事实，哪些是观点，这样才不至于误解说话人的原意。

事实不需要什么来证实，然而观点却不同。如果一个人坚持把观点当成事实的话，你需要问问他为什么这么说。

如果你密切注意了事实和观点的区别，你就会发现说话人通常是怎样把两者混为一谈的。他们在表达偏见或喜爱时就像在谈论可靠的事实，他们会努力为自己的观点提供论据，如果你仔细地听，你就能透过这些把事实和观点混淆在一起模糊难辨的现象而发现真相。

案例 2-1

一位房地产中介正在和客户讨论一座大房子的交易问题。他们一同去看了房子，地产中介觉察到客户对房子颇感兴趣。

中介对客户说："现在，当着您的面我需要告诉您关于这座房子的几个问题：一是取暖设备要彻底检修；二是车库需要粉刷；三是房子后面的花园要整理。"客户很感激中介把问题指出来，接着他们继续讨论房子交易的其他一些问题。最后的交易结果是可想而知的。这位房地产中介与客户成功地完成了交易。

试问：房地产中介的成功秘诀在哪里？

（2）控制情感。一旦你的情绪不稳，你的内心就会有一种不可抑制的冲动，要去打断人家的话，要插话进去争辩。你可能会心急如焚，甚至还会气急败坏，完全失去理智，但是，不管在什么情况下，你都要想办法控制自己。

①暂缓发作。你可以在心中默默数数字，或者做深呼吸。

②可以想想你与对方有哪些共同点，不要老是想着那些分歧。也许你只是不同意说话人的动机，但不应对说话人的做法或想法一概抹杀。

③你可以回想一下过去那些成功和欢乐的时光，以使自己放松下来。一旦你控制住了自己的情绪，你就会发现积极聆听并不那么可怕。

（3）避免曲解。在现实生活中，我们有过这样的体验：小到平时的闲聊，大到公开发布的新闻，所说的内容经一个人传向另一个人很少能做到不失真。实际上，每个人在传达信息时总是要改变几句或加上自己的看法，这并不意味着人们是在有意识地曲解别人的话或把错误的信息传给别人。因此，即使我们当时全神贯注，也极有可能曲解说话者的本意。

为了防止曲解，我们必须采取相应措施：

①专心倾听各种谈话，哪怕是不感兴趣的谈话，也要专心地听。

②注意容易产生曲解的时间。曲解总在你心不在焉、放松警惕时发生。知道了什么时候容易引起曲解，就能运用自己的倾听技巧帮助自己。

③控制情绪，专心地去听别人的谈话，如果实在静不下心来听，就需要把谈话延期，等心无杂念时再去处理。

5. 适当的鼓励

仅仅是投入地倾听是不够的，你还要给人留下你认真倾听的印象。如果你想得到别人的认可，最好让他们知道你在听他们说。理解技巧会帮助你集中精力，但你还需要反馈出你的关注，鼓励对方表达。没有比反馈出你是多么注意聆听对方的谈话而鼓励对方说下去更好的方法了。

6. 启发

启发，是指以非语言暗示来诱导说话人诉说或进一步说下去的方式。即使最优秀的听众也需要通过非语言沟通使说话人觉得他们正在认真倾听。

启发对方的常用策略：一旦你决定听，不妨表现得明显些。通过突出你的注意和给人一个你乐于倾听的印象来传递你的非语言支持。

（1）身体上与讲话者保持同盟者的姿态。尽管没有必要模仿说话者所做的每一个动作（如不需要像说话人一样挑眉），但有必要使自己（头、肩、腿）处于一个类似的状态，保证你的头垂直于肩，不要向一边倾斜。

（2）理解、承认对方的观点，应在听时发出"嗯""唔""啊"的声音。当对方说完一句话而没有听到你的回应时，他们会产生"到底哪里不对"的疑惑。

（3）保持目光交流。保持目光交流不仅能使你集中注意力，还能使对方切实感受到你在认真地听。眼睛是心灵的窗户，目光的交流显示出你把注意力集中在说话人的身上。

（4）亲近说话人。根据情况，你可以向说话人靠近一步或从椅子上向前倾来表示你想听到每一个词、每一句话。

（5）恰当地使用身体语言。身体语言的使用要适度，不要过度使用让对方觉得虚假。

（6）表情上有所回应。当你聆听时，不要面无表情，摆出一副拒人于千里之外的样子。

（7）措辞委婉。邀请别人发言、表达他自己的观点时，你不能以命令的口气指示他说话，而应委婉地表达。

小测试

测试你的非语言暗示能力

在下列的练习中，测试一下你作为听众是否善于启发对方。

①我在听别人讲话时保持不动，不摇晃身体、不摆动自己的脚、不表现出不安定；

②我直视说话人，对目光交流感到舒服；

③我关心的是说话人说什么，而不是自己的感觉如何；

④赞赏对方的话语时我很容易笑或显示出活泼的面部表情；

⑤当我倾听时，我能完全控制住自己的身体；

⑥我用点头来鼓励说话人随便说或以一种支持、友好的方式来听他们说话。

答案分值：4——总是这样；3——通常是这样；2——有时是这样；1——从不这样。

你答案的总分数如果大于15，说明你的非语言暗示能力非常好；如果得分在10～14之间，说明你处于中间范围，应该有一定的改进余地；如果得分低于10，那么请注意，本书会对你十分有用。

（二）提问

1.提问的重要性

对说话人表达的内容提出问题，这一简单但又经常被忽略的交谈工具对每一种谈话几乎都有用。

2.提问的类型

（1）封闭式提问。这种提问方式比较简单，语句结构与讲话人在讲话过程中所使用的语句结构相同。通常采取一般疑问句提出问题，从而使说话人可以不假思索地用"是"或"不是"来回答。

（2）开放式提问。它是指所提问题不能简单地用"是"或"不是"来回答，必须详加解释才能回答圆满。这种提问方式常采用特殊疑问句提问，要求说话人思考一下。这类提问一般包括下面6个词：什么、谁、如何、什么地方、什么时间、为什么。

3.如何提问

提问的目的是鼓励说话人，探求更多的信息，其技巧主要有以下几点：

（1）因人而异。听者在提问时要针对不同的环境、不同的人，采用不同的方式。有时可以单刀直入，有时可以迂回曲折，有时可以步步紧逼，有时又可以声东击西。

（2）让对方有话可谈。封闭式问题易于回答，但不利于对方发挥，回答余地小；开放式问题让回答者有充分的余地，可以尽量发挥，而不至于冷场。因此，在提问时应确保双方有话可谈，不会冷场。

（3）顺势而变。听者在提问时要善于转换话题，缓和气氛，切记提问的目的是让说话人继续说下去，以达到有效沟通。

（4）旁敲侧击。记者和律师都善于这样提问，虽然你并不一定能得到确切答案，但是可以借此观察对方的反应和态度。

4.复述

复述，即准确简洁地重复对方的话语。复述不仅可以让你理解说话人的信息，而且有利于鼓励说话人继续说下去。

（三）沉默

保持沉默是重要的鼓励技巧。当你把沉默当成伙伴的时候，你会与更多的人愉快交谈，你在听的过程中也将如鱼得水，应付自如。

（1）沉默是金。沉默成为一种挑战的一个原因是许多人不愿意听。当别人说话时，他们自己也想说，而且急不可待。最有效的鼓励是用沉默去引起别人的注意，而不是表现出猜疑或不安。

（2）保持沉默。具体是指：①静静地等待，给其他人留有充足的时间去表达自己的思想，只有这样你才能鼓励他们。②使用简短的插话。保持沉默的目的是鼓励对方说话，但如果沉默起不到鼓励作用或是你想使说话人转移到另一个话题上，则不妨使用简短的插话。插话使说话人明白你的意图，便会打消进一步说明的想法。③默记关键词。如果你不得不听一个人口若悬河地讲话，不一定非要打断他的话，你可以在脑海中总结出他的观点，用关键词概括他说的主要内容。

知识窗

名家观点

"听不到别人说话的人也听不到自己内心的话。"

——莎士比亚

"最好的倾听者是知道把自己放到对方的角度上去的人。"

——卢梭

二、说的技巧

（一）说话前的准备

1.分析听众的需要和类型

（1）了解听众的需要。追求需要的满足是人一切行为的最大动机。既然说话的对象是人，那么你必须首先了解听众的需要。你可以从以下三方面了解听众的需要：

①从非语言行为洞察听众。说话的过程，是思想、观点的交锋，是双方沟通的重要方面。

②了解非语言行为的一致性。了解非语言行为的一致性，可以发现听众的态度和行为的意义。非语言行为的一致性不仅要求行为间的配合，还要求行为与语言相关联。"行为认同"在整个沟通过程中是很重要的。

③解析非语言行为的含义。观察听众的行为动作是相当容易的，但是如何解析它们却是另一回事了。交叉手臂于胸前的姿势，常给人以抗拒的心理暗示。当我们想与某人说话时，可能会发现他紧抱双臂，这意味着他不想听，而且态度很坚决。微微扬眉、双手迅速移开等，这些都是听众的一种语言，应予以充分了解。

（2）了解听众的类型。根据注意力水平的高低，我们可以把听众分为四种类型。

①漫听型。这种听众其实很少在听，在别人说话的时候，他们也没有做过多少听的努力，因为事实上他们压根儿就没有投入多少注意力。

②浅听型。这类听众只听到声音和词句，很少顾及它们的含义和弦外之意。

③技术型。这类听众会很努力地去听别人说话，当我们把自己看成是"好"的听众时，其实就是给自己贴上了这类听众的标签。然而，技术型听众仍然没有作出一些努力，去听懂说话人的弦外之音。他们较多关注内容而较少顾及感触，在感受、同情和真正理解方面做得很不够。

④积极型。毫无疑问，这类听众最积极。他们会为聆听付出许多，他们在智力和情感两方面都作出努力，因而他们也觉得特别累。积极倾听要求听者暂停自己的思想和感受，专注于说话人，注意自己的语言和非语言的反馈，告诉说话人你正在吸收他所说的一切，鼓励说话人继续说下去。

（3）了解听众的个性。具体包括：①选择适合听众的方法和内容；②了解听众才能把握怎样说。想要真正彻底地了解一个人的性格是一件很困难的事，但也不是完全没有办法。

案例2-2

电视剧《三十而已》中有这样一段剧情。王漫妮在一家奢侈品店工作。她工作努力，善于观察。一次，店里进了一只爆款皮包，员工们都聚在一起议论如何能够让自己的客户抢先一步将其收入囊中。而王漫妮却气定神闲地提着一包葱油饼走向了保安，因为保安最爱吃葱油饼，她一早就给"安排"上了。她这样做，就是为了让保安给她的客户行方便，可以直接把车停在她们店外，这样她的客户就能第一时间抢到那款皮包了。其实，她的对手琳达也想到了这一点，她认为保安肯定会让顾客把车开到地下停车场，这无疑会耽搁到店时间，于是，她让自己的客户乘坐出租车来。最终，王漫妮的客人先抢到了这款皮包。

试问：通过这段故事，你得到了什么启示？

2.选择话题

在分析了听众的需要、类型和个性之后，可以说是做到了"知彼"。这时，你可以根据听众的不同选择不同的话题，选择话题时要做好以下几个方面的工作。

（1）了解自己。在你找出了听众的兴奋点后，你也就知道他们对什么感兴趣了。但你是否有能力适应听众的需要、类型和个性呢？这时要考虑两个因素：

①自己的能力、条件和性格特点。在谈判中，一个性情急躁的人，很容易因情绪激动而受人摆布，接受于己不利的协议。

②自己的目标。语言是一定思想和意图的体现。通过对话，你希望达到什么目标，明确这一点对你顺利地说话是有帮助的。

（2）寻找共同点。做到知己知彼后，就有必要寻找双方的共同点，这样你才能选择适合的话题，引起对方的兴趣。寻找共同点有三个条件：尽量要求一致；偏重对方所关心的事；尽可能改变不愉快的气氛。

（二）恰当地表达

1.注意场合和说话对象

（1）注意场合。表达水平的高低和效果的优劣不仅与表达的内容有关，也与具体场合密切相关。场合不同，人们的心理和情绪也往往会随之发生变化，从而影响说话人对思想感情的表达，以及听众对话语意思的理解。

①庄重与否。场合有庄重和随便之分。"我特地看你来了"，表示专程来看你，显得庄重；"我顺便看你来了"，这有点随随便便来看的意思，有可能会减轻听众的负担。

②亲密与否。如果对方是家里人、亲戚或较亲密的朋友，那么说起话来可以随意些；但如果对方是陌生人或者与对方不太熟悉，则有必要谨慎小心，不要随便开玩笑，以免引起对方的不快或令对方尴尬。

③正式与否。在正式场合，说话应严肃认真，事前得有所准备，不要乱说一气。在非正式场合下，说话则可以随便一点，像聊家常一样，便于谈深谈透。

④喜庆与否。一般来说，说话应该与场合气氛协调。在喜庆欢快的场合，说话应有助于突出欢快的气氛，切忌说晦气话。

案例2-3

在一个雨天的早晨，王经理浑身湿漉漉且上气不接下气地赶到对方公司，对前台接待员说："你们头儿在吗？我与他有个预约。"

前台接待员冷淡地看了他一眼说："我们李总在等您，请跟我来。"

王经理拿着雨伞和公文包进了李总办公室。穿着比王经理正式许多的李总从办公桌后走出来迎接，并把前台接待员叫进来，让她把王经理滴水的雨伞拿出去。

两人握手时王经理随口说："我花了好大工夫才找到地方停车！"

李总说："我们楼后有公司专用停车场。"

王经理说："哦，我不知道。"

王经理随后拽过一把椅子坐在李总办公桌旁边，一边从公文包拿资料一边说："哦，老李，非常高兴认识你。看来我们将来会有很多时间合作。我有一些关于产品方面的主意。"李总停顿了一下，拿定了主意说："好吧，我想具体问题你还是与赵女士打交道吧。我现在让她进来，你们两个可以开始了。"

试问：你知道王经理存在什么问题吗？如果是你，你会采用何种方式来化解？

（2）注意说话对象。我们的言谈举止是在一定的时间和环境下，同一定的对象直接和双向的交流过程中实现的。说话人、听众共处于同一环境，构成了沟通的三要素。

我们不仅要在说话前分析听众，更要在说话时随时关注听众，考虑哪些可以说，哪些不能说。

说话时应该注意听众的以下几个因素：

①性别。对男女说话要注意有所区别，可以对男性说的话未必就可以对女性说。

②年龄。我们经常可以发现，小孩之间的吵架常常是由于互相诋毁导致的。年龄不同，会导致听众对话题反感的程度不同。

③文化层次。到什么山唱什么歌，当你与不同文化层次的听众说话时，你就必须用他所能理解的语言来表达。

④文化背景。文化背景不同导致听众对同一句话的理解也不同。例如，我国老百姓见面时爱说一声"你吃了没有"，外国人则不会将其理解为一句问候语，而是如实地告诉你他吃了没有。

案例 2-4

在第 49 届金马奖颁奖礼上，黄某作为颁奖嘉宾刚上舞台，他的搭档郑某就调侃道："今天晚上的风看来很大啊！把你的头发都吹歪了！"黄某指了指自己新发型，幽默地回答道："今天的发型是我心情的一种外化表现，这样大家可以看到我的心情多么澎湃啊！"这句回话既没有否定郑某的问题，又把话题引回了当晚的颁奖典礼，用四两拨千斤的手法化解了眼前尴尬的处境。

郑某看到这个问题没有难倒黄某，接着发难，说："你怎么穿个睡衣就来出席颁奖礼？你看台下的其他明星穿着多隆重啊！"此话一出，台下观众的目光都投向了黄某，只见黄某不慌不忙地说道："因为他们是客人，客人到别人家里边去，肯定要穿得隆重一点，金马奖你有五年没参加，而我早把金马奖变得像家一样，在家里穿什么呢？肯定是要穿得舒服一点。"话音刚落，台下就掌声不断，现场尴尬的气氛立刻被黄某轻松化解。

试问：从金马奖颁奖礼上两位明星的对话中，你能学到什么？

2. 把握时机

说话除了要注意场合和对象外，还要适时，不可坐失良机。把握说话时机，主要包括如下三个因素：

（1）切入话题的时机。交际场合往往会出现这种情况：有的人口若悬河、滔滔不绝，从日常琐事到学习、工作上的问候，都讲得头头是道，十分健谈；有的人即使坐了半天，也只是呆呆地望着对方，无法插话，找不到话题，或者有话不知道什么时候说。这就是一个切入话题的时机选择问题。

①寻找共同点。说话要及时切入话题，首先必须找到双方共同关心的问题。

②提出新见解。如果是在人数较多的场合，如研讨会、学术报告会等，那么你既可以谈一些共性的看法，也可以谈点新见解。

③掌握切入时机。切入话题不但要注意双方所关心的共同点，说出新见解，还要考虑在什么时机切入最好。

（2）控制说话的时机。具体如下：

①控制说话的次数、频率及时间，这对于处理人际关系有着重要影响。

②注意信息反馈。说话时要根据收到的信息反馈，及时调整说话内容，采用相应的表达方式。例如，有位学者到火柴厂演讲，他在谈到某些单位违反职业道德时，举了"半盒火柴在市场上销售"的例子。听了这话，火柴厂的干部和职工当然不高兴了，神色冷淡、小声议论。这位学者马上意识到自己犯了一个错误。为了救场，照顾听众的情绪，他特意讲了希腊神话中关于普罗米修斯盗取火种的故事，想借此来赞美火柴厂的职工为社会作出的贡献。但对于他的这番赞扬，听众依然冷漠。因为大多数职工对古希腊的神话故事很陌生，听不懂；即使有人听懂了，也觉得不切实际，吹捧太高，感到别扭。

③别出心裁。说话时机的把握，还要考虑怎样将一个老生常谈的事情换个方式说出来，令人耳目一新。即使大家都对这个话题很厌烦，只要你能别出心裁地说出来，那么效果自然不同。

（3）充分利用说话时机。要想达到预期的目的，取得良好的效果，说话不仅要符合时代背景，还要巧妙地利用说话时机，灵活把握时间因素。

案例 2-5

明朝开国皇帝朱元璋，少年时因家境贫寒当过放牛郎，交了一些贫寒家庭的朋友。他当上皇帝后，有两个从前的朋友来见他。第一个人被引进宫内，他一坐下便指手划脚地说："我主万岁！皇上还记得吗？从前你和我都替财主放牛。有一天我在芦花荡里，把偷来的青豆放在瓦罐里煮。没等煮熟，大家都抢着吃。你把罐子都打烂了，撒了满地的青豆，汤都泼在地上了。你只顾从地上抓豆吃，不小心把草叶送进嘴里，卡住了喉咙。还是我的主意，叫你把青菜叶吞下，才把卡在喉头的草叶咽进肚里去。"朱元璋听着他的述说，在百官面前哭笑不得，为了保住体面，他把脸一沉厉声喝道："哪来的疯子，给我乱棍打出去！"这个抱头窜出的老友，去给朱元璋的另一位旧友——昔日的同路放牛娃说了这件事。那个放牛娃抿嘴一笑，说："你看我去，保得富贵。"于是他大摇大摆走进宫来，一见朱元璋，纳头便拜，然后说："皇上还记得吗？当年微臣随着你大驾都骑着青牛去扫荡芦州府，打破了罐州城，汤元帅在逃，你却捉住了豆将军，红孩儿挡在了咽喉之地，多亏菜将军击退了他。那次战斗我们大获全胜。"朱元璋对旧友吹嘘的那场"战争"心知肚明，但他却把丑事说得含蓄动听，面上有光。又想起当年大家饥寒交迫、有难同当的情景，心情激动，立即封这位旧友为御林军总管。

资料来源　郭婷. 回话的技术［M］. 长春：吉林文史出版社，2019.

试问：因说话方式不一样，两人的命运也就各不相同。你从两人的说话中学到了什么？

3.控制语言

语言虽有翅膀，但不能飞到任何它想飞去的地方。灵活运用出色的语言技巧，将使你的表达充满魅力。

（1）情理相融。以情动人，以理服人，这是说话的两个方面，二者有机统一，互相交融，可以使说话取得良好的效果。

①以情动人。情动于衷而形于言，一次成功的谈话总是伴随着诚挚的感情去传递信息，与对方交流思想，达到心灵的沟通。

说话中要以情动人，必须注意以下几个方面：

A.真诚。真诚是说话最有效的营养素，只有真诚的心理与情感，才能激发足够的吸引力，唤起听众的热情，发挥震撼人心的力量。

B.尊重。尊重对方能启发对方产生自尊自爱的感情。

C.同情和理解。心理学研究表明，人们有一种偏向于"相信知己"的心理倾向，特别是当一个人处于矛盾之中，或遇到某些困难而自己无法解决时，他非常需要别人的同情和理解。

②以理服人。材料和事实要准确可靠，事实是说话的基础；说理要充分透彻，有的放矢。利用已有材料进行分析说理，抓住事物的本质，自然而然地对听众产生影响。

（2）简洁精练。说话要简洁，语言要精练。简洁精练的话语包含着说话人高度浓缩了的思想感情、智慧和力量，给人以明快有力之感，从而留下深刻的印象。

①抓住重点，理清思路。它要求说话人对所说的内容应有深刻的理解，并对整个说话过程作出周密的安排。一般来说，有如下三点要求：

A.把握中心。一个高明的说话人，应时刻把主题牢记在心，不管转了多少个话题，都不偏离说话的中心。

B.言之有序。说话不能靠材料堆积吸引人，而要靠内在的逻辑力量吸引人，这样才有深度。与写作相比，说话是口耳相传的语言活动，没有过多的时间让听众思考，所以逻辑关系要更为清晰、严密。说话的结构要清晰明了，善于提出问题、分析问题、解决问题。

C.连贯一致。开场白非常重要，它直接影响到所讲内容的展开；多层意思之间过渡要灵活自然；结尾要进行归纳，简明扼要地突出主题，加深倾听者的印象。

②要言不烦，短小精悍。言简意赅，听者感兴趣，也便于理解，容易记住。马克·吐温曾经说过，有一次他去听一位牧师传教，开始很有好感，准备捐献身上所有的钱。过了一小时，他听得厌烦，决定留下整钱，只捐些零钱。又过了半小时，他决定分文不给。等到牧师说完了，他不仅不给，还从捐款的盘子中拿出两元钱作为时间的补偿。这真是对说话冗长者的绝妙讽刺。

③措辞贴切，判断清楚。一个人说话，总是要告诉别人某种意思，传递某种信息。如果措辞不当，语句有歧义，那么别人就可能听不明白或者产生误会。

案例2-6

战国时期，秦国趁赵国政权交替之机，大举攻赵，并已占领赵国三座城市。赵国形势危急，向齐国求援。齐国一定要赵威后的小儿子长安君为人质，才肯出兵。赵威后溺爱长安君，执意不肯，致使国家危机日深。面对大臣们你一言我一语的劝谏，赵太后明确地说："谁再说让长安君做人质，老妇必唾其面。"

左师触龙对太后身边的人说要过来拜见太后，太后一肚子火等着他的到来。触龙进入殿内就开始小步走，来到太后面前谢罪说道："老臣我这条老病腿，不能快走，一段时间没来看望您了。我私下原谅了自己的无礼，但是又担心您的身体有什么不适，所以就过来看望您一下。"太后说："我全靠坐车出行。"触龙说："您每天的饮食有没有减少啊?"太后说："我每天就只是喝点粥而已。"触龙说："老臣我近来不太想吃东西,于是就让自己多出来散散步,每天走个三四里,这样才稍微促进了点食欲,这把老骨头也会舒服些了。"太后说："我没办法跟你一样。"赵太后的怒色稍微缓和了一些。

触龙紧接着说："我的儿子舒祺,年纪最小,没什么本事。我年纪也大了,却私下里特别疼爱他。希望您能给他个黑衣卫士的编制,让他入宫当安保人员。我冒着被杀头的危险向您提出这个请求!"赵太后说："没问题。你那小儿子几岁啦?"触龙回答:"他已经15岁了。虽然年纪还小,但我想趁我这把老骨头入土之前将他托付给您。"赵太后说:"你们男人也疼爱家中的小儿子吗?"触龙回答:"那可是比你们女人疼爱得更加厉害!"太后笑着说:"怎么会,还是我们女人更厉害。"触龙回答:"老臣我认为您疼爱燕国王后超过疼爱您的小儿子长安君。"太后说:"你错了,远远比不上我疼爱长安君。"触龙说:"父母疼爱自己的子女,就要为他们考虑得长远一些。您送燕国王后出嫁时,她都上了车,拉着她的脚后跟为她哭泣,疼惜她嫁那么远,可以说的是很伤心了。等您女儿出嫁以后,您并不是不想念她了;但每次祭祀的时候您一定为她祈祷老祖宗,说:'保佑我的闺女千万不要被夫家赶回来啊'这难道不是从长远为她考虑,希望她的子孙代代都在燕国当国王吗?"太后说:"你说得很对啊!"

触龙说:"从现在算起上推三代,一直到赵氏家族建立赵国,赵王的子孙当中有被封侯的,他们的子孙当中还有能一直继承侯爵的吗?"太后说:"没有了。"触龙又问:"不仅是赵国,其他诸侯立国国君的被封侯的子孙后代中有能一直继承侯爵的吗?"太后说:"我还没有听到过。"触龙说:"这不过是这些人当中,灾祸来得早的就会落到自己头上,灾祸来得晚的就落到后代子孙头上。难道说国君的那些子孙就一定都是不好的吗?追根究底地说是他们地位尊贵却没有什么功劳,俸禄高却没有什么贡献,而且拥有的国家珍宝过多了!现在您努力提升长安君的地位,并且封给他肥沃的土地,还给他很多国家珍宝,如果不趁现在让他给赵国立功,一旦您百年之后,长安君又能凭借什么功劳在赵国安身立命呢?老臣我认为您为长安君谋划得过于短视,所以认为您对小儿子长安君的爱比不上燕国王后。"太后说:"你说得很有道理。就任凭你派遣他吧!"

于是触龙就为长安君准备了一百辆车子,送他到齐国去做人质,齐国的救兵才出动。子义听到了这件事,说:"国君的儿子啊,国君的亲骨肉啊,尚且不能依赖没有功勋的高位,没有劳绩的俸禄,并守住金玉之类的重器,何况做臣子的呢!"

资料来源 编者译自《触龙说赵太后》。

试问:你知道触龙是用什么方法说服赵太后的吗?

(3)委婉含蓄。心直口快、直言不讳,这是个性的一种表现,也是一种高尚的品德。与这样的人打交道,令你有信任感,不必把话闷在肚子里。可是现实生活中并非处处都可以毫无顾忌地直言直语,有时还需要点委婉含蓄。

①运用修辞法。比喻、双关、暗示、反语等许多修辞方式都可以委婉含蓄地表达说话内容的效果。

②运用模糊语言。为了说话留有余地,或不便直说需要婉言的时候,就需要借助模糊语言。

例如,一个青年陪未婚妻和未来的岳母在湖边划船。未婚妻的母亲一时"触景生情"，有意试探，便对小伙子说："如果我和我女儿不小心一起落到水里，你打算先救谁呢？"青年稍加思索后回答："我先救……未来的妈妈。"母女俩一听，脸上露出了满意的笑容。在本例中，由于回答先救哪一个都不妥当，而"未来的妈妈"模棱两可，一语双关。

③躲闪回避。对于听众提出的某些问题，我们难以回答或不愿回答时，可以采用躲闪回避的方法。

案例2-7

在洛杉矶举行的一次中美作家会议上，一位美国诗人给中国作家蒋子龙出了一道难题："把一只五斤重的鸡，装进一个只能装一斤水的瓶子里，请问蒋先生，您用什么方法把这只鸡从瓶中取出？"很明显，这位诗人是想借此来了解蒋子龙的应变能力和口才。蒋子龙回答："您怎么放进去，我就怎么拿出来。"顿时掌声响彻全场。

试问：这个案例给我们带来了哪些启示？

说话时的委婉含蓄要注意以下两个方面：

第一，要让对方听得明白，不可晦涩难懂。如果过于晦涩难懂，就难以达到预期的效果。

第二，要看场合、看对象、看需要。该直言的地方还得直言，该婉言的地方就要婉言，该表明你的观点时，绝不要吞吞吐吐、含糊其辞。

（4）形象生动。要使你的话富有魅力，激发听众的兴趣，收到良好的效果，这取决于多种因素，而形象生动是非常重要的一条。

形象生动就是把抽象变成具体，把无形变成有形，把枯燥变成生动。毋庸置疑，这样的讲话方式是最受听众欢迎的。那些枯燥乏味、呆板单调的话语，只会使听众感到疲劳和厌倦。要使说话形象生动，必须做到以下两点：

①寓理于事，寓情于形，要将感情注入活生生的形象之中。有人曾讲过这样一件事：原中国女排队员曹慧英，为了祖国的荣誉，顽强拼搏，伤痕累累。当中国队获得三连冠后，曹慧英回到部队汇报工作情况。敬礼时，不仅动作不漂亮，就连基本的要求也没有达到，因为她的手指因伤而弯曲变形。知道了这个情况，听众随即报以热烈的掌声，对英雄表示深深的敬意。

②运用比喻等修辞方法。

4.美化声音

（1）声音的作用。一般来说，得体的声音能够显示你的沉着、冷静，吸引他人的注意力，让过于激动或正在生气的听众冷静下来，使他人支持你的观点，更有力地说服对方，使你的观点深入对方心中。

（2）美化声音的八个步骤。

①注意自己说话的语调。语调能反映出你说话时的内心世界，表露出你的情感和态度，当你生气、惊愕、怀疑、激动时，你表现出来的语调也一定不自然。从你的语调中，听众可以判定你是一个令人信服、幽默、可亲近的人，还是一个呆板保守、具有挑衅性、好阿谀奉承或阴险狡诈的人；你的语调同样也能反映出你是一个优柔寡断、自卑、充满敌

意的人，或者是一个诚实、自信以及尊重他人的人。

②注意你的发音。正确而恰当的发音，将有助于你准确地表达自己的思想，有利于心想事成，这也是改善言辞效果的一个重要方面；相反，不良的发音将有损你的形象，有碍于你展示自己的思路和才能。

③不要让发出的声音刺耳。说话时，高声尖叫意味着紧张、惊恐或者兴奋、激动；相反，如果你说话声音低沉、有气无力，会让人觉得你缺乏热情、没有生机，或者过于自信、不屑一顾，或者让人感觉到你根本不需要他人的帮助。

④不要用鼻音说话。当你用鼻音说话时，发出的声音会让听众十分难受。在生活中，我们经常听到"哼……嗯……"的发音，这就是鼻音。

⑤控制说话的音量。语言的威慑力和影响力与声音的大小是两回事。

⑥充满活力与激情。响亮而生机勃勃的声音给人以充满活力与生命力之感。

⑦注意说话的节奏。节奏，是指说话时由于不断发音与停顿而形成的强弱有序和周期性变化。在日常生活中，大多数人根本不考虑说话的节奏，从而导致他们的话语单调乏味。常见的停顿技巧有语法停顿、心理停顿、逻辑停顿等。

⑧注意说话的速度。语速太快，可能使对方听不清楚，而且源源不断的语言信息也难以让人领会和理解。语速过慢，会使谈话时间拉得太长，让对方提不起兴趣和情绪，也不利于对方集中注意力。

知识窗

名家观点

"一个人必须知道该说什么，一个人必须知道什么时候说，一个人必须知道对谁说，一个人必须知道怎么说。"

——彼得·德鲁克

"不愿说理是固执；不会说理是傻瓜；不敢说理是奴隶。"

——德拉蒙德

任务实施

一、复习
听和说的艺术。

二、分组
将全班学生每4～6人分成一个小组，每个小组选出1名同学作为组长。

三、实训
小刘刚办完一个业务回到公司，就被主管马林叫到了他的办公室。"小刘，今天业务办得顺利吗？""非常顺利，马主管，"小刘兴奋地说，"我花了很多时间向客户解释我们公司产品的性能，让他们了解我们的产品是最适合他们使用的，并且在别的公司再也拿不到这么合理的价钱了，因此很顺利就把公司的机器推销出去100台。""不错，"马林赞许地说，"但是，你完全了解客户的情况吗，会不会出现反复的情况呢？你知道我们部的业绩是和推销出的产品数量密切相关的，如果他们再把货退回来，对我们的士气打击会很大，你对那家公司的情况真的完全调查清楚了吗？"调查清楚了呀，"小刘兴奋的表情消失了，取而代之的是失望的表情，"我先在网上了解到他们需要供货的消息，又向朋友了解了他们公司的情况，然后才打电话到他们公司去联系的，而且我是经过你批准才出去的呀！""别激动嘛，小刘，"马林讪讪地说，"我只是出于对你的关心才多问几句的。""关心？"小刘不满地说，"你是对我不放心才对吧！"

试问：小刘为什么不满意了？

过程组织：

（1）教师组织学生仔细阅读上述案例，进行案例分析。

（2）以小组为单位进行讨论，提倡采用"头脑风暴法"。

（3）每个小组派1名代表在全班交流，在本组代表发言时全组同学起立，可以对本组代表发言进行补充。

（4）教师讲评案例。

（5）学生以小组为单位完成案例分析文案。

项目小结

商务沟通是商务活动主体凭借一定的通道（或媒介），将信息发送给既定对象（接受者），并寻求反馈以达到互相理解的过程。商务沟通的技巧分为非语言技巧与语言艺术，要取得良好的商务沟通效果就必须掌握这些技巧和艺术。

项目训练

一、判断题

1.思维需要用语言来表达。（　　）

2.在实际沟通过程中，当语言信息与非语言信息互相不一致的时候，人们往往会更加相信非语言信息所反映的内容。（　　）

3.语言在说服性沟通中起着重要的作用。（　　）

4.人的目光举止虽然可以折射其地位高低，但不能有效地反映出其领导能力。（　　）

5.开放式和自信的动作是受欢迎的，而保护性的和紧张的动作则不受欢迎。（　　）

6.社交距离一般在3.5米以上。（　　）

7.手势和形体姿态在人际沟通中非常重要，我们可以将眼睛比作心灵的窗口。（　　）

8.目光在建立、保持以及终止人际关系方面扮演着很重要的角色。（　　）

二、填空题

1.商务沟通中使用的语言主要有四种：_____、_____、_____和_____。

2.商务沟通的技巧与方法可分为两大类：_____与_____。

3.沟通距离被划为四种，分别为_____、_____、_____和_____。

4.非语言沟通指的是除语言沟通以外的各种人际沟通方式，它包括_____、_____及_____等。

5.非语言信息与语言信息的关联体现在：_____、_____、_____和_____。

6.通过非语言沟通还能揭示许多其他重要的相关信息，如_____、_____以及

_____等。

7. 形体暗示可以分为：_____和_____两种。

8. 形体暗示在传递有关_____、_____、_____、_____方面起着关键的作用。

9. 必须承认我们的空间受到两种相互竞争的需求的影响：_____的需求和_____的需求。

10. 我们可以把听众分成四种典型的类型：_____、_____、_____和_____。

三、案例分析题

2015年，上海甲公司引进外墙防水涂料生产技术，日本乙公司与中国香港丙公司报价分别为22万美元和18万美元。经调查了解，两家公司技术与服务条件大致相当，甲公司有意与丙公司成交。在终局谈判中，甲公司安排总经理与总工程师同乙公司谈判，而全权委托技术科长与丙公司谈判。丙公司得知此消息后，主动大幅度降价至10万美元与甲公司签约。

问题：

（1）如何看待甲公司安排谈判人员的做法？

（2）如何看待丙公司大幅度降价的做法？

项目评价

本项目考核由自我评价与小组评价、教师评价两部分构成，考试成绩根据学生对项目训练部分的完成情况给出，教师评定成绩和学生自评成绩分别由教师和学生根据课堂教学、课堂讨论及实训完成情况给出，填写表2-1和表2-2。

表 2-1   自我评价与小组评价表

主要内容	评价等级（在符合的情况下面打"√"）							
	全都做到了		80%做到了		60%做到了		没做到	
	个人	小组	个人	小组	个人	小组	个人	小组
自我总结 我的优势								
我的不足								
努力目标								
具体措施								
小组建议								

表 2-2   **教师评价表**

主要内容	教师评价等级（在符合的情况下面打"√"）			
	优秀	良好	合格	不合格
态度认真、参与积极				
专业知识掌握情况				
综合运用知识解决问题				
综合评语				
			教师签名： 年 月 日	

项目三　寻找与接近客户

知识目标：

1.了解寻找客户的含义以及寻找客户前的心理准备和基础性工作。

2.了解客户的类型与范围及如何对客户资格进行审查。

3.熟悉接近客户的步骤及沟通技巧。

4.掌握寻找、接近客户的基本方法。

能力目标：

1.能够做好寻找客户前的心理准备和基础性工作。

2.能够对客户资格进行初步审查。

3.能够熟练应用约见和接近客户的沟通技巧。

4.能够熟练应用寻找、接近客户的基本方法。

素养目标：

通过接近顾客时策略的运用，让学生深刻理解社会主义核心价值观在客观表达上的应用。商务谈判的前提和基础是在接近顾客时展现一种"敬业、诚信、公正"的职业道德风貌；用"文明、友善、和谐"的人格魅力去促进商务谈判的顺利进行。

任务一　寻找客户的沟通技巧

任务描述

真正意义上的商务谈判首先要解决"和谁谈"的问题，即从寻找客户开始。本任务主要探讨寻找客户的含义和必要性，寻找客户前的心理准备和基础性工作，确定客户的类型与范围，寻找客户的方法和审查客户资格。

中国知名企业华为公司当年进入法国市场时，6家运营商中有5家采取了不理睬的态度，表示不需要新的中国设备商。当找到第6家运营商的时候，该运营商跟华为提出：他们现在遇到了很多困难，营收规模上不去的原因是它的信号不好，基站建得不够；而基站建得不够，又是因为它作为一个小型运营商，没有办法获取更多的站点资源。

带着这样的需求，华为的产品解决方案部门迅速推动，形成了新的产品设计方案，就是分布式基站。它解决了站点获取难的问题，使得运营商能够快速完成基站的建设并改善信号，用户也因此大量增长。

短短几年时间，这家运营商就进入了该行业前三甲，也推动了华为在整个欧洲市场的渗透速度。

试问：你知道华为运用什么方法来赢得顾客的信赖？

知识储备

一、寻找客户的含义和必要性

（一）寻找客户的含义

商务谈判客体是商务谈判的构成要素之一，寻找客户通俗地讲就是"和谁谈"的问题。寻找客户，简单说就是要找到谈判的对手或谈判的对象。

所谓寻找客户，是指营销人员在不确定的客户群中，寻找、确定可能与己方达成交易的人或组织的活动。客户是营销人员的工作对象。在现实的营销活动中，虽然有自己找上门来谈生意的客户，但更多的是需要营销人员主动地去寻找客户。市场竞争越来越激烈，客户越来越精明，越来越懂得如何才能更好地满足自己的需要和维护自己的权益。营销人员要在茫茫人海中寻找出有接近价值和接近可能，并可能成为目标客户的个人或组织（即潜在客户），是一项极具挑战性、开拓性的艰巨工作。因此，寻找客户是迈进谈判大门的第一步，它直接关系到谈判的成败。在竞争激烈的现代市场环境中，拥有的客户越多，营销规模越大，业绩才能越好。

目标客户必须具备两个基本条件：一是试图交易商品或服务的个人或组织能从交易中获得好处或价值；二是不论该交易能给双方带来多大的利益和价值，从卖方来看必须能提供交易的商品或服务，从买方来看必须有购买该商品或服务的能力。

就商贸企业而言，失去客户是一件可怕的、不愿见到的事情，但失去客户又常常无法避免。我们应努力避免由于我们的主观原因而使客户流失，因此有必要对失去客户的原因进行分析，这可以从以下几方面着手：

（1）客户不再从事商业经营活动。

（2）客户的经营活动要求从一个规模更大的商业渠道进货。

（3）与你打交道的客户人员调换工作、退休或辞职。

（4）客户出了你的营销区域。

（5）客户因死亡、疾病或意外事故而故去。

（6）客户也许只需要与你进行一次性的交易。

（7）客户可能被竞争对手抢走。

? 知识窗

潜在客户的含义

潜在客户是可能成为现实客户的个人或组织。这类客户或有交易兴趣、交易需求，或有交易欲望、购买能力，但尚未与企业或组织发生交易关系。

潜在客户包含一般潜在客户和竞争者的客户两个部分。

一般潜在客户，是指已有交易意向却尚未成为任何同类产品或组织的客户，以及虽然曾经是某企业的客户，但其在购买决策时常常对品牌的认可较为随意的客户。竞争者的客户，是指本企业的竞争对象所拥有的客户群体。

（二）寻找客户的必要性

1.寻找客户有利于保证基本客户队伍的稳定和发展

为了保证一个区域内的业务充满活力和生机，营销人员一方面要做好已经成交的老客户关系的维护，以保证老客户的重复交易和推荐亲友交易；另一方面还要随时随地、永不停歇地注意寻找新客户，经营业绩才能节节高。因为原有老客户的潜力总是有限的，而且在竞争对手的努力下，客户对交易对象的选择也会发生变化，再加上原有老客户退休、转行和企业破产等原因，都会导致原有老客户流失，市场份额减少。所以，即使营销人员只希望自己的业务维持现状，也需要不断寻找新客户，以补充原有的客户队伍，使之保持稳定。

2.寻找客户有利于明确营销目标，提高工作效率

营销人员寻找客户，有利于明确自己的营销目标。营销人员寻找客户，就是要认真分析所掌握的客户的相关信息，判断他们是否有交易意向，最终确定哪些客户的交易意向较强，从而明确工作重点，这有助于工作效率的提高。

二、做好寻找客户前的心理准备和基础性工作

在开始寻找客户之前，要做好充分的心理准备和基础性工作，因为寻找客户不是一蹴而就的事情，在做好充分的心理准备的基础上，重点要做好客户信息资料的收集整理工作。做好寻找客户前的心理准备和基础性工作具体包括哪些内容？如果泛泛地讲应该有很多，本书希望通过下面的案例（案例3-1）和知识窗带给我们更多实战性的启迪。

案例3-1

被誉为日本"推销之神"的原一平说："推销成功没有其他秘诀，唯有走的路比别人多，腿跑得比别人勤。"他平均每月要发出1 000张名片，他将自己每天拜访客户的标准量设定为15位，不拜访完绝不回家休息。

连续16年获得日产汽车销售冠军的奥程良治，他成功的秘诀是"1/30"的坚持和不断的访问。也就是说，在汽车推销员访问的30个人中，就会有一个人买车。所以，即使拜访了29位客户都没成功，他也会认为下一个可能就是目标客户。正因为有了这样的心

理准备，他才成为最成功的汽车推销员。

福瑞德·鲍尔是英国著名的工业品推销员，他非常善于推销机器设备。为了便于开展推销工作，鲍尔总是勤做笔记。凡是商业杂志或有关报纸上登载了与自己工作有关的任何事情，鲍尔都会记下来。对客户的名称、住址、电话号码、工厂规模等，鲍尔也会完整地记录下来。在他的资料中记录了总经理、生产经理、采购人员，甚至门卫、秘书等人的姓名及相关信息，正是这些信息帮助鲍尔取得了成功。

试问：从上述三位成功人士的经历中你感悟到了什么？

做好寻找客户前的心理准备和基础工作主要包括：

（1）良好的心理状态，这是保持工作热情的内在动力。

（2）广泛的兴趣，这是激发创造力的源泉，也是获取信息的基础。

（3）养成记录信息的习惯，这是为寻找客户准备的资源库。

知识窗

成功的营销人员都具有的15个"心"：

①爱心；②信心；③耐心；④关心；⑤诚心；⑥良心；⑦恒心；⑧决心；⑨专心；⑩小心；⑪虚心；⑫真心；⑬热心；⑭安心；⑮留心。

三、确定客户的类型与范围

（一）确定客户的类型

客户既可以是某个人，也可以是某个组织。作为组织的客户与作为个人的客户有着明显的区别，其购买动机、目的及数量等各不相同。作为组织的客户购买专业性强、购买量大，一般是集体决策，购买的目的是用作生产资料或转卖。作为个人的客户一般不专业、冲动性购买居多、购买量小，他们购买的目的主要是自己使用。针对不同的客户，应采取不同的谈判策略。

个人客户的类型主要分为理智型、经济型、想象型、习惯型、冲动型和不定型。

组织客户的类型主要分为直接重购型、修订重购型和新购型。

组织客户和个人客户的差别很大。特别是个人客户类型中的冲动型、不定型、想象型，在组织客户中基本不存在，就算是经济型，组织客户的考虑角度也与个人客户有明显的差别，这是因为组织客户的购买需求弹性小，价格因素影响也较小，购买的产品可替代性不强。

（二）确定客户范围

1.根据商品因素确定客户范围

在确定客户范围时，商品因素是需要考虑的一个重要因素，即企业所经营的商品应能够满足客户的需要。商品满足客户需求的能力越强，扩散速度就越快，客户范围就越广；商品的性能越优越，相对先进性越明显，客户范围就越广；商品所具有的实用性与客户消费观和价值观越吻合，客户范围也就越广；商品在质量、性能等方面相当，价格越低及操作越便利的商品，其客户范围就越广。反之，价格相对较高、操作较复杂或相对先进性不明显，甚至质量较差的商品，其需求量越小，扩散速度越慢，其客户范围也越小。

例如，洗碗机的销售一直困难重重，为什么呢？一是洗碗机本身价格高，使用不方便；二是相对于用手洗碗，用洗碗机费水、费电、费时。这样的特点就限制了其客户的范围，工薪阶层不愿支付这项费用，勤快的人不愿使用它，节俭的人不考虑购买它。

2.结合企业的特点确定客户范围

（1）企业经营商品的特点。例如，经营生活必需品的企业，其地理位置对于确定客户的范围非常重要，因为对于这类商品客户，其需求的出发点是购买方便。

（2）商品的品种。例如，大型企业所经营的商品品种多，在商品质量、售后服务等方面比较有保障，客户容易产生信任感，因此其客户范围也就广一些。

（3）企业的形象和信誉。企业形象和信誉是比较抽象、综合的概念，一般来说，它是企业在商品质量、性能、价格、服务、技术、设备等方面的集中体现。显然，企业的形象和信誉越好，其客户范围就越广。

（4）企业促销的力度。一般来说，企业促销的力度、能力与企业客户范围成正比，企业促销的力度越大、覆盖范围越广，其客户范围就越广。

3.结合消费者状况确定客户范围

在确定客户范围的过程中，确定商品面向的对象很重要。很明显，向低收入阶层销售高档奢侈品是不会取得好的效果的，因此在确定客户范围时，要设身处地地为客户着想，这样才能使确定的客户范围更加准确、合理。

四、寻找客户的方法

（一）链式介绍法

链式介绍法，也叫连锁介绍法，是指营销人员在访问现有客户时，请求其推荐可能购买同种商品或服务的准客户，以建立一种无限扩展式的链条。具体来说，就是营销人员在寻找客户的过程中，通过现有客户来发展、挖掘潜在客户，再通过这些新客户来寻找其他潜在客户。这种方法就如同化学中的连锁反应，客户一个介绍一个，以至无穷，营销人员便可不断地寻找到新客户，所以这种方法也叫连锁介绍法（如图3-1所示）。西方国家的营销人员普遍采用这种方法。

常见的链式介绍法分为间接介绍法和直接介绍法。

间接介绍法：推销员在现有顾客的交际范围内寻找新客户，如图3-1右图所示。

直接介绍法：通过现有客户的关系，直接介绍与其有联系的新客户，如图3-1左图所示。

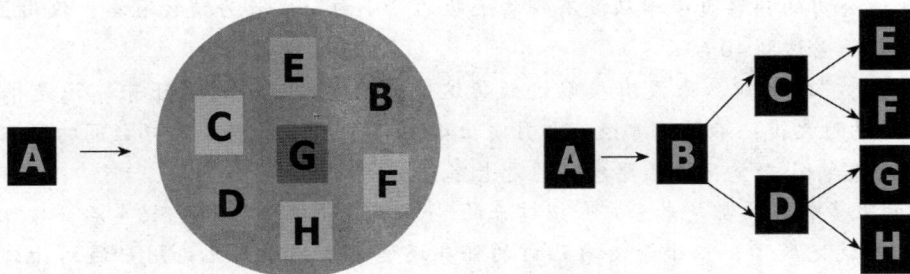

图3-1　链式介绍法

在中国香港推销界流传着一句名言："亲戚、朋友是生意的拐棍。"第一次做生意，不知目标客户在哪里的时候，首先从亲戚、朋友入手，不失为一种好方法。由于职业的关系，许多亲戚、朋友认识的人往往都是具有相同职业的人。例如，宾馆经理认识的宾馆经理，肯定比你认识的宾馆经理多，当然，这是假设你不是宾馆经理。假如你有个朋友是宾馆经理，你就可以直接请他给你介绍其他的宾馆经理，然后登门拜访，见面第一句话一定要说："我是您的朋友××宾馆×经理介绍来见您的。"待熟识后，就可以进一步请他为你介绍其他的宾馆经理了，这样你认识的宾馆经理就会越来越多。采用链式介绍法最关键的是取信于现有客户。

1.运用链式介绍法的具体做法

密切与现有客户的关系，请求他们介绍新客户，然后再努力发展新关系，并与这些新朋友形成亲密的关系，再请他们替你介绍新客户，这样连续不断地发展下去。

客户的购买行为除了会因其自身内在需求引发，还会受到外界环境的影响。通过客户间的链式介绍，老客户客观地评价商品，就会直接影响新客户购买行为的发生。另外，对于营销人员来说，借助老客户介绍新客户，是一种迂回战术。

2.链式介绍法的优点

链式介绍法的优点具体包括：①简便易行；②多数人对亲朋好友介绍来的营销人员有信任感；③能营造良好的交易气氛，有助于营销人员寻找到更多的新客户。

3.运用链式介绍法寻找客户的沟通技巧

（1）要牢记使用这种方法，避免因事情太多而遗忘。营销人员琐碎的事情太多，常常把精力都集中在签约上，一旦客户签约，容易产生"已经成功"的感觉，很容易忘记再请对方介绍新客户。

（2）要克服不愿受人恩惠的心理障碍，不要不好意思。有些营销人员觉得客户同意签约已经"够意思了"，因而再请他介绍其他人未免有点过分，难以启齿，这时必须要克服心理障碍。

（3）要能承受拒绝的打击。一些营销人员生怕自己提出要求后被客户拒绝，故不敢开口提出请求。这也是必须要克服的心理障碍，如果怕这怕那，就什么都做不好了。

（4）要克服羞怯的心理。一些营销人员见到陌生人或者紧张，或者胆怯，不知如何开口和从何说起。如果是这样，可以说其不具备营销人员的基本素质要求。

案例3-2

比亚迪公司的销售员小李从没有销售经验的"小白"成长为销售冠军，仅用了3年时间，最高月销量达到40台。

小李说："我之前从来没有接触过销售这一行，不过，慢慢做下来，还是很有收获的。"她所说的收获，不仅是曾经一个月卖出40辆车，更多的是与客户之间的联系。能够成为销售冠军，小李觉得自己要感谢的是老客户。

"我的很多新客户都是老客户介绍过来的。"在每一位客户下单、提车后，按理说小李的销售任务就完成了，但小李给自己订的任务还远远未完成，无论用户遇到什么样的问题，她都会积极地去协助解决。她会把每一位客户的生日记在手机里，及时发一条生日祝福；客户遇到疑问，她也会第一时间给出回复；客户遇到售后问题，她会放在心上，不会敷衍了事。用小李的话说，汽车销售员要把客户当朋友一样对待，不能卖了车就不管了，老客户会因为相信你而给你介绍更多的新客户。

资料来源　电动大咖. 一个月卖出40辆车？比亚迪门店的美女"销冠"是如何做到的［EB/OL］.［2024-11-01］. https：//www.sohu.com/a/309601876_99914628.

试问：从上述案例中你感悟到了什么？

（二）中心开花法

中心开花法，是指营销人员在某一特定范围内寻找并争取有较大影响力的中心人物成为自己的客户，利用中心人物的广泛影响力发展目标客户的方法。这种以点带面、全面推开的中心开花法，实际上是链式介绍法的一种特殊形式，即营销人员通过所谓"中心人物"的连锁介绍，开拓其周围的潜在客户。

中心开花法是依据人们对于在自己心目中享有一定威望的中心人物的信服并愿意追随的心理，利用中心人物的购买与消费行为，在其崇拜者中形成示范与先导作用，以带动其崇拜者的购买与消费。

1.中心开花法的优缺点和注意事项

（1）中心开花法的优点。其可以产生"一石多鸟"的效果，中心人物的名气越大，越有利于提高产品的知名度，也越有利于开拓市场。

（2）中心开花法的缺点。很多中心人物架子大、难接触，过多依赖中心人物会使营销进程减速。

（3）应用中心开花法的注意事项。中心人物不一定非得是"明星""名人"，但一定是在某一社交圈子里有影响力的人。

2.运用中心开花法寻找客户的运作步骤

（1）事先调查。营销人员要直接深入某个行业或某个群体中，了解他们的基本情况，如经济状况、支付能力、团体的作息规律、谁是决策者等，其中要特别注意了解谁是最具影响力的人。

（2）勤于联络，融入群体。营销人员寻找客户不能急于求成、急功近利。要勤于拜访，经常保持联系，融洽感情，为以后进一步的沟通打下基础。

（3）发挥中心人物的作用。营销人员首先要充分做好与中心人物的前期沟通工作，设法取得中心人物的信任与合作，并说服他购买商品。这样，借助中心人物的影响力及利用从众心理，带动其周围人员购买。

3.运用中心开花法寻找客户的沟通技巧

运用中心开花法寻找客户的关键是找准中心人物，并利用其影响力销售商品。

案例3-3

小张负责一家新开业的健身俱乐部的会员招募工作。他发现当地一所高校的学生会经常组织各类活动，在学生群体中有很大的影响力，而学生会主席正是小赵。

小张主动与小赵取得联系，邀请他和学生会的几位主要干部来免费体验健身俱乐部的设施和课程。在体验过程中，小张详细介绍了俱乐部的特色，比如专业的教练团队、多样化的健身课程、舒适的环境等。

小赵体验后觉得很不错，回去后就在学生会的官方社交账号上发布了关于这家健身俱乐部的推荐信息，并且组织了一次小型的健身活动宣传，鼓励同学们来参加。结果很多学生看到学生会的推荐后，纷纷到健身俱乐部咨询办卡事宜。

试问：小张采用的是什么方法？该方法的关键是什么？

（三）地毯式访问法

地毯式访问法，又称普访法或挨门挨户寻访法，俗称"扫街"，是指营销人员通过逐一访问某特定地区内的所有住户和单位，然后从中确定目标客户的方法。

1.地毯式访问法的优缺点及注意事项

（1）地毯式访问法的优点。①不会遗漏任何有价值的客户；②各种意见、需求和客户反馈都可能收集到；③可以使更多的人了解本企业；④能有效地磨炼营销人员的意志。据统计，营销人员拜访50家客户时，至少会有1家客户与其签单，会有15家愿意与其谈话，这样他的拜访已经算成功了。许多推销高手都有自己的独特推销技巧，大都是从挨门挨户的访问中磨炼出来的。

（2）地毯式访问法的缺点。①成本高、费时费力、效率比较低；②营销人员冒昧造访，容易导致客户产生抵触情绪，吃"闭门羹"的情况时有发生；③访问带有较大的盲目性，效果很难保证。

（3）地毯式访问法的注意事项。①地毯式访问法可能会给客户的工作、生活带来一定的干扰，为了避免工作的盲目性，应先确定好合适的区域，掌握访问区域的基本情况，做好访问前的各项准备工作。②这种方法通常会被认为是"笨"办法，成本也高，但"笨"并不一定意味着无效，成本高也不一定意味着利润就不高。

案例3-4

某家政服务公司刚成立，为了快速打开市场，公司安排员工小李去拓展业务。小李把目标锁定在了一片写字楼集中的商业区。

他逐一走访写字楼里的各家公司，向行政人员或者员工介绍本公司的服务项目，如日常办公室清洁、深度保洁、地毯清洗等，并且强调公司的服务人员都经过专业培训，服务质量有保障，价格也合理。

在走访了几十家公司后，有一家中型企业的行政经理王女士对小李介绍的办公室清洁服务很感兴趣。她正为公司办公室近期清洁不到位的情况发愁，经过进一步了解和对比，决定与小李所在的家政服务公司签订长期的办公室清洁服务合同。

随着这家公司开始使用并认可了他们的服务，周围其他一些公司看到后也纷纷主动联系小李咨询相关服务，使得该家政服务公司在这一片商业区的知名度不断提高，业务量也逐渐增多。

试问：通过这个案例，你对地毯式访问法有什么新的认识？

2.运用地毯式访问法寻找客户的做法

营销人员根据商品的特点，先选定一个区域或一个行业，在不太了解或完全不了解潜在客户的情况下，逐一地访问这一区域或行业内的所有个人和组织，从中寻找客户。这种方法是寻找目标客户最基本的方法之一，营销人员的业绩与拜访客户的多少、拜访次数成正比。

3. 运用地毯式访问法寻找客户的沟通技巧

（1）运用地毯式访问法的关键是确定好访问的区域，必须对这一特定地区的全部住户挨家挨户进行访问，不能漏掉一户。

（2）营销人员要想提高直接拜访的成功率，必须认真、仔细地做好地毯式访问前的准备工作。

① 端正心态。营销人员的工作是神圣的工作，是为千家万户送方便、送服务的事业。营销人员千万不可心虚，低声下气像做了什么亏心事似的，应当以健康积极的心态对待即将拜访的客户。

② 豁达、乐观地对待闭门羹。你所拜访的每一位客人都有可能令你欣喜，也有可能令你沮丧，不论结果如何，只要有幸认识别人，便算是有收获了。只要别人开口和你搭话，你便有了机会。

③ 准备好营销拜访的语言。例如，第一句话怎样说、客户有异议时应怎样解答等。

④ 准备好各种有效证件。在对陌生人进行自我介绍时，应主动出示证件，以消除对方的戒心。

⑤ 要注意分寸，掌控好拜访时间。第一次拜访客户，时间宜短不宜长，不要指望一次促成，重要的是为以后再次拜访做好铺垫。

⑥ 神态自然、仪表大方、举止得体。

⑦ 士气高昂，充满必胜信念。

（四）委托助手法

委托助手法是营销人员聘请、雇用信息员或兼职营销人员去寻找客户，自己则集中精力从事实质性的营销活动。

1. 委托助手法寻找客户的优缺点

（1）委托助手法寻找客户的优点。①市场面广，信息量大。这些"受委托人员"因其分布广泛，对自己所在的地区、所处的行业以及当地客户的需求特点十分了解，因而能提供大量有价值的市场信息，找到大量的潜在客户。②有利于提高工作效率。委托助手在商品销售地区与行业内寻找客户及收集资料，利用现代化通信设备传递有关信息，然后由营销人员有重点地进行客户接近与营销洽谈，这样所花费的费用与时间肯定比营销人员亲自外出收集信息、寻找客户更加经济合算。

（2）委托助手法寻找客户的缺点。①过度依赖助手，会使营销人员养成惰性；②对助手奖励的尺度不易把握。

2. 采用委托助手法寻找客户的技巧

运用委托助手法寻找客户的关键是如何选择有用的助手，而找准助手则是关键中的关键。下列人员常是重要的助手：

（1）居委会主任。串百家门、知百家事、帮百家忙的居委会主任通常对所辖居民区的每一户情况都比较熟悉，而且有一定的影响力。

（2）民间经纪人。通常情况下，民间经纪人交际面广且信息灵通，通过民间经纪人往往可以发掘出意想不到的潜在客户。

（3）其他行业的销售主管、业务员。这些人长时间在商界摸爬滚打，经验丰富，对市场行情了如指掌，可以提供大量有价值的信息。

（4）医生。医生每天都与患者打交道，接触面广。如果产品适宜，如保健品、药品，医生是极好的营销助手。

（5）学校领导、教师。教师很受人们尊敬，对教师的教导、告诫，学生们是很容易接受的，教师的装束、言行，甚至生活方式，都起着示范的作用，学生们也会效仿。如销售与学习有关的课程、报刊，通过学校及老师的途径一定会收到意想不到的效果。

此外，体育明星特别是足球明星，还有电视节目主持人、新闻记者等也都是很好的营销助手。总之，不论哪个行业、哪个阶层、何方人氏，只要营销人员肯动脑筋，都可以考虑发展其成为"助手"。

（五）现有客户挖潜法

现有客户挖潜法就是从现有客户着手，设法使他们成为新产品的目标客户，挖掘出更多的交易来。

1.现有客户挖潜法的做法

客户已经购买了某种商品，并不意味着生意已经做完了，应当设法做深入的拓展，将更多的商品推销给他。

案例3-5

某连锁咖啡店为了持续吸引顾客，推出了两项特别措施。

"咖享卡"激励机制：咖享卡鼓励顾客多次消费。顾客每次消费都能累积咖星，不同数量的咖星可解锁不同等级的会员权益，如饮品买一送一、生日饮品券等。这种机制促使顾客为了获取更多权益而不断在这家连锁咖啡店消费。据统计，持有咖享卡的顾客年消费频次比普通顾客高出不少，消费金额也相应增加。

季节限定饮品与周边推广：针对现有顾客，这家连锁咖啡店会定期推出季节限定饮品，如秋季的南瓜拿铁、冬季的太妃榛果拿铁等，利用顾客对新鲜口味的期待和追求，吸引他们在特定时间段前来消费。同时，搭配推出相关的周边定制产品，如马克杯、钥匙扣等，很多老顾客因为对这个品牌的喜爱以及对限定饮品的追捧，不仅会购买饮品，还会顺带购买周边产品，进一步提升了单客消费额。

试问：这家连锁咖啡店采用了什么样的客户挖掘方法呢？

2.现有客户挖潜法的优点

这种办法的运用比较简单，只要你取得了现有客户的信任，采用的方法巧妙，向老客户推介新产品成功的概率是很大的。

3.运用现有客户挖潜法寻找客户的沟通技巧

首先，要做到自然，合乎情理。例如，营销人员小李向客户推销了一种洗洁剂后，自然而然地向该客户推销口腔清新喷雾剂。

其次，要强调商品的特点。

采用这种方法，虽然客户的数量没有变，但是销售出去的商品数量和品种却大大增加了，取得了事半功倍的效果。

（六）其他方法

1.查阅资料法

查阅资料法，是营销人员通过查阅各种资料来开拓客户的方法。运用此法，可较快地取得有关客户和市场的信息等，例如客户的分布情况及其地址、电话、大致的购买力状况等。

目前常用的可供查阅的资料有：①报刊资料；②各种统计资料、年鉴；③电话号码簿；④企事业单位发布的公告及广告；⑤市场监督管理部门发布的公告。

2.个人观察法

个人观察法，是营销人员通过对周围环境的直接观察和分析，以寻找准客户的方法。

例如，美国一个汽车推销员，整天开着一辆新车在街道上转来转去，寻找旧汽车，向旧车主人推销。

3.直邮广告寻找法

直邮广告寻找法，就是通过收集、整理、筛选潜在客户名单，确定符合条件的客户群，然后利用产品目录、传单、直邮广告等媒体，主动将信息传递给客户，以激起他们的购买欲望，或借助推广资料上令人眼花缭乱的各种优惠或促销，开发新客户的方法。

4.互联网寻找法

互联网寻找法，是指营销人员利用互联网寻找客户的方法。

5.会议寻找客户法

会议寻找客户法，是指营销人员利用参加各种会议的机会来寻找客户的方法。如参加各种博览会、展评会、订货会、供货会、物资交流会、技术交流会等，也包括各界人士联谊会、亲朋好友的生日宴会、新婚宴会等。

6.市场咨询法

市场咨询法，是指营销人员通过向信息服务公司、国家有关部门、相关专家进行咨询，获得有关资料，寻找客户的方法。

7.电话寻找法

电话寻找法，是指营销人员在掌握了潜在客户的名称和电话号码后，用打电话的方式或以发短信方式与其联系而寻找客户的方法。

五、审查客户资格

审查客户资格的目的是判断谁最有可能购买产品或需要服务，以提高营销效率。

合格的客户是由三个基本要素构成的：金钱（Money）、权力（Authority）、需要（Need）。

只有三个要素都具备，才是合格的客户。把三个英文单词的首字母连起来就是："MAN"（男人）。我们把对特定对象是否具备上述三个要素的研究称为审查客户资格，戏称为"男人法则"。

1.审查客户需要——是否需要

在培训营销人员时，营销人员常会被问及：如何向和尚推销木梳？如何把鞋子卖给从来不穿鞋子的岛上居民？如何把冰箱卖给因纽特人？你可能会认为不必思考这些问题，因为他们不需要！但是，假如真的卖给了他们，你还能说他们不需要吗？

上述三个问题都是营销学中的经典案例，突出了营销人员应该努力"创造需求"。"创造需求"是营销的高级诉求，是高级的推销术，优秀的营销人员之所以优秀，就在于通过不懈地努力，不断地使客户认识到需求，进而认识到需求的必要性和迫切性，变潜在的需求为现实的需求。

（1）审查客户需要的目的。审查客户需要的目的在于真正了解客户的购买需要。例如，一个满脸青春痘的人，其最可能需要购买的是祛痘产品，而不是美白产品。

（2）审查客户需要的内容。

①客户需要什么——对客户需要什么样的产品的描述，涉及客户购买产品的用途、有何使用要求、将在什么条件下使用等问题。这些问题决定了客户的产品选择标准，并为营销人员提供了推销说服的基点。分析客户的需要还包括分析客户客观存在但尚未意识到的潜在需要。

②客户的品牌倾向——客户是否有对某一品牌的特别偏好。当客户没有明确的品牌倾向时，表明任何厂商的产品都没有优先性的排他优势；当客户有较明确的品牌倾向时，如果自己的产品品牌与客户品牌倾向一致，则表明自己已获得优先性的排他优势，反之，则表明自己的产品品牌已为客户所排斥。

客户的品牌倾向多是在充分调研分析和比较的情况下形成的。大多数的客户品牌倾向往往是根据过去的购买及使用经验，或者是主要决策者的认知结构，或者是其周围客户的选择影响而形成的。所以，当营销人员的产品品牌与客户的品牌倾向不一致时，一定要分析客户的品牌倾向与其需要之间是否一致，找出不一致的地方，以此为基础建立自己品牌的卖点。对于客户的品牌倾向，可以在与客户有关人员的接触中直接询问获得。

③客户的期望价格——客户为实现某项购买而设定的心理价位或购买预算。客户可能有明确的期望价格，也可能没有。在大多数情况下，尤其是当客户具有明确的购买意图和购买计划时，往往都会有相应的期望价格。如果客户没有明确的期望价格，往往表明客户尚未正式进入采购工作程序。另外，对于高度重视需要满足的客户而言，一般可以在明确需要、确定满足需要的最佳方案的基础上形成期望价格。

了解和掌握客户的期望价格，对营销人员确定产品报价和议价的策略是极其重要的。对客户的期望价格，营销人员可通过正面或侧面向客户有关人员了解，也可通过客户对产品要求档次的心理进行推测，还可以根据客户近期所购其他相关产品的价格、档次作出推测。

④客户要多少——客户需购产品的数量。需求数量问题涉及对客户价值的判断，对营销人员确定报价和议价策略及其他交易条件具有重要意义。营销人员在考察客户需求数量问题时，既要考察当前交易的量，也要考察潜在的购买量。

⑤客户何时要——客户将在何时作出购买决策、何时签约并在何时履行合约。何时要的问题能帮助营销人员合理安排自己的推销工作时间。

影响客户需求的因素很多，较为关键的是商品的用途和特性是否符合客户的需要。同时，需求的确是可以创造出来的，营销是可以创造奇迹的。另外，需求是沟通出来的，不是营销人员自己冥思苦想出来的。

2.审查客户支付能力——是否有钱购买

（1）审查客户支付能力的目的。只有具有支付能力的购买需要对企业才有实际意义，而没有支付能力的客户是虚假的客户（充其量只能算是潜在客户），不能纳入即时的销售计划之中。

审查客户支付能力可以提高营销工作的经济效益，更好地满足客户需要，防止损失和浪费，还可以避免欠账、呆账与坏账的出现。

（2）审查的内容。客户支付能力可分为现有支付能力和潜在支付能力两种。

① 审查个体客户或家庭的支付能力。调查消费者个人或家庭的经济收入情况，一般通过询问、观察来判断，不要"以貌取人"。通常情况下，支付能力强的人更加注重自己的衣食住行与其身份相协调。

② 审查单位组织的支付能力。通过调查单位组织的经营状况、财务状况、信用状况等来判断。对于确有需要而无即时支付能力的客户，应进行潜在支付能力的审查。审查单位组织支付能力的主要内容包括：短期偿债能力分析、营运能力分析、客户信用评价、客户信用调整、客户信用管理。

无论是审查个体客户或家庭的支付能力，还是审查单位组织的支付能力，都要注意以下几点：

第一，不能忽视对熟人的审查，要对现实中的"杀熟"现象时刻保持警觉；

第二，不能忽视对老客户的审查；

第三，不能忽视对大公司的审查；

第四，不能忽视对上级介绍来的有"来头"客户的审查。

此外，还要审查购买人是否具有作为市场经营主体的行为能力以及对商品的购买是否有某些限制。审查的主要内容包括：购买人的营业执照、经营范围；特殊行业是否持有特殊行业经营许可证照或专营执照，如药品生产许可证、烟草专卖许可证等。

3.审查客户的购买决策权——是否能"当家做主"

（1）审查客户购买决策权的目的。审查客户的购买决策权，能够确保营销人员直接向有购买行为决定权的人开展营销活动。

（2）审查客户购买决策权的内容。

① 对个人或家庭进行资格审查比较容易，一般是现场审查，也就是掌握顾客属于家庭决策类型中的哪一类。家庭购买决策权的类型有：丈夫做主型、妻子做主型、各自做主型、协商做主型、孩子做主型。

② 对企业或组织的购买决策权的审查：一是要审查客户的企业性质、决策运行机制、决策程序、规章制度、企业自主经营的权限等，确定企业的购买资格。二是要审查有关人员在购买决策行为与决策过程中的角色资格。

案例3-6

在情人节的前夕，一位推销员去某客户家推销化妆品。当时，推销员还未意识到过两天就是情人节了。

男主人接待了他，推销员劝男主人给夫人买套化妆品。男主人似乎有点兴趣，但并没有马上表态。见推销员诚意十足，男主人才说："我太太不在。"

推销员顿感不妙，忽然抬头看见不远处街道拐角的鲜花店门口有个招牌"送给情人的礼物——红玫瑰"。

这个推销员灵机一动，说道："先生，情人节马上就要到了，不知您是否已经给您太太买了礼物。我想，如果您送一套化妆品给您太太，她一定会非常高兴的。"男主人眼睛一亮，推销员抓住时机又说："当丈夫的都希望自己的太太是最漂亮的，我想您也不例外吧。"

果然，这位先生笑了，问他化妆品多少钱。

"礼物是不计价钱的。"

于是，一套昂贵的化妆品就这样推销出去了。

试问：这位推销员是怎样做成这笔交易的？

任务实施

一、复习

1.确定客户范围。

2.寻找客户的方法。

3.审查客户资格。

二、分组

将全班学生每4～6人分成一个小组，每个小组选出1名同学作为组长。

三、实训

1.小练习

（1）要求。①从以下商品中选择一种：化妆品、英语工具书、时尚杂志、手机、汽车、理财兼保险产品、职业装、广告策划、英语培训、网站建立。②分组讨论如何确定客户范围最适合，并说明理由。

（2）实训步骤。①个人构思。②小组讨论，集思广益，最后以小组为单位选择一种商品，并确定其客户范围。③每小组推荐1～2名同学在全班交流。④教师做总结性陈述（以表扬和鼓励为主）。

2.分析案例

李强是某服装公司的销售代表，与该公司签订了劳动合同。李强与公司协商后选择了代销模式。公司规定：销售代表代销服装如果在3个月之内既没有收回货款，也不能将代销的服装完整收回时，销售代表本人应承担代销服装未收回部分的损失。某日，李强按企业规定的程序从仓库提走价值2万元的服装交付客户，客户未付货款。半年后，李强再次催要货款时发现客户早已人去楼空。公司认为，造成2万元货款无法回收的原因在于李强事先没有充分考察客户的诚信度，事后未及时履行催款责任，并且对客户监管不够，最终造成企业的损失。于是，公司决定让李强本人承担责任，赔偿公司2万元损失。

试问：这则案例给你哪些启示？你若是销售代表会如何做呢？

过程组织：

（1）教师组织学生仔细阅读上述案例，进行案例分析。

（2）以小组为单位进行讨论，提倡采用"头脑风暴法"。

（3）每个小组派1名代表在全班交流，在本组代表发言时全组同学起立，可以对本组代表发言进行补充。

（4）教师讲评案例。

（5）学生以小组为单位完成案例分析文案。

任务二　接近客户的沟通技巧

任务描述

在找准了客户之后，能否成功地接近客户就成为能否顺利转入商务洽谈阶段的关键。本任务主要探讨接近客户前的准备工作及约见客户和接近客户的沟通技巧。

案例导入

一位初做保险工作的推销人员，到某公司董事长家去推销保险。推销人员从未见过该董事长。他来到董事长家门前，见一位年长者在扫地，于是问："董事长在家吗？"那位长者一边扫地，一边表情木然地回答："董事长刚刚出去。"推销人员只好告退。此后，推销人员一共拜访了70次，都是那位长者用同样的表情、同样的方式将他打发走。推销员不甘心，决心非要见到董事长。第71次去见董事长时，推销人员没有直接到董事长家，而是走进董事长家对面的小茶馆。他一边喝茶，一边与老板闲聊："对门的董事长不知什么时候回家？"茶馆老板指着对面正在扫地的长者惊讶地说："你不认识他？他就是呀！"推销人员听了，十分惭愧和懊悔。

试问：

（1）为什么案例中推销员感到惭愧和懊悔？

（2）接近顾客前的准备工作需要做哪些？

知识储备

一、接近客户前的准备工作

（一）接近客户前的准备工作的重要性

接近客户是营销人员为进行商务洽谈，对潜在目标客户进行的正式接触或访问。接近客户是商务洽谈的第一步，是营销人员与潜在目标客户正式面谈的前奏，是关系到整个营销工作成败的一个重要环节。接近客户前的准备工作的重要性在于：

1.有助于进一步确认目标客户的资格

通过准备工作进一步确认客户的购买能力、购买决策权以及它是否已成为竞争对手的客户。

2.便于制定接近目标客户的策略

通过准备工作进一步确认客户类型和客户购买决策类型，有利于制定接近客户的策略。

3.有利于制订具有针对性的面谈计划

在制订面谈计划时多问几个"为什么"。如：客户的购买动机是什么？针对具体的客户，我们产品的有用性是什么？如何阐述产品的有用性？

4.减少或避免工作失误

充分的准备工作有助于了解客户的个性、习惯、爱好以及禁忌，从而减少或避免工作失误，特别要注意客户敏感的东西。例如，在与可口可乐公司的客人共进午餐时，你不能点百事可乐；在会见某烟草公司的客户时，你最好把办公室"请勿吸烟"的牌子拿掉；你去见东方航空公司的经理时，不要乘坐南方航空公司的航班。

有这样一个案例：有位推销保险的销售经理去拜访一家大航空公司的经理。在安排行程时，他很谨慎地预订了这家航空公司的航班。可是就在要登机时，预订的航班临时取消了，为了准时赴约，他匆匆忙忙登上了另一家航空公司的飞机。当他准时到达那家大航空公司总部办公室时，发现他的客户气得脸色铁青。对方并不欣赏这位保险销售经理不屈不挠准时赴约的行为；相反，他们说："比起你光顾我们的竞争对手，我们宁愿更改会议日程。"

5.增强营销人员取得成功的信心

营销人员在毫无准备的情况下贸然访问客户，常常因为情况不明、底数不清，总担心出差错惹怒客户，进而表现出举棋不定，言辞模棱两可。客户面对这样的营销人员，只会感到担心、失望和不信任。

知识窗

充分的调查研究助力成功

"在上门推销前，你要尽可能弄清客户的情况，你在这类调查中所花去的每一个小时，将会使你给顾客留下深刻的印象，从而有助于你的成功。"

——营销专家乔尔·拉斐尔森

（二）接近客户前的准备工作的内容

1.客户资料的准备

（1）个体客户的资料准备。①姓名；②年龄；③籍贯；④学历和经历；⑤兴趣爱好；⑥家庭情况（成员、收入、购买偏好等）；⑦需求内容（需求动机、购买决策权、购买规律等）；⑧其他（职业、民族、信仰、联系方式、住址等）。

（2）团体客户的资料准备。①基本情况，如名称、规模、地点等；②生产经营情况，如经营范围、生产能力、营销组合、企业发展方向等；③采购惯例，如采购对象、购买周期、购买批量、与供应商的关系、满意度等；④组织人事情况，如规章制度、办事程序、机构设置、职权范围等。

（3）熟客的资料准备。①资料补充、修改；②辅助器材的准备。

2.拟订接近客户的方案

营销人员在正式接近客户之前，对接近活动所做的规划和安排，即为接近客户的方案。其主要内容包括：

（1）确定访问对象、见面时间和地点。确定具体的访问对象，对个体客户而言就是具体落实到某人或某家庭，对团体客户则要具体落实到团体组织中最终作出购买决策的人或对决策购买有重大影响的人。

确定与客户见面的时间和地点的基本规则：见面时间和地点应该选择在客户比较方便接受的范围内，否则容易遭到拒绝。在选择见面地点时，一般应注意以下两点：第一，对于团体客户的决策者或对购买决策有重大影响者，见面地点一般可选择在其工作地点、社交场所，甚至也可选在客户家中；第二，对于个体客户，见面地点通常可选择在客户的居住地或公共场所。总之，营销人员在确定与客户的见面时间与地点时，一定要让客户感到方便、自然。

（2）选择接近的方式。具体方式如当面洽谈、电话商谈、产品解说、一般性回访等。

（3）产品介绍的内容要点和示范，具体如产品的功能、特点、规格、价格、售后服务等。

（4）异议及其处理。事先设想客户可能提出的异议，初步拟定处理客户异议的方法和策略。

（5）预测推销中可能出现的问题。例如：有对产品的需求，却拒绝会见来访的营销人员；有购买决策权的人让无决策权的人与营销人员周旋；有人不需要产品，却热衷于与营销人员争论等。对于种种意外情形，我们都要做好充分的心理准备。

3.必要的物质准备

接近客户前的物质准备主要包括表3-1的内容。

表3-1   接近客户前需准备的物品

产品资料	产品目录册、样品、幻灯片、照片、效果图、光盘等
宣传材料	各种印刷广告、有关新闻剪报、说明书、价格表、检验报告、鉴定证书、营业执照复印件等
办公用品	笔、各种票据、印章、合同文本等
其他物品	记事本、介绍信、名片、身份证、计算器、笔记本电脑等

二、约见客户

（一）约见客户的重要性

约见，是营销人员事先征得潜在客户同意见面洽谈的行动过程。约见既是接近客户准备工作的延续，也是正式接洽的开始。

任何一种方式的沟通都代替不了面对面的沟通，尤其是一些金额比较大的商品交易，必须以面对面的沟通来完成销售，这就需要我们必须有效地走好第一步——约见客户。营销人员若不能成功地约见目标客户，就谈不上接近目标客户，更谈不上洽谈了。成功地约见目标客户，有利于营销人员成功地接近客户，提高营销效率，有利于营销人员顺利地开展洽谈，有利于营销人员客观地进行营销预测。

（二）约见客户的内容

1.访问对象

虽然在接近客户前的准备工作中已确定了访问对象，但在实际接近过程中，却常常发现困难重重，有时很难确定具体的访问对象，有时无法直接约见访问对象。营销人员在确定具体的访问对象时应注意以下几点：

（1）设法直接约见购买决策人及对购买决策有重大影响的人，避免在无购买决策权或无关人员身上浪费时间。

（2）设法排除约见购买决策人的各种障碍。约见购买决策人或其他对购买决策有重大影响的人，有时很困难。其原因在于：营销人员的开场白缺乏技巧，被对方办公室的工作人员简单回绝；有时能与购买决策人或其他对购买决策有重大影响的人直接对话，但想要谈实际问题还是很难，常会遭到约见人以各种借口婉言拒绝。

（3）要尊重购买决策人周围的人。购买决策人左右常有辅助决策人员（如接待人员、秘书），具体业务总是由这些辅助决策人员办理，决策人的决定也会受到辅助决策人员意见的影响，所以，营销人员绝不可以对辅助决策人员怠慢、不尊重，要把他们当成同等重要甚至更加重要的人看待。

2.访问事由

一定要有充分、明确的访问理由，否则，访问对象会认为你是在浪费他的时间，拒绝与你沟通。常见的访问事由有：①推销商品；②市场调查；③提供服务；④签订合同；⑤收取货款；⑥走访用户。

3.访问的时间

要选择最佳约见时间，一方面要广泛收集客户信息资料，做到知己知彼；另一方面要培养自己的职业敏感度，择善而行。下面几种情况，可能是营销人员拜访客户的最佳时机：

客户刚开张，正需要产品或服务的时候；对方遇到喜事的时候，如晋升提拔、获得某种奖励等；客户刚领到工资或工资级别上升，心情愉快的时候；节日、假日之际，或者客户厂庆纪念、大楼奠基、工程竣工时；客户遇到暂时困难，急需帮助的时候；客户对原先的产品有意见，对你的竞争对手最不满意的时候。

有些时间是要尽量避开的，如星期一的上午和星期五的下午。星期一的上午常是客户工作最繁忙的时候（星期一上午通常是公司例会、布置一周工作的时间），而星期五的下午由于马上就是周末，很多人都在安排周末怎么过，已无心工作。因此，要考虑客户的职业、作息时间、起居规律、交通情况等，据此作出弹性的安排。访问的时间最好是让客户提出或双方商定，这样，既表示了对客户的尊重，又为成功接近客户创造了条件。

4.访问地点

关于约见地点的选择，对个人客户可以登门拜访，对团体客户一般选择去其办公室。我们看到国外许多生意往往不是在家里或办公场所谈成的，而是选择在气氛轻松的社交场所，如酒吧、咖啡馆等。在我国的南方如广州等地，营销人员与客户见面洽谈也愿意在吃早茶、喝茶等场合进行。对于某些不爱社交，又不愿在办公室或家里会见营销人员的顾客来说，公园、茶馆等公共场所也是比较理想的地点。

知识窗

最好的推销场所

"最好的推销场所，也许不在顾客的家庭或办公室里，如果在午餐会上、网球场边或高尔夫球场上，对方对你的建议更容易接受，而且戒备心理也比平时淡薄得多。"

——美国著名营销学家斯科特·卡特利普

（三）约见的方式与沟通技巧

1.当面约见

当面约见，是指营销人员在与客户不期而遇或某次访问即将结束时，与客户当面约定再次见面的时间和地点。其优点是：印象深刻，利于双方情感交流。

当面约见客户的技巧主要有：①直截了当地约见，这种方法最简单、最常用，但也最易遭到拒绝；②一见如故约见法，这种方法极易感动顾客，适宜在公共场所约见拜访。

2.信函约见

信函约见，是指营销人员通过撰写、发送信函约见客户。其优点是：信函一般都能寄送到收件人手中，避免了电话约见时见不到客户的情况。

3.电话约见

电话约见是最方便、快捷、经济的方式。它针对性强，能迅速、快捷地反馈客户的意见和要求；能直接表达心意，有利于联络感情；可避免当面遭人拒绝的尴尬场面；可节省许多费用。尽管电话约见有许多优点，但在可视电话尚未普及的情况下，营销人员无法看到客户的真实反应，容易被拒绝。

进行电话约见时，不管你运用何种技巧，都应当努力使客户觉得很有必要见你一面，如果做不到这一点，至少也要让客户对营销人员的拜访感兴趣，这是电话约见最基本的要求，否则就是徒劳无功。

4.其他约见方法与沟通技巧

（1）托人约见。所谓托人约见，即营销人员委托他人约见潜在目标客户的方法。这种方法特别适合那些难以约见的潜在目标客户。

（2）广告约见。广告约见，是指推销人员利用各种广告媒体，如报纸、杂志、广播、电视等，广泛约见客户。

（3）网络约见。随着科学技术的不断进步，计算机的普及率越来越高，营销人员也可借助网络这一先进、高科技的通信工具，方便、快捷、经济地约见潜在客户。

应注意的是，由于电话使用已非常普遍，人们对其已形成了依赖，不管采用何种预约方法，最好在见面的前一天用电话再次确认。这既是提高工作效率的需要，也显得礼貌周到。

三、接近客户

心理学研究表明：人们在见面10秒钟后就会对对方作出许多判断。因此，营销人员要抓住宝贵的瞬间，运用一定的表现技巧，体现绅士风度或淑女风范，给客户留下美好的第一印象。

（一）接近客户的步骤

1.微笑

微笑是人际关系中最佳的润滑剂，它表示了友善、亲切、礼貌及关怀。沃尔玛公司的创始人沃尔顿生前用一句话概括了他成为亿万富翁的秘诀：低买低卖，微笑攻势！微笑可以拉近营销人员与客户之间的距离，使客户有一种亲切感，减少抗拒心理。

要使你的微笑更具魅力就要努力做到以下几点：

（1）微笑与眼睛（神）结合。人在微笑时眼睛的作用十分重要，人们常说眼睛是心灵的窗户，一个人是不是真心在笑，他的眼睛能说明一切。

在日本被誉为"推销之神"的原一平总结其成功的两大秘密武器为：婴儿的微笑和情人的眼神。原一平的微笑被人们誉为"价值百万美元的微笑"。

（2）笑与神、情相结合。"神"就是要笑出自己的神情、神态，要精神饱满、形神兼备；"情"就是要笑出感情，笑出关切和友善。

（3）笑与语言相结合。语言和微笑都是传递信息的重要手段，你的微笑再有魅力，仅靠微笑也不足以使交易达成，微笑与恰当的语言技巧的有机结合，才是促使交易达成的两大利器。

（4）笑与仪态、仪表相结合。得体的仪态、端庄的仪表，配合适度的微笑，就会形成自然、和谐的美。和谐、自然的氛围有助于接近客户，也有助于交易的达成。

2.注视

营销人员要正视客户，传递正直、诚恳、自信、热情等个人情感。所谓正视，是指要看着客户的眼睛，不能眼朝下看或左顾右盼。但要注意，注视不是凝视，否则无法正常交流。

3.问候

简单的一句问候是打开话题的最好方式。

4.握手

握手是社会交往中常见的礼节，在见面、告别等很多场合都会用到。握手时的位置、用力的轻重、时间的长短以及是否用目光注视等，都可以反映出一个人的修养和态度。我们可以从与对方握手的一瞬间就感受到对方是热情还是冷淡，是谦恭还是傲慢，是自信还是自卑，是真心实意还是敷衍了事。因此，握手时的礼仪规范应引起我们的重视，在商务活动中尤其如此。

5.准确的称呼

当营销人员见到客户时，准确地称呼对方常会给客户留下良好的印象。在初次对话时多称呼几次客户的姓名，下次遇见时，更容易记起客户的姓名。如果已忘了以前见过面的某位客户的名字，可以说："我记得曾见过您，但一下记不起您的姓名，对不起。"

6.自我介绍

在握手时很自然地互道姓名，进行自我介绍并说明来意，同时也可以递上自己的名片。

7.赞美

俗话说：良言一句三冬暖，恶语伤人六月寒。一句简单的赞美语可以迅速拉近营销人员与客户之间的距离，营销人员应该练就在几秒钟内发现客户的闪光点并充分表达出来的能力。慷慨地赞美他人会产生意想不到的效果，但赞美要合理恰当、有理有据、发自内心，否则有阿谀奉承之嫌。

8.话题

营销人员要迅速找出寒暄的话题营造比较融洽、轻松的会谈氛围。寒暄的内容五花八门，重点是迎合客户的兴趣和爱好，让客户进入角色，对你产生好感。寒暄的目的是让客户接受你，只要目的达到了，下一步的工作也就好开展了。

案例 3-7

一位推销员在给客户演示产品功能的时候，不知道什么原因，电脑无法启动。他用尽了各种办法都启动不了，急得满头大汗，客户在一旁尴尬地看着。经过仔细检查，原来是电池的问题，而他在出门前没有仔细检查自己的物品，甚至连电源适配器都没有带，结果可想而知了。

一个文具用品的推销人员来到某公司，正巧该公司准备购置一些办公用品，经过讨价还价，终于成交。当他准备与客户签单时，意想不到的事情发生了：他掏出的签字笔竟然写不出字来。一个文具推销人员，自己用的笔在还有油墨的情况下竟然写不出字来，这不是滑天下之大稽吗？客户见状说："你不用写了，你的产品我们决定不要了！"

试问：看了这两则案例，你能指出他们本来到手的生意没有做成的原因吗？这两则案例给你带来哪些启示？

（二）接近客户的沟通技能

1.鼓足勇气，增强自信心

在接近客户阶段可能会遇到各种各样的困难，营销人员要理解客户，善于调整自己，刻苦学习，认真做好接近准备，树立信心，鼓足勇气。

2.消除客户的疑虑，减轻客户的压力

实践表明，当营销人员接近客户时，客户一般会产生疑虑和购买压力。客户总会本能地设置一些障碍，干扰和破坏交谈的顺利进行。因此，要想成功地接近客户，就必须设法减轻客户的心理压力。实践中减轻客户心理压力的方法主要有：

（1）延期减压法。当客户的戒心很明显，任何推销的话语都无用时，营销人员可以说明今天来的目的不在于推销，而是提供产品信息，简单向客户解释和介绍产品后，留下名片，改天再来。这样做的话客户会感觉比较轻松，下次再见面时客户不会觉得陌生，疑虑也会减少。

（2）征求意见法。营销人员可以明确表示这次拜访的目的是做市场调查，征求意见。一般情况下，客户对产品或多或少都有些自己的看法，他会在发表意见时慢慢放松戒备心理。

（3）直接减压法。营销人员可以直接告诉客户，如果无意购买，随时可以让营销人员离去而不必感到为难，并对此表示充分理解。营销人员这样做时态度应诚恳、自然。

（4）利益减压法。客户虽然对出钱购买心存疑虑，但对能给自己带来利益的事情还是感兴趣的。营销人员要设法使客户相信这次会面是值得的，客户能从中得到一定的利益。

3.控制接近时间，及时转入洽谈

接近客户的目的不仅在于引起客户的注意和兴趣，更重要的是要转入进一步的交易洽谈。专家研究表明：每次接近客户的最佳时间为15分钟左右。时间太长会分散客户的注意力；时间太短会显得营销人员急于成交，反而会吓跑客户。

场景1：商场服装店

销售员：（面带微笑，主动迎上）您好，欢迎光临我们店！看您气质特别好，今天是想选件衣服参加什么特别活动吗？

顾客：哦，就是随便看看。

销售员：那也挺好呀，我们店刚上了不少新款呢。您看这边的连衣裙，款式很时尚，面料也特别好，特别适合您这样优雅的女士日常穿或者出去聚会穿哦。（拿起一条连衣裙展示）您可以摸摸这面料，质感很不错的。

场景2：电子产品专卖店

销售员：（热情招呼）欢迎光临，先生！您是对哪类电子产品感兴趣呀？

顾客：我想看看笔记本电脑。

销售员：那您可算来对地方啦！我们这儿有各种不同配置和品牌的笔记本电脑。您是主要用于办公，还是玩游戏或者做设计使用呢？（引导顾客说出具体需求）

顾客：主要就是办公用，偶尔看看视频。

销售员：那我给您推荐这款，它的处理器性能很不错，能轻松应对各种办公场景，而且电池续航时间也长，外出带着它不用老担心没电，看视频的音效和画面质量也很棒哦。（拿起一款笔记本电脑介绍）您可以试试手感。

试问：你知道有哪些接近顾客的方法吗？

（三）接近客户的基本方法

1.产品接近法

这是营销人员利用推销品引起客户的注意和兴趣，进而转入面谈的一种接近方法。

产品接近法的媒介就是推销品本身。让产品先接近客户，默默地推销自己，这是产品接近法的最大优点，也是最主要的特点。

这种方法一般适用于有形的、轻巧的、便于携带的产品，而且产品本身要有特色、质地优良，否则难以吸引客户。

2.利益接近法

利益接近法也叫实惠接近法，要求迅速地告诉客户交易会给他带来哪些实惠、哪些利益，以快速接近客户。利益接近法的媒介是产品本身的实惠，主要方式是直接陈述，告诉客户购买推销品的好处。

采用这种方法应注意：①产品利益必须符合实际，不可浮夸；②产品利益必须可以证明，这样才能取信于客户。

3.介绍接近法

介绍接近法，是指营销人员通过自我介绍或他人介绍来接近拜访对象的方法。

（1）自我介绍法。自我介绍法，即营销人员进入可能买主的住所或办公室后主动亮明自己的身份。

（2）他人介绍法。他人介绍法，又叫第三者介绍法，是利用与客户十分熟悉的第三者，通过写信、打电话或当面介绍的方法来接近客户。这种方法的效果要好于自我介绍法。

4.问题接近法

问题接近法也叫问答接近法，它是营销人员利用直接提问来引起客户的注意和兴趣，引导客户去思考，从而顺利转入交易洽谈阶段的接近方法。

采用这种方法应注意：①接近问题应表述明确，避免使用含糊不清或模棱两可的问句，以免客户听起来费解或产生误解；②接近问题应尽量具体，做到有的放矢，不可漫无边际，泛泛而谈；③接近问题应全面考虑，迂回出击，不可完全直言不讳，避免语出伤人。

5.好奇接近法

好奇接近法是营销人员利用动作、语言或其他方式引起客户的好奇心和兴趣，从而接近客户的方法。

采用这种方法应注意：①无论营销人员利用语言、动作还是其他方式引起客户的好奇心理，都应与营销活动有关；②无论利用何种手段去吸引客户的好奇心，都必须真正做到出奇制胜；③无论利用何种手段去吸引客户的好奇心，都应合情合理，不可故弄玄虚。

6.表演接近法

表演接近法，是利用各种戏剧性表演技法来展示产品的特点，或者利用各种机会把自己的兴趣爱好与客户的爱好形成共同点，引起客户的注意和兴趣，进而转入面谈的方法。

采用这种方法应注意：①表演必须具有一定的戏剧效果，以引起客户的注意和兴趣；②表演必须自然合理，能打动客户的内心；③应尽量使客户进入剧中，成为重要角色；④表演过程中所使用的道具最好是推销品及其他与推销活动有关的物品，以利于推销工作的正常进行，有效地促成交易。

案例 3-9

李嘉诚年轻时曾做过塑胶洒水器的推销人员。有一天，李嘉诚早早地就来到一家批发行，想等职员们上班后，看能不能找到机会推销一下。估计是来得太早，他看见一位女清洁工正在打扫卫生。李嘉诚灵机一动，自告奋勇上前帮忙，他拿出自己准备用来推销的塑胶洒水器，帮清洁工洒起水来。他心里则是期望遇到前来上班的职员，让大家先眼见为实，为后面可能的推销积攒一点说服力。果然，有早到的公司职员行色匆匆，来后直接就进办公室去了。也有的看到李嘉诚在打扫卫生，稍微有点惊讶，顿了一下，但并没有停步就擦身过去了。就这样，一直等到差不多所有职员都陆续到齐了，也没有人特别关注这位衣冠整齐的年轻人，更没有谁去关注他手上的塑胶洒水器。就在李嘉诚觉得是不是该停下来时，进来了一位年纪稍大些的职员，跟其他人不同的是，他先看了一眼女清洁工，然后又看了一眼低头洒扫的李嘉诚，突然问道："今天怎么换清洁工了？"因为眼前这个戴着眼镜斯斯文文的年轻人，怎么看都不像是干清洁工作的人。李嘉诚一看有人前来搭腔，立即停下来说："哦，先生，不是的，我只是来贵公司洽谈一些业务的，碰巧来得早了点，闲坐着没事，看到清洁工在忙，就顺手帮帮她。"这位职员听他这么一说，脸上的疑惑才释然了，觉得这个年轻人很热心，便说："哦，是这样啊，那谢谢你了。"走过去的时候，还回头瞟了一眼李嘉诚手上那把崭新的塑胶洒水器。

李嘉诚又帮着洒了一会儿水，感觉时间差不多了，公司的员工应该都上班了，于是就告辞女清洁工走上楼来，打听清楚后，他找到该公司负责购买日用器具的部门经理的办公室，轻轻叩响了门。等他进去后，才发现这位经理其实已经打过照面了——就是刚才楼下和他简单对过话的那位职员。结果一切很顺利，经理对这个年轻人印象不错，便抽出点时间来，请他坐下来介绍了产品，爽快答应先购买几把塑胶洒水器试试。试用后得出的结论是：轻便耐用不生锈，价格还便宜，比铁质洒水器要好得多。于是，这位部门经理在对比之后，决定全公司选择李嘉诚推销的塑胶洒水器，虽然订单数量并不太大，但作为样板客户，其作用是不容小觑的。

资料来源　冯昭. 李嘉诚大传［M］. 武汉：长江文艺出版社，2018.

试问：李嘉诚采用了什么方法成功地卖掉了洒水器？

7.求教接近法

求教接近法，是利用向准客户请教问题的机会来接近对方的方法。一般人都有向别人显示自己才学的愿望，营销人员则可以通过给客户提供这样的机会来接近客户。

案例 3-10

亚伯特·安塞尔是铅管和暖气材料的推销商，多年来一直想跟一位铅管商做生意。这位业务量大、信誉好的铅管商对安塞尔却极刻薄、无情。他坐在办公桌的后面，嘴里叼着雪茄，每次在安塞尔进门时，他就毫不客气地说："今天什么也不要！不要浪费你我的时间！滚吧！"

有一天，安塞尔准备试试另一种方法。安塞尔所在的公司正准备在经济开发区开一家新的公司。那位铅管商对那个地方很熟悉，并且在那里做了很多生意。这次，当安塞尔去拜访他时，开场白是这样说的："先生，我今天不是来推销东西的，我是来请您帮忙的，不知道您能不能抽出点时间和我谈一谈？"

"嗯……好吧。"铅管商把嘴巴里的雪茄转了一个方向，"什么事儿，快点说。"

"我们公司正想在经济开发区开一家新的公司。"安塞尔说，"您对那个地方了解的程度和住在那里的人一样，因此我来请教您的看法！"

多年来，这位铅管商一直向安塞尔吼叫，命令他走开。而今天，安塞尔作为一家大公司的推销员不向他推销产品，居然跑来请教他，这使他获得了极大的心理满足。

"请坐。"铅管商用了一个多小时的时间详细解说经济开发区市场的特点，而且帮助安塞尔讨论了购买产业、储备材料和开展业务的全盘方案。最后，他还十分信任地把家里的困难和夫妻不和的情形向安塞尔诉说了一番。

那天晚上，当安塞尔离开的时候，不但口袋里装了一大笔装备订单，还与铅管商建立了深厚的友谊。这位过去经常吼骂安塞尔的铅管商，现在却常和安塞尔一起打保龄球。

资料来源　盛安之. 销售就要会说四种话：好听话、客套话、专业话、巧妙话［M］. 北京：企业管理出版社，2008.

试问：安塞尔究竟使用了什么魔法使不可一世的铅管商不仅成了他的客户，还成了他的好朋友？从中你得到了哪些启发？

8.赞美接近法

赞美接近法，是指营销人员运用赞美之词博得客户的好感以达到接近目的的方法。

采用这种方法需要注意：①赞美一定要找准"赞美点"，不可胡乱赞美他人，把缺点说成优点反而会加剧顾客的不满；②赞美一定要真诚，发自内心，只有来自心灵深处的赞美才具有感染力；③赞美必须讲究艺术，通过幽默、诙谐等手段，言简意赅，突出效果。

9.送礼接近法

送礼接近法，是指营销人员接近客户的时间十分短暂，利用赠送小礼品的方法来接近对方，以引起客户的注意和兴趣，从而接近客户的方法。

采用这种方法应注意：①慎重选送馈赠物品，投其所好；②馈赠礼品只是接近客户的媒介，而不是愚弄客户的欺骗手段；③馈赠礼品必须符合有关规定，不可借馈赠之名进行贿赂或变相贿赂；④应该与馈赠广告同时进行，积极扩大产品影响；⑤馈赠礼品应具有一定的实用性，能够吸引顾客，有助于客户形成联想。

10.震惊接近法

震惊接近法，是指营销人员利用令人震惊的事物来引起客户的兴趣和注意，进而转入洽谈的接近方法。

采用这种方法应注意：①所提供的令人震惊的事物或数字一定要真实；②密切联系推销目的；③控制震惊分寸，是震惊而不是惊吓。

例如，一位人寿保险推销员利用一项统计资料接近男顾客。据官方最近公布的人口统计资料，目前有一件值得人们关注的事实：90%以上的夫妇，都是丈夫先妻子而逝。因此，你是否打算就这一事实早作适当安排呢？最安全可靠的办法，当然是尽快购买合理的保险。

此外，接近客户的方法还有调查接近法、连续接近法、陈述接近法、问候接近法、聊天接近法、幽默接近法等。

案例 3-11

××珠宝店是一家面向中等消费阶层的珠宝专营店，在其业务中，订婚戒指和结婚戒指占有可观的份额。达琳是该店的推销员，当一位年轻男士进店时，她正在整理货柜。年轻人看起来带着犹豫的神情，他环视着四周亮光闪闪的柜台，然后慢慢走到订婚和结婚用戒指柜台前。

达琳：下午好，我是达琳。要我帮忙吗？

年轻人：哦，我想看看订婚戒指。

达琳快速打量着这位客户，他衣着整洁有档次，估计年龄在25岁左右。

达琳：她真是一个幸运的姑娘。让我给你看看今年的流行式样。我可以知道你的名字吗？

年轻人：我是汤姆·格尔曼。

达琳：格尔曼先生，柜台里所有的戒指都是由久缘公司制造的。你一定知道这个名字，它以高品质著称。

汤姆：它们很漂亮。它们都是多少钱的？

达琳：价格大不相同。你看上面这两排是订婚和结婚的配套戒指。

汤姆：我知道，不过我结婚还得一段时间呢。

达琳：配套戒指的好处是有彼此相配的感受。

汤姆：我懂。如果我要配套戒指，那结婚戒指可以留待日后来买吗？

达琳：可以，公司可以提供记账和保存服务。

汤姆：那么这对配套戒指多少钱？

达琳：你的确好眼力。这一副 21 000 美元，新郎的是 19 900 美元。

汤姆：可真不低。

达琳：这可是你的终身性投资，在这个意义上说价钱并不是最重要的。而且许多客户都称赞物有所值呢！

思考与分析：

试问：随着推销洽谈的继续，达琳下一步该怎么做？

任务实施

一、复习
1.接近客户前的准备工作。

2.约见客户。

3.接近客户。

二、分组
将全班学生每 4～6 人分成一个小组，每个小组选出 1 名同学作为组长。

三、实训
（一）小练习（练习三种微笑）

1.要求

（1）小微笑：把嘴角两端一齐往上提，保持将上嘴唇拉上去的紧张感，稍微露出 2 颗门牙。保持 10 秒后，恢复原来的状态并放松。

（2）普通微笑：慢慢使肌肉紧张起来，把嘴角两端一齐往上提，保持将上嘴唇拉上去的紧张感，露出大约 6 颗上牙，眼睛也要露出笑意。保持 10 秒后，恢复原来的状态并放松。

（3）大微笑：拉紧肌肉，把嘴角两端一齐往上提，露出 10 颗左右的上牙，也稍微露出下门牙。保持 10 秒后，恢复原来的状态并放松。

2.实训步骤

（1）组织学生观看礼仪培训——微笑练习视频。

（2）个人练习（用小镜子自己观摩）。

（3）以小组为单位互相观摩个人练习的成果。

（4）每组选派一名拥有"迷人微笑"的同学到讲台前展示微笑成果。

（5）教师对学生的展示进行点评（以表扬为主）。

（二）分析案例

接近客户是店铺销售的一个重要步骤，也是一项突出技巧的工作。这方面做得好，不但拉近了与客户的心理距离，还可以尽快地促成交易。

（1）"3米原则"。在客户距离自己还有3米远的时候就可以和客户打招呼、微笑，进行目光接触。

（2）"请随便看看"的说法不妥当。现在有很多导购员喜欢用"请随便看看"来代替"欢迎光临"，殊不知这句"请随便看看"的欢迎语正好给客户灌输了一种"看看就走"潜意识。所以，你如果也习惯对客户说"请随便看看"，那还是换成"欢迎光临"为好。

（3）切忌"过分热情"。对客户来说，他们喜欢有一种宽松自由的购物环境供他们观赏和挑选，不分青红皂白地介绍反而会让他们感到一种无形的压力而急于"逃之夭夭"。

试问：谈谈你对"3米原则"的看法。对比分析"请随便看看"和"欢迎光临"，谈谈你的看法。谈谈你对"热情"与"过分热情"的认识，热情而不过分，这个"度"如何把握？

过程组织：

（1）教师组织学生仔细阅读上述案例，进行个人分析案例的构想。

（2）以小组为单位进行讨论，提倡采用"头脑风暴法"。

（3）每个小组派1名代表在全班交流，在本组代表发言时全组同学起立，可以对本组代表发言进行补充。

（4）教师讲评案例。

（5）学生以小组为单位完成案例分析文案。

项目小结

真正意义上的商务谈判首先要解决"和谁谈"的问题，即从寻找客户开始。在寻找客户之前必须做好心理准备和基础性工作，进而要确定客户的类型与范围。在客户的类型上，组织客户和个人客户有很大的区别。寻找客户的方法很多，主要应掌握链式介绍法、中心开花法、地毯式访问法、委托助手法、现有客户挖潜法等几种基本方法应用技巧。初步确定目标客户后进一步要审查客户资格，主要是审查三个方面：客户需要、支付能力、购买决策权。在找准了客户之后，能否成功地接近客户就成为能否顺利转入商务洽谈的关键，为此，首先要做好接近客户的准备，然后用恰当的约见方式和沟通技巧约见客户，接近客户。

项目训练

一、判断题

1.经过营销人员的努力，客户流失的现象是可以杜绝的。　　　　　　　　　（　　）

2.潜在客户是可能成为现实客户的个人或组织。　　　　　　　　　　　　　（　　）

3.组织客户的购买需求弹性大，价格因素影响也较大。　　　　　　　　　　（　　）

4.中心开花法中的中心人物一定得是"明星"、"名人"或"权威"。　　　　　（　　）

5.营销人员的业绩与拜访客户的多少、次数成正比。　　　　　　　　　　　（　　）

6.只有具有支付能力的购买需要对企业才有实际意义。　　　　　　　　　　（　　）

7.没有支付能力的客户是虚假的客户。　　　　　　　　　　　　　　　　　（　　）

8.上级介绍来的有"来头"的客户可以不必审查其资格。　　　　　　　（　　　）

9.赞美接近法，是指营销人员运用赞美之词博得客户好感以达到接近目的的方法。（　　　）

二、填空题

1.组织客户的类型主要有：_____、_____、_____。

2.合格的客户是由三个基本要素构成的：_____、_____、_____，被戏称为_____。

3.审查单位组织的支付能力的主要内容如下：_____、_____。

4.审查客户需要的内容包括：_____、_____、_____、_____、_____。

5.接近客户一般包括_____、_____与_____三个环节。

6.采用链式介绍法的关键是_____。

7.营销人员的业绩与拜访客户的多少、次数成_____。

8.约见的方式主要有：_____、_____、_____、_____等。

三、案例分析题

一位英国皮鞋厂的销售业务员曾几次拜访伦敦一家皮鞋店，并提出要拜会皮鞋店的老板，但都遭到了对方的拒绝。这次他又来到这家皮鞋店，口袋里揣着一份报纸，报纸上刊登了一则关于变更鞋业税收管理办法的消息，他认为店家可以利用这一规定节省许多费用。于是，他大声对皮鞋店的一位售货员说："请转告您的老板，就说我有路子让他发财，不但可以大大减少订货费用，还可以本利双收赚大钱。"有人提出赚钱发财的建议，老板怎么会不动心呢？皮鞋店老板立刻答应接见这位远道而来的销售业务员。

问题：销售业务员用什么方式见到了皮鞋店老板？

项目评价

本项目考核由自我评价与小组评价、教师评价两部分构成，考试成绩根据学生对项目训练部分的完成情况给出，教师评定成绩和学生自评成绩分别由教师和学生根据课堂教学、课堂讨论及实训完成情况给出，填写表3-2和表3-3。

表3-2　　　　　　　　　　　　**自我评价与小组评价表**

主要内容		评价等级（在符合的情况下面打"√"）							
		全都做到了		80%做到了		60%做到了		没做到	
		个人	小组	个人	小组	个人	小组	个人	小组
自我总结	我的优势								
	我的不足								
	努力目标								
	具体措施								
小组建议									

表 3-3   **教师评价表**

主要内容	教师评价等级（在符合的情况下面打"√"）			
	优秀	良好	合格	不合格
态度认真、参与积极				
专业知识掌握情况				
综合运用知识解决问题				
综合评语	教师签名： 年 月 日			

项目四　　　　　　　　　　　　开局与探测

学习目标

知识目标：

1.了解影响开局气氛的各种因素。

2.了解开局陈述的内容、方式及原则。

3.了解探测的内容。

4.掌握营造开局气氛的一般方法。

5.掌握开局策略及不同情况下的开局技巧。

6.掌握探测的方法及防御谈判对手窥测己方意图的策略。

能力目标：

1.能够应用营造开局气氛的一般方法营造商务谈判的开局气氛。

2.能够做好开局陈述。

3.能够正确运用开局策略。

4.能够正确应用不同情况下的开局技巧。

5.能够正确应用常用的探测方法。

6.能够正确应用防御谈判对手窥测己方意图的策略。

素养目标：

从国际文化的差异和贸易对抗入手，使学生明白商务谈判作为一种对抗性质的商务活动，在开局阶段应以充分了解和融洽彼此的关系为基础。厚植学生的爱国主义情感，培养学生的辩证主义思维。

任务一　　　　　　　　　　营造开局气氛

任务描述

"良好的开端是成功的一半。"开局是谈判活动的起点，对整个谈判过程有着重要影响并起着制约作用。本任务主要探讨商务谈判开局气氛的作用、合理运用影响开局气氛的各种因素、营造开局气氛的一般方法、控制开局气氛的策略。

案例导入

一家中国知名品牌服装公司想要与一家法国时尚设计公司开展合作，共同推出联名系列服装。双方团队在法国巴黎进行初次谈判。

场地选择与布置：中方团队提前预订了一家位于巴黎塞纳河畔、环境幽雅且具有浓厚艺术氛围的咖啡馆作为谈判场地。咖啡馆内布置温馨，摆放着新鲜的花卉，轻柔的背景音乐舒缓宜人。

谈判开始前，双方人员陆续入座。中方代表首先微笑着用法语向法方代表致以问候："Bonjour! 很高兴能在如此美丽的巴黎与各位相聚，希望今天我们能像朋友一样愉快地交流。"并递上特意从中国带来的精美茶叶礼盒作为见面礼，介绍说这是中国的特色茶，有着独特的韵味，就如同双方即将开展的合作，让人充满期待。法方代表接过礼物，十分惊喜，也热情回应。随后，大家开始轻松地聊起巴黎的美景、美食以及各自对时尚的理解，现场气氛友好而轻松，为后续正式谈判奠定了良好的氛围基础。

试问：中国知名品牌服装公司采用了何种策略来营造和谐融洽的谈判气氛？

知识储备

谈判的开局阶段是在谈判准备阶段之后，双方面对面谈判的开始阶段。由于在此阶段，谈判双方对谈判尚无实质性认识，各项工作千头万绪，无论准备工作做得如何充分，都避免不了遇到新情况、新问题，因此谈判双方都比较紧张，态度也比较谨慎，都试图探测对方的虚实及心理。所以，谈判的惯例是，双方在开局阶段一般不进行实质性谈判，只是见面、介绍、寒暄，以及浅谈一些不太关键的问题。在此过程中，双方的行为客观地营造了谈判的开局气氛。

开局气氛，是指双方在谈判开始阶段通过初步接触形成的彼此间的相互态度。它由参与谈判的所有人员的情绪、态度与行为共同营造。谈判气氛直接影响着谈判者的心理、情绪和行为方式，进而影响谈判的进展。有实力的谈判者总是试图通过有意识、有目的地营造谈判气氛来实现对整个谈判过程中合作或竞争风格的选择。虽然谈判气氛在谈判的不同阶段会呈现出不同状态，但通常在开局阶段形成的谈判气氛最为关键，往往贯穿始终。所以，在开局阶段应尽可能营造有利于谈判的气氛。谈判气氛的营造体现了谈判双方对谈判的期望。

一、开局气氛的作用

1.确定谈判基调，建立各方的谈判关系

每一次谈判都有其独特的气氛，不同的气氛对谈判有不同的影响。开局阶段的谈判气氛能为整个谈判定下一个基调，同时初步建立起双方的谈判关系。谈判人员在开局阶段应努力营造出良好的氛围，为整个谈判确定积极的基调，这对双方在谈判中获得双赢的结果意义重大。

2.建立良好的谈判关系

开局气氛可以为后续谈判打下基础。开局气氛良好，就有可能为后续谈判顺利解决相关问题提供良好的前提和基础；反之，开局气氛恶劣，容易使人产生无诚意的感觉。

3.对谈判的促进或拖延

任何一种谈判气氛都将对谈判起推动或拖延、有利或不利的作用。例如，冷淡、对立、紧张的开局气氛，会不自觉地将后面的谈判推向更为严峻的境地；而热烈、积极、合作的开局气氛，则会促使谈判人员达成一致的协议。

案例 4-1

一个由多国参与的国际能源合作项目，涉及中东地区的石油资源开发与利用，各国代表齐聚在阿联酋迪拜的一家豪华会议中心进行谈判。

会议中心的谈判大厅装修豪华，巨大的水晶吊灯照亮整个空间，地毯厚实柔软，桌椅均为高档实木材质，做工精美。大厅入口处摆放着各国国旗，显示出此次谈判的国际性和庄重性。

谈判开始前，各国代表身着正装，按照国家首字母顺序依次入场。入场完毕后，由阿联酋作为此次谈判的东道国，其代表主持开幕仪式，首先奏响了联合国国歌，全体代表起立致敬。之后，东道国代表发表了简短而庄重的开场白，强调了此次能源合作项目的重要性以及各国在其中的责任和期望。随后，各国代表依次简要介绍了本国在能源领域的相关情况和参与此次项目的目标。

试问：这场精心准备的谈判力图营造一种怎样的开局气氛？

二、合理利用影响开局气氛的因素

（一）影响开局气氛的一般因素

谈判气氛受多种因素的影响，如政治形势、经济形势、市场变化、文化氛围、实力差距等，但对谈判气氛产生直接影响的主要是环境、时间、情感与行为。其中，谈判人员的主观因素对谈判气氛的影响是最直接的，谈判者的气质、形象、服饰、表情、姿态、动作、说话的语气、话题的选择等都对气氛的形成起着关键作用。

谈判人员应当尽可能合理地利用这些影响开局气氛的因素，努力把消极因素转化为积极因素，使谈判气氛向着友好、和谐的方向发展。

1.微观因素

（1）表情。表情可以清晰地表明谈判人员的状态。在谈判气氛的营造阶段，谈判人员应积极主动地与对方进行情绪、思想上的沟通。

（2）动作。影响开局气氛的因素还包括手势等动作。谈判者需注意，对于同样的动作，不同谈判对象的理解是不同的。例如，在初次见面寒暄时，握手用力一些，有人会认为这是相见恨晚的表现，心中油然而生亲切的感觉；而有些人则会认为这是对方在炫耀实力，从而产生厌恶感。

（3）服饰。谈判人员的服饰是决定其形象、体现其精神状态的又一标志。服装的色调与清洁状况，反映着谈判人员的心理特征，也影响着开局气氛。通常，谈判人员的装束要美观、大方、整洁，以突出对对方的尊重；同时，不要穿亮色的服饰，以免产生压倒对手的气势，使对手厌烦。

（4）心理。心平气和、坦诚相见，有助于谈判在良好的气氛中开场。无论双方在谈判之前成见多大，身份、地位、观点、要求有何不同，一旦坐到谈判桌前，就意味着共同选择了磋商与合作。因此，谈判之初应心平气和、坦诚相见，这样才能使谈判在良好的气氛中开场。

（5）中性话题。谈判刚开始，不适宜直接谈实质性问题，最好先谈一些中性话题。

（6）座位安排。要营造良好的开局气氛，座位的安排也是很有讲究的。面对窗户和阳光会使谈判者产生一定的心理压力，所以要尽量避免这样的座位安排。同时，椅子的大小也会影响双方的心理，产生主动与被动的心理倾向。因此，谈判场地的椅子规格应一致，以营造平等良好的开局气氛。

知识窗

2.宏观因素

（1）谈判双方之间的关系。谈判以双赢为目的，但在具体谈判时，需要根据谈判双方之间的关系来决定营造什么样的开局气氛，采用什么样的语言进行交谈，以及采取何种谈判姿态。其具体包括以下四种情况：

① 双方过去有业务往来，且关系很好。在这种情况下，友好的关系可以作为双方谈判的基础。开局阶段的气氛应该是热烈、友好、真诚和轻松愉快的。

② 双方过去有业务往来，但关系一般。开局的目标仍然是要争取营造比较友好、和谐的气氛，但是，己方在语言的热情程度上应该有所控制。

③ 双方过去有业务往来，但本企业对对方企业的印象不佳。开局的气氛应该是严肃、凝重的。语言上，在注意礼貌的同时，应该比较严谨，甚至可以带一点冷峻；内容上，可以对过去双方的业务关系表示不满意、遗憾，希望通过本次交易磋商改变这种状况，也可谈论一下途中见闻、体育比赛等中性话题。

④ 双方过去没有任何业务往来，本次为第一次业务接触。在这种情况下，应力争营造友好、真诚的气氛，以淡化或消除双方的陌生感，以及由此带来的防备甚至略含敌对的心理，为实质性谈判奠定良好的基础。

（2）双方的谈判实力。

① 双方谈判实力相当。为了防止一开始就强化对方的戒备心理和激起对方的敌对情

绪，致使这种气氛延伸到实质性谈判阶段，在开局阶段，要力求营造友好、轻松、和谐的气氛。己方谈判人员在语言和姿态上要做到轻松而不失严谨、礼貌而不失自信、热情而不失沉稳。

② 己方的谈判实力明显强于对方。在开局阶段，在语言和姿态上，既要表现得礼貌友好，又要充分显示出自信和气势。这样能在营造良好气氛的同时，使对方清醒地意识到与己方实力的差距，使其在谈判中不抱过高的期望。

③ 己方的谈判实力弱于对方。为了不使对方在气势上占上风，在开局阶段，在语言和姿态上，己方一方面要表现出友好、积极合作的姿态；另一方面也要充满自信、举止沉稳、谈吐大方，不致被对方轻视。

（二）影响开局气氛的直接因素

（1）开局气氛受最初几秒钟、几分钟内发生的事情的影响。

（2）开局气氛受彼此在正式见面前的预先接触、预备会议甚至以前交往的印象、传闻等的影响。

（3）首因效应、晕轮效应对谈判开局气氛也有重要影响。

知识窗

首因效应与晕轮效应

首因效应也叫首次效应、优先效应或第一印象效应，是指个体在社会认知过程中，通过"第一印象"最先输入的信息对客体以后的认知产生的影响作用。首因，是指首次认知客体而在脑海中留下的第一印象。个体在社会认知过程中，通过"第一印象"最先输入的信息对客体以后的认知产生的影响作用最强，持续的时间也较长。

因此，在很多社交活动中，可以利用这种效应，展示给人一种极好的形象，为以后的交流打下良好的基础。当然，更深层次的交往还需要"硬件"完备。这就需要加强在谈吐、举止、修养、礼节等各方面的素养。

晕轮效应，指人们对他人的认知判断首先是根据个人的好恶得出的，然后再根据这个判断推论出认知对象其他品质的现象。它影响着人们的知觉，在人际知觉中会形成以点带面或以偏概全的主观印象，表现为一种夸大的认知。正如日、月的光辉，在云雾的作用下扩大到四周，形成一种光环作用。现实中，晕轮效应常表现为一个人对另一个人的最初印象决定了他的总体看法，而看不清对方的真实品质。晕轮效应有时会对人际关系产生积极作用，如你对人诚恳，那么即便你能力较差，别人对你也会非常信任，因为对方只看见了你的诚恳。晕轮效应的最大弊端就在于以偏概全。

晕轮效应与认知偏差有关，心理学把晕轮效应解释为当你第一眼见到一样东西的时候，它给你留下的最初印象将影响到你对它各方面的判断。有人曾做过这样的实验：当给被实验者呈现一组照片时，被实验者会认为那些长得漂亮的人有比较高的学历及品行，反之亦然。

传播学认为，大众传播就是为公众人物笼罩上一层月晕，民众所了解的公众人物并非他的本性，而是由大众传播建立起来的形象，所以当人们得知某个明星的丑闻时总会感到很惊讶。

三、营造开局气氛的一般方法

谈判开局气氛对整个谈判过程会产生相当重要的影响并起着制约作用。可以说，哪一方控制了谈判开局气氛，就掌握了谈判的主动权。根据不同的基调，可以把商务谈判的开局气氛分为高调气氛、低调气氛和自然气氛，谈判人员可以采取不同的方法来营造己方所需的开局气氛。

1.营造高调气氛的方法

谈判的高调气氛是预期谈判气氛比较热烈，谈判双方情绪积极、态度主动，愉快因素成为谈判主导因素的开局气氛。通常，在下述情况下，谈判一方应当努力营造高调的开局气氛：己方占有较大优势；价格等主要条款对己方极为有利；己方希望尽早达成协议。在高调开局气氛中，谈判对手往往会放松警惕，只注意到对他们有利的方面，而且对谈判前景也趋于乐观。因此，高调的开局气氛可以有效促进协议的达成。营造高调开局气氛通常有下述三种方法：

（1）感情攻击法。感情攻击法是指通过某一特殊事件来激发普遍存在于人们心中的情感，从而达到营造气氛的目的。

（2）称赞法。称赞法是通过称赞对方来削弱其心理防线，使对方焕发谈判热情，从而营造高调开局气氛的方法。

在运用称赞法时，首先，要选准称赞目标，投其所好，即选择对方最引以为豪并希望己方关注的目标。其次，要注意选择恰当的称赞时机和称赞方式。称赞时机不恰当往往令称赞法适得其反；称赞方式不得体，就会变成奉承，引起对方的反感。

（3）幽默法。幽默法是用幽默的方式来消除谈判对手的戒备心理，使其积极地参与谈判，从而共同营造出高调谈判开局氛围的方法。采用幽默法同样要注意选择恰当的时机和适当的方式，另外还要做到收发有度。

例如，张经理与李厂长约好中午十二点在生态园吃饭并谈判。可过了一个小时后，李厂长才赶到，他抱歉地说："对不起，我来晚了，让你饿了这么久。"张经理答道："没关系，我已经饱餐了美食的香气和绿色的空气。"张经理用夸张的幽默手法表达了自己的不满，比"你来得这么晚"要巧妙得多，而李厂长在张经理的幽默话语下更感愧疚。

2.营造低调气氛的方法

低调气氛是预期谈判气氛十分严肃、低沉，谈判的一方情绪消极、态度冷淡，或一方过于张狂，不快因素成为谈判情势主导因素的开局气氛。通常，在下列情况下，谈判人员应当努力营造低调的开局气氛：己方预期讨价还价中不占绝对优势；合同中的某些条款并未达到己方的要求；对方开场气势汹汹，刻意压倒己方。为了改变对己方不利的开局气氛、控制局面，谈判人员可以用以下方法营造低调开局气氛：

（1）感情攻击法。这里的感情攻击法与营造高调开局气氛中的方法性质相同，即两者都以情感诱发作为营造和控制开局气氛的手段，但是，两者的作用相反：在营造高调气氛时，感情攻击是要激起对方积极的情感，使得谈判开局气氛热烈；而在营造低调气氛时，感情攻击是要诱使对方产生消极情感，致使一种低沉、严肃的气氛笼罩在谈判的开局阶段。

（2）沉默法。沉默法是以沉默的方式将谈判气氛降下来，从而达到向对方施加心理压力的目的的一种开局方法。

采用沉默法营造低调开局气氛并不是要谈判人员一言不发，而是要在恰当的时候以恰当的理由选择沉默。通常，采用的沉默理由有：假装对某项技术问题不理解；假装不理解对方对某个问题的陈述；假装对对方的某些话语漠不关心。但在运用此方法时要注意，应沉默有度，因为沉默背后的最终目的是要实施反击，迫使对方让步。

（3）疲劳战术。疲劳战术是指利用主动提问使对方对某个问题或某几个问题进行反复陈述，从心理和生理上使对方疲劳，降低对方的热情，从而达到控制对方并迫使其让步的目的。

（4）指责法。指责法是针对对方的某项小疏漏或礼仪失误，运用各种手段不断强调，使其感到内疚，从而营造低调开局气氛，迫使对方让步的方法。

案例4-2

日本的A公司与美国的B公司进行一场许可证贸易谈判。谈判一开始，美方代表就滔滔不绝地介绍情况，日方代表则一言不发，埋头记录。美方代表讲完之后，征求日方代表的意见。日方代表却目光迷惘地说"我们不明白"，"哪里不明白？""都不明白，请允许我们回去研究一下。"第一轮谈判结束。6个星期后，A公司又派另一个代表团来谈，他们好像根本不知道上次谈判的情况。美方代表只好又重复了一遍。日方代表故伎重演，结束了第二轮谈判。

又过了6个星期，这场滑稽戏再演了一次。只是结束时，日方代表告诉美方，一旦有结果，立刻通知美方。一晃过了半年，日方仍无消息。B公司感到莫名其妙，大骂日本人没有诚意。正当美国人焦躁不安的时候，A公司的决策代表团突然飞抵美国，在美国人毫无准备的情况下抛出最后方案，并以闪电般的速度逼美国人讨论全部细节，使美国人措手不及，最后不得不达成了一个显然对日方有利的协议。

试问：日本人所使用的心理战术是什么？

3.营造自然气氛的方法

自然气氛是谈判双方情绪平稳、既不热烈也不消沉的谈判开局气氛。自然气氛十分有利于对对方进行探测，因为谈判双方在自然气氛中传达出的信息往往要比在高调气氛和低调气氛中传达出的信息真实、准确。当己方对谈判对手的情况了解甚少、对手的谈判态度不很明朗时，在平缓的气氛中开始对话是比较有利的。

在开局阶段营造自然气氛，谈判人员要注意自己的行为、礼仪，避免一些唐突的举动；在与对方初步交流时要多听、多记，避免与其就某一问题过早地发生争执；同时，要准备几个问题自然地向对方提问，并且对对方的提问尽量多做正面回答，不能回答的要用委婉的方式回避。

四、控制开局气氛的策略

不同内容和类型的谈判，需要有不同的开局策略与技巧。通常，在营造开局气氛时，可以结合不同的谈判项目，分别采用以下四种策略。

1.保留式开局策略

保留式开局策略是在谈判开局时，对谈判对手提出的关键性问题不作深入、确切的回答，从而给对手以神秘感，以吸引对手步入谈判轨道的开局策略。

2.一致式开局策略

所谓一致式开局策略，是在谈判开局时，为使对方对己方产生好感，以协商、肯定的方式，营造"一致"的谈判气氛，从而使双方在愉快友好的氛围中不断将谈判引入深处的开局策略。

运用一致式开局策略的具体方法有很多，可以在谈判开始时以一种协商的口吻来征求谈判对手的意见，然后对其意见表示认可并按其意见开展相关工作。运用这种策略应当注意的是，用来征求对手意见的问题应是无关紧要的问题，即对手对该问题的意见不会影响到己方的具体利益。另外，在赞同对手的意见时不要过度迎合，以免有奉承之嫌。

3.进攻式开局策略

进攻式开局策略是通过语言或行为来体现己方强硬的姿态，从而赢得对方必要的尊重并借以制造心理优势，使得谈判顺利进行下去的开局策略。进攻式开局策略的运用要谨慎，多在对手刻意营造低调气氛时运用，以扭转对己方不利的局势，保护己方的切实利益。

4.坦诚式开局策略

坦诚式开局策略是以开诚布公的方式向谈判对手陈述自己的观点或想法，从而尽快打开谈判局面的开局策略。

坦诚式开局策略比较适合双方具有长期业务合作关系的谈判。双方相互比较了解，可以减少很多"外交"辞令，直接、坦率地提出己方的观点、要求，无疑可以节约时间、提高效率，并能使对方对己方产生信任感。另外，坦诚式开局策略也可以供谈判实力弱的一方使用。

五、不同情况下的开局策略与技巧

不同类型的谈判，需要有不同的开局策略和技巧与之对应。结合不同的谈判项目，采取恰当的策略与技巧开局，需要考虑以下三个因素：

1.看谈判双方企业之间的关系

谈判双方可以根据双方企业之间的关系来决定营造什么样的开局气氛、采用什么样的语言及内容进行交谈，以及采取何种交谈姿态。其具体包括以下四种情况：

（1）双方企业有过业务往来，且关系很好。那么，这种友好关系应该成为双方谈判的基础。在这种情况下，开局阶段的气氛应该是热烈的、友好的、真诚的、轻松愉快的。开局时，本方谈判人员在语言上应该是热情洋溢的，可以畅谈双方过去的友好合作关系，或两企业之间的人员交往；亦可适当地称赞对方企业的进步与发展。在姿态上，应该是比较自由、轻松、亲切的，可以较快地将话题引到实质性谈判上。

（2）双方企业有过业务往来，但关系一般。那么，开局阶段的目标仍然是要营造比较友好、随和的气氛。但是，本方在语言的热情程度上应该有所控制；在内容上，可以简单地聊一聊双方过去的业务往来及人员交往，亦可聊一聊双方人员在日常生活中的兴趣和爱好；在姿态上，可以随和自然。在适当的时候，自然地将话题引入实质性谈判。

（3）双方企业有过业务往来，但本企业对对方企业的印象不佳。那么，开局阶段的气氛应该是凝重的。语言上，在注意礼貌的同时，应该是比较严谨的，甚至可以带一点冷峻；内容上，可以对双方过去的业务关系表示不满意、遗憾，希望通过本次交易磋商改变这种状况，也可谈论一下途中见闻、体育比赛等中性话题；在姿态上，注意与对方保持一定的距离。在适当的时候，可以慎重地将话题引入实质性谈判。

（4）双方企业过去没有任何业务往来，本次为第一次业务接触。那么，在开局阶段，应力争营造友好、真诚的气氛，以淡化和消除双方的陌生感，以及由此带来的防备甚至略含敌对的心理，为实质性谈判奠定良好的基础。因此，在语言上，应该表现得礼貌友好，但又不失身份;在内容上,多以途中见闻、近期体育消息、天气状况、业余爱好等比较轻松的话题为主,也可以就个人在公司的任职情况、负责的范围、专业经历等进行一般性的交谈;在姿态上,应该是不卑不亢,沉稳中不失热情,自信但不骄傲。在适当的时候,可以巧妙地将话题引入实质性谈判。

2.看双方谈判人员个人之间的关系

谈判是人们相互之间交流思想的一种行为。谈判人员个人之间的情感会对交流的过程和效果产生很大的影响。如果双方谈判人员过去有过交往、接触,并且还结下了友谊,那么,在开局阶段即可畅谈友谊地久天长;同时,也可回忆过去交往的情景,或讲述离别后的经历,还可以询问对方家庭的情况,以增进双方之间的感情。实践证明,一旦双方谈判人员之间产生了良好的私人感情,那么,提出要求、作出让步、达成协议就不是太困难的事,通常还会降低成本、提高谈判效率。

3.看双方的谈判实力

就双方的谈判实力而言,不外乎以下三种情况:

(1)双方的谈判实力相当。为了防止一开始就激起对方的戒备心理和敌对情绪,致使这种气氛延伸到实质性阶段而使双方为了一争高低,造成两败俱伤的结局,在开局阶段,仍然要力求营造友好、轻松、和谐的气氛。本方谈判人员在语言和姿态上要做到轻松而不失严谨、礼貌而不失自信、热情而不失沉稳。

(2)本方的谈判实力明显强于对方。为了使对方能够清醒地意识到这一点,对其产生威慑作用,同时,又不至于将对方吓跑,在开局阶段,在语言和姿态上,己方既要表现得礼貌友好,又要充分显示出自信和气势。

(3)本方的谈判实力弱于对方。为了不使对方在气势上占上风,从而影响后面的实质性谈判,开局阶段,一方面要表现出友好、积极合作的姿态;另一方面要充满自信,举止沉稳,谈吐大方,使对方不至于轻视己方。

任务实施

一、复习

1.开局气氛的作用。

2.合理运用影响开局气氛的各种因素。

3.营造开局气氛的一般方法。

4.控制开局气氛的策略。

二、分组

将全班学生每4～6人分成一个小组,每个小组选出1名同学作为组长。

三、实训

美国一家面包公司生产的面包质量好,价格也适中,吸引了很多顾客。但奇怪的是,一家大饭店始终不肯订购该公司的面包。面包公司的老板杰克为了将产品打入这家饭店,费尽了心思和饭店经理联络,却收效甚微。于是杰克决定另辟蹊径,在下一次见面会谈之前好好了解一下对方的情况。他通过多方打探了解到该经理是美国某一饭店协会的会员且热衷于协会活动,还被选为该协会会长。于是,再一次会谈时,开局阶段杰克绝口不提面包的事，而是以饭店协会为话题和经理进行交流。这果然引起了经理的极大兴趣，双方的心理距离一下子拉近了不少。在一种友好的气氛中，杰克自然而然地将生意作为话题的一部分引出，效果十分理想。

试问：杰克是如何打开谈判局面的？又是怎样营造开局气氛的？面对这样的情形，你有什么更好的建议？

过程组织：

（1）教师组织学生仔细阅读上述案例，进行案例分析。

（2）以小组为单位进行讨论，提倡采用"头脑风暴法"。

（3）每个小组派1名代表在全班交流，在本组代表发言时全组同学起立，可以对本组代表的发言进行补充。

（4）教师讲评案例。

（5）学生以小组为单位完成案例分析文案。

任务二　　开局策略

任务描述

在商务谈判过程中，做好开局陈述并使开局向己方预定的方向发展是谈判人员必备的能力。本任务主要探讨开局陈述和开局策略。

案例导入

C旅行社计划与D酒店洽谈合作，为其旅游团预订大量客房用于旺季接待游客。

C旅行社的谈判人员在开场时并没有把自己的预订需求和计划全部透露出来，只是简单介绍了旅行社的规模以及在旅游市场上的影响力，提到此次旺季有较多旅游线路安排，有一定的客房需求，但具体数量、预订时间段等关键细节暂未说明，表示希望先了解D酒店的客房、价格体系以及旺季接待能力等方面情况。

D酒店为了争取到这笔可能的大订单，在介绍自身情况时尽可能详细且给出了较为优惠的初步报价和一些额外的服务承诺。

随着谈判的推进，C旅行社逐渐亮出自己的具体需求，在后续的谈判中占据了一定的主动地位，最终以较为理想的价格和条件谈成了合作。

试问：C旅行社采用的是何种策略？其成功的主要原因是什么？

知识储备

一、开局陈述

（一）开局陈述的内容

开局陈述，是指在谈判开始阶段双方就本次谈判的内容陈述各自的观点、立场及建议。其任务是把双方在本次谈判中所要涉及的内容全部"提示"出来。双方各自陈述己方的谈判意图，使彼此基本了解对方对本次谈判所持的态度、立场与观点，并在此基础上就一些原则性分歧分别发表建设性意见或提出相关建议。开局陈述的具体内容如下：

（1）双方的立场，即各自希望通过洽谈取得的利益，准备采取何种方式为双方共同获得利益作出贡献，今后双方合作中可能会出现的障碍以及己方洽谈的方针等。

（2）双方对问题的理解，即双方认为本次谈判应涉及的主要问题以及对这些问题的看法或建议等。

（3）对对方建议的回应。如果一方开始陈述或者提出某项建议，另一方应作出相应的回应。

总之，开局陈述具有高度的概括性，所采用的陈述方法往往是横向铺开的，而不是纵向深入地就某个问题深谈下去。在陈述中，双方都要给对方充分明确己方意图的机会，然后听取对方的全面陈述并弄清对方的意图。

案例4-3

E品牌服装公司发现F纺织厂提供的一批面料存在质量问题，影响了其服装生产进度和产品质量，双方就此展开谈判。

E公司谈判代表一开场就言辞犀利，直接指出F纺织厂这批面料的质量缺陷，展示了详细的检测报告作为证据，并且强调因为面料质量问题给E公司带来的巨大损失，包括生产延误导致的订单违约赔偿、品牌声誉受损等方面，要求F纺织厂必须给出一个合理的解决方案。

F纺织厂在E公司强硬的开局态势下，意识到问题的严重性，马上收起了侥幸心理，迅速进入解决问题的状态，积极与E公司协商赔偿和后续改进措施等事宜，最终双方达成了一个相对公平合理的解决方案，F纺织厂也承诺会加强质量管控。

试问：F纺织厂的表现是否合适？对此E品牌服装公司应如何应对？

（二）开局陈述的方式

开局陈述的方式虽然会随着谈判地点、时间、内容和其他各种主客观因素的不同而有所区别，但主要有以下两种：

其一，由一方提出书面方案并作口头补充，另一方则围绕对方的书面方案发表意见。书面方案可以在双方会晤前提供，也可以在会晤之初提供或者在陈述时提供。

其二，在会晤时双方口头陈述。不提交书面形式的方案，仅在谈判开局时由双方口头陈述各自的立场、观点和意向，这种方式在谈判中也比较常见。

上述两种方式各有优缺点。如果在陈述前双方没有交换过任何形式的文件，那么在陈述时准备一份书面陈述的要点，对陈述时围绕问题的中心展开是有好处的。此外，在陈述时，最好以诚挚和轻松的方式表达自己的意见、观点和立场。结束语需特别斟酌，其要求是表明陈述只是为了使对方明白己方的意图，而不是向对方挑战，或强加给对方接受。对于对方的陈述，一是倾听，听的时候要思想集中，不要把精力花在寻找对策上；二是听懂对方陈述的内容，如果有什么不清楚的地方可以向对方提问；三是归纳、思考、理解对方的关键问题。

名家观点

"将自己的热忱与经验融入谈话中，是打动人的速简方法，也是必然要件。如果你对自己的话不感兴趣，怎能期望他人感动。"

——戴尔·卡耐基

"辩才"是一种将真理转化为语言的能力，而所使用的语言又能让聆听者完全理解。

——艾默生

（三）开局陈述的原则

开局陈述应遵循如下原则：①只做原则性、方向性阐述，不涉及具体内容；②简明扼要，语意明晰；③除对陈述的基本解释外，以己方陈述为主，陈述过程中原则上不回答对方的提问；④对于对方的错误理解，应立即作出更正。

（四）聆听对方陈述时的反应

聆听对方陈述时可作出如下反应：①弄明白对方的观点，遇有不懂之处要适时提问；②聆听时尽量做笔记，记下对方的论据；③善于归纳对方的主要观点，突出谈判重点；④不要在对方陈述时向其提出挑衅性问题。

（五）倡议

在双方各自做了开局陈述后，彼此对对方的立场、观点和谈判方针均有了一个大致的了解。为了取得建设性成果，需要提出倡议，即提出能将双方引向寻求共同利益的现实方向的建议性意见，使谈判顺利地进行下去。为此，应注意以下几点：

（1）提建议要采取直截了当的方式。这是因为当一个建议被提出后，双方的注意力往往会长时间地集中于该建议的思路上，因此，提建议时切忌拐弯抹角、含糊不清。

（2）建议要简单明了，具有可行性。建议的目的是使双方从中有所启发，为下一阶段的谈判搭起一座桥梁，因此建议必须简单明了，使人一听就明白；同时，必须具有可行性，否则就失去了建议的意义。

（3）双方互相提建议。如果不是双方互提建议，而是一方对另一方的某个建议纠缠不休，则可能导致谈判的失败或中断。假如对方未提出自己的建议，且对己方的建议一直纠缠不休，己方应设法引导对方提出他们的设想。双方只有通力合作，充分发挥各自的潜力提出各种设想，然后在各种设想的基础上寻求最佳方案，才有可能使谈判顺利地进行下去；否则，不能设想会有好的结果出现。

（4）不要过多地为己方的建议辩护，也不要直接抨击对方的建议。这是因为建议的提出和下一步最佳方案的确定需要双方的合作和共同努力，如果过多地为己方的建议辩护或抨击对方的建议，会引起对方的反感或敌意，这样会人为地给确定最佳方案制造障碍。

开局陈述应注意的问题

开局陈述应注意：①不要漫无边际地东拉西扯；②不要把精力只集中在一个问题上；

③不要忙于自己承担义务；④不要只看中眼前的利益；⑤不管心理如何，都要表现得镇定自若；⑥要随时纠正对方的某些概念性错误。

　　二、开局策略介绍

　　开局策略，是谈判者谋求开局中的有利地位和实现对谈判开局的控制而采取的行动方式或手段。在正常情况下，谈判双方都是抱着获得自己合理利益的目的而与对方坐在谈判桌前的，因而双方都希望在一个轻松、愉快的气氛中进行谈判。在此，我们重点重申一下本项目任务一中提到的控制开局气氛的策略中的保留式开局策略、一致式开局策略和进攻式开局策略。

　　1.保留式开局策略

　　保留式开局策略，是在谈判开局时，对谈判对手提出的关键性问题不作彻底、确切的回答，而是有所保留，从而给对手造成神秘感，以吸引对手步入谈判轨道的开局策略。

　　采取保留式开局策略时，不要违反商务谈判的道德原则，即应以诚信为本，向对方传递的信息可以是模糊信息，但不能是虚假信息；否则，会将己方陷入非常难堪的局面中。

　　保留式开局策略适用于低调气氛和自然气氛，而不适用于高调气氛。它还可以将其他的谈判气氛转为低调气氛。

　　2.一致式开局策略

　　一致式开局策略，是在谈判开始时，为使对方对己方产生好感，以协商、肯定的方式营造"一致"的谈判气氛，使双方在愉快、友好的氛围中不断地将谈判推向纵深的开局策略。

　　例如，甲乙双方在谈判开局时有以下一段简单的交谈：

　　甲方："我们彼此介绍一下各自的生产、经营、财务和商品情况，您看如何？"

　　乙方："完全可以，如果时间、情况合适的话，我们可以达成一笔交易，您同意吧？"

　　甲方："完全同意。我们谈半天如何？"

　　乙方："估计介绍情况一个小时足够了，其他时间谈交易条件，如果进展顺利，时间差不多，行。"

　　甲方："那么，是贵方先谈，还是我方先谈？"

　　乙方："随便，就请您先谈吧。"

　　营造如此的谈判氛围，接下来的谈判进程也是可想而知的。

　　运用一致式开局策略还有一种重要途径，就是在谈判开始时以问询或者补充的方式诱使对方进入你的既定安排，从而使双方达成一种共识。所谓问询式，是指将答案设计成问题来询问对方，如"您看我们把价格和付款方式问题放到后面讨论怎么样"；所谓补充式，是指借对对方意见的补充，将自己的意见变成对方的意见。

　　一致式开局策略可以在高调气氛和自然气氛中运用，尽量不要在低调气氛中运用。因为在低调气氛中运用这种策略容易使自己陷入被动。一致式开局策略如果运用得好，可以将自然气氛转变为高调气氛。

　　3.进攻式开局策略

　　进攻式开局策略，是通过语言或行为来体现己方强硬的姿态，从而赢得对方必要的尊重并借以制造心理优势，使谈判顺利进行下去的开局策略。进攻式开局策略的运用要谨慎，通常只在这种情况下使用：发现对手在刻意营造低调气氛，这种气氛对己方的讨价还价十分不利，如果不把这种气氛扭转过来，将损害己方的切身利益。

例如，一位客商利用某企业急需求购原料且濒于停产之机，大肆抬高交易条件，并出言不逊，伤害该企业谈判人员的感情，诋毁该企业的名誉。在这种情况下，如果该企业的谈判人员一味谦恭，诉说己方的困难处境，只会适得其反，助长对方的气焰。该企业的谈判人员在谦恭、退让之后，突然拍案而起，指责对方道："贵方如果缺乏诚意，可以请便。我们尚有一定的原料库存，并且早就做好了转产的准备，想必我们今后不会再有贸易往来，先生，请吧！"由于谈判双方已投入了一定的人力、财力，再加上利益所在和双方都有调和的意愿，这种进攻式的表达技巧产生了应有的效果，促使双方终于坐下来开始了真诚的谈判。

进攻式开局策略可以扭转不利于己方的低调气氛，使之走向自然气氛或高调气氛。但进攻式开局策略也有可能使谈判陷入僵局或破裂，对此要有充分的思想准备。

4.坦诚式开局策略

坦诚式开局策略，是以开诚布公的方式向谈判对手陈述自己的观点或想法，从而尽快打开谈判局面的开局策略。

例如，北京某区一位党委书记在同外商谈判时，发现对方对自己的身份有强烈的戒备心理，这种状态妨碍了谈判的进行。于是，这位党委书记当机立断，站起来对对方说道："我是党委书记，但也懂经济、搞经济，并且拥有决策权。我们摊子小，并且实力不强，但人实在，愿意真诚与贵方合作。咱们谈得成也好，谈不成也好，至少你这个外来的'洋'先生可以交一个我这样的'土'朋友。"寥寥几句肺腑之言，一下子就打消了对方的疑虑，使谈判顺利地向纵深发展。

坦诚式开局策略可以在各种谈判气氛中应用，通常可以把低调气氛和自然气氛转向高调气氛。

坦诚式开局策略比较适合双方具有长期业务合作关系的谈判。双方相互比较了解，可以减少很多"外交"辞令，直接、坦率地提出己方的观点、要求，无疑可以节约时间、提高效率，并能使对方对己方产生信任感。另外，坦诚式开局策略也适用于谈判实力弱的一方使用。

5.挑剔式开局策略

挑剔式开局策略，是开局时对对手的某项错误或礼仪失误严加指责，使其感到内疚，从而达到营造低调气氛、迫使对手让步的目的的开局策略。

 案例4-4

G公司是一家大型连锁餐饮企业，一直从H食品加工厂采购各类速冻食品。近期，G公司收到不少顾客反馈，称部分速冻食品的口味不如以前，而且在包装上也发现了一些瑕疵。于是，G公司决定与H食品加工厂就这些问题展开谈判，希望能促使后者改进并争取更有利的合作条件。

谈判一开始，G公司的谈判代表就采取了挑剔式开局策略。该代表先是严肃地指出近期收到了多起顾客关于速冻食品口味变差的反馈，详细列举了顾客提到的具体菜品，比如某款饺子的馅料口感过于油腻、某款汤圆的馅料甜度不均匀等问题。接着，他又拿出了一些有包装瑕疵的产品样本，摆在桌上展示给H食品加工厂代表看，指出包装封口不严密、标签贴歪等情况，强调这些问题已经影响到了G公司在顾客心目中的形象和品牌声誉。并且还提及，因为这些产品质量问题，G公司近期已经接到了几起顾客投诉，处理投诉耗费了不少人力和物力。

试问：（1）在上述谈判中，G公司运用了哪些策略？

（2）H食品加工厂的谈判代表应如何应对不利局面？

（3）如果你是H食品加工厂的谈判代表，你会怎么谈下去？

任务实施

一、复习

1.开局陈述。

2.开局策略。

3.不同情况下的开局技巧。

二、分组

将全班学生每4~6人分成一个小组，每个小组选出1名同学作为组长。

三、实训

一个农夫在集市上卖玉米，由于他的玉米特别大，所以吸引了一大堆买主。其中一个买主在挑选的过程中发现很多玉米上都有虫子，于是他故意大惊小怪地说："伙计，你的玉米倒是不小，只是虫子太多了，你想卖玉米虫啊？可谁爱吃虫肉呢？你还是把玉米挑回家吧，我们到别的地方去买好了。"

买主一边说着，一边做着夸张而滑稽的动作，把众人都逗乐了。农夫见状，一把从他手中夺过玉米，面带微笑却又一本正经地说："朋友，我说你是从来没有吃过玉米咋的？我看你连玉米质量的好坏都分不清，玉米上有虫，说明我在种植中没有施用农药，是天然的，连虫子都爱吃我的玉米，可见你这人不识货！"接着，他又转过脸对其他人说："各位都是有见识的人，你们评评理，连虫子都不愿意吃的玉米就好吗？比这小的玉米就好吗？价钱比这高的玉米就好吗？你们再仔细瞧瞧，我这些虫子都很懂道理，只是在玉米上打了一个洞而已，玉米可还是好玉米呀！我可从来没有见过这么听话的虫子！"

他说完这番话，又凑在那位故意刁难的买主耳边，故作神秘状说道："这么大、这么好的玉米，我还真舍不得这么便宜地就卖了呢！"

农夫的一席话把他的玉米个大、好吃、虽然有虫但是售价低这些优势都表达出来了，众人被他说得心服口服，纷纷掏出钱来，不一会儿工夫，农夫的玉米就销售一空。

试问：在本案例中，农夫是如何使自己的局面由不利转向有利的？

过程组织：

（1）教师组织学生仔细阅读上述案例，进行个人分析案例的构想。

（2）以小组为单位进行讨论，提倡采用"头脑风暴法"。

（3）每个小组派1名代表在全班交流，在本组代表发言时全组同学起立，可以对本组代表的发言进行补充。

（4）教师讲评案例。

（5）学生以小组为单位完成案例分析文案。

任务三　探测与防御

任务描述

随着实质性谈判的展开，谈判双方都想弄清楚对方的意图，同时又想方设法防御对方窥测己方的真实意图，精彩的斗智在不断演绎着。本任务主要探讨探测的内容、方法及防御谈判对手窥测己方意图的策略。

案例导入

刘小姐是从事天然食品推销工作的。有一天她上门向一位老妇人做推销，把这种食品的功能和效用清楚地讲完后，对方却反应冷漠。临出门之前，她忽然看到窗台上有一盆美丽的盆栽，种的是红色的植物。刘小姐就对老妇人说："好漂亮的盆栽啊！平常似乎很少见到。""确实罕见。这种植物叫嘉德里亚，属于兰花的一种。"老妇人的话多了起来，甚至有些情绪激动。

见此情况，刘小姐马上接着问："的确很美。会不会很贵呢？"

"很昂贵。这盆盆栽要800元。"

刘小姐想，我的天然食品也是800元，于是慢慢把话题转入重点："每天都要浇水吗？"

"是的，每天都得悉心养育。"

"那么，这盆花也算是家中的一分子喽？"

这句话果然发挥了效用，立刻让对方觉得刘小姐真是有心人，于是开始倾囊传授所有关于兰花的学问。而刘小姐也聚精会神地听。中途告一段落，刘小姐就把刚才心里所想的事情说出来："阿姨，您今天买我们的天然食品，就当作买一盆兰花吧。"

结果老妇人竟爽快地答应下来。她一边打开钱包，一边说道："即使我的女儿或丈夫，也不愿听我嘀嘀咕咕讲这么多，而你却愿意听我说，甚至能够理解我这番话。希望改天再来听我谈兰花，好吗？"

试问：你知道刘小姐是如何成功推销的吗？

知识储备

实质性的谈判经常是多轮次的，还可能要经过多次的反复。在这一过程中，双方的接触和相互探测是必然的。开局探测，一方面，要为双方建立良好的关系创造条件，这通常是通过营造良好的开局气氛实现的；另一方面，双方又要积极了解对方的特点、意图和态度。双方应通过掌握并分析对方的信息来源以修正自身的谈判方案，争取谈判场上的主动权。

一、探测的内容

开局时，谈判双方较多地把注意力放在对彼此的了解上，双方都想弄清对方的情况。首先，考察对方是否诚实、正直，是否值得信赖，能否信守诺言；其次，了解对方对此次交易到底有多少诚意，对方的真实需求是什么；再次，努力了解对方的谈判经验、谈判作风以及对方的优势、劣势，了解对方每位成员的态度和对此次谈判的期望，甚至要知道对方认为有把握和所担心的事是什么，能否加以利用等；最后，设法探求对方在此次谈判中所坚持的原则，以及在哪些问题上可以作出让步。这种在谈判的开局阶段试图利用各种手段和信息来源摸清对方底牌的做法，叫作谈判探测。探测的内容如下：

1.对手的基本情况

通过探测阶段的简单交流，谈判人员应对对手的基本情况有比较详细的了解，包括对方公司的历史、社会影响力、资产与投资状况、技术水平以及产品的品种、质量、数量和生命周期等。

2.对手的需求与诚意

对手的需求是对手在谈判中重点关注的内容。如果能探明对手的需求、对手对此次交易的诚意以及对实现交易的迫切程度，己方就能够集中精力于这些重点内容上，从而取得事半功倍的效果。

3.对方谈判人员的状况

通常，在商务谈判中需要了解对方谈判人员的组成以及各成员的身份、地位、性格、爱好及谈判经验，首席代表或最高决策者的能力、权限、以往成败的经历，其在谈判中的特长和弱点以及对谈判的态度、倾向等。根据不同的谈判性质和要求，有时还要收集一些更为深入、针对性更强的信息，如对方谈判人员各自的想法和打算是什么，相互之间的关系如何，是否存在矛盾，谁可能是主要对手，谁可能是争取对象，有没有幕后推手，谈判代表与幕后推手之间是怎样的关系等。有时甚至必须考察对方以往不成功的谈判实例，以便从中了解对方的思维习惯、行为方式、心理倾向和自身需求。所有这些都会为己方了解对手提供线索。

4.对手在谈判中所坚持的原则

其主要包括对手在哪些问题上可以作出让步，在哪些问题上不会让步，在哪些问题上是被动的，其谈判的时间底线和价格底线如何等。了解了这些信息，己方就可以在实质性磋商阶段避重就轻，为自己争取到最大利益。

知识窗

名家观点

"要小心提防让你一直发言的人。"

——法朗克·马金尼·哈巴德

"要根据一个人的发问来判断这个人，而不要根据他的答复来判断他。"

——伏尔泰

二、探测的方法

在商务谈判中，通常可以采用以下几种方法探测谈判对手的有关信息：

1.接近探测

在谈判的探测阶段，为了引起对方的注意和兴趣、了解对方的需要，从而确定其意图和动机，首先要在行为和心理上接近对方，即通过接近了解对方谈判的底线、进度、期限和最终利益等。在谈判中常常采用赞美接近法和震惊接近法。

（1）赞美接近法。赞美接近法是谈判人员利用夸奖、恭维的话语来满足对方的虚荣心理，以引起对方的注意和兴趣，进而在逐步展开的谈话中探测其谈判意图的方法。通常，赞美对方的话题有：对方的个人因素，如仪表仪态、服饰、举止谈吐、才华成就等；对方的团体因素，如企业的生产规模、产品质量、经营业绩、社会声誉等；对方的环境因素，如城市景观、企业面貌、谈判场地、接待水准等。实践经验证明，只要你诚心想赞美对方，可以赞美的"点"总是不难找到的，而且，与批评的话比起来，赞美的话总是更顺耳些，只要赞美的话不是太过分，总会使人心情愉悦，而通常人在心情好的时候戒备心理会大大降低。

在采用赞美接近法时，要注意以对方熟悉的事物为话题真诚地赞美对方，同时要考虑对方的自我意识，重视被赞美者的言行、情绪及心理反应，以真正达到通过赞美接近对方、探测到有用信息的目的。

（2）震惊接近法。震惊接近法是谈判人员利用某个令人吃惊或震撼人心的事物来引起对方的注意和兴趣，进而探测对方意图的方法。震动和惊奇是引起对方注意和兴趣的最有效手段之一。商务谈判中，在某些特定条件下，谈判的一方可以采用戏剧性的手法，如突然揭示某一鲜为人知的事实，或突然改变谈判的惯用方法，或提出对方意料之外的观点及提议，使对方为之惊奇和震动，引起对方较大的注意与兴趣，并自然而然地作出反应，或折服以至附和，或感到意外以致思绪混乱，从而推动谈判双方彼此接近，为己方探测对方的谈判意图提供可乘之机。

运用震惊接近法时，震惊的内容应与谈判的内容相关，震惊的手段应当科学并尊重客观事实；同时，震惊的程度应适当。在震惊过程中，谈判人员还要相应地调整说话的分量，尽可能通过对方的心理防线接近其人，探测其底。

2.观察探测

谈判活动通常具有两面性，即一方面难以捉摸，另一方面又可以察知。观察是察知的必要手段，在商务谈判中是一种基本的了解、探测方法。谈判人员应当通过观察，从露中推知藏，从有形中测得无形，从而掌握对方的交易意图。在商务谈判中，可以采用行为观察法和心理观察法：

（1）行为观察法。行为观察法是对谈判对手的各种状态、行为进行观察和判断，从而发现在其语言、文字中难以发现的种种信息，探测对方意图的方法。运用行为观察法时，应当关注对方的体态语言，如落座、表情、手势等，通过观察细心体会对方所暗示出的各种信息，适时地作出判断；明了对手的性格、态度、风度及经验，探明谈判对手的实力、意向、策略和手法，以实现探测的目的。

（2）心理观察法。心理观察法是对谈判对手的外在表现进行体会和分析，从中察觉对方的内心活动，探测其谈判意图的方法。由于心理观察法是透过现象挖掘本质，所以，此种方法要在自然条件下进行，以免被对手察觉，而且心理观察要认真细致，不要忽略细微变化。同时，心理观察要重点了解对方的内心活动，以补充表象观察的不足。

3.倾听探测

在探测中，倾听对方的谈话并对对方的话题内容以及说话的姿态、表情、语气表现出浓厚的兴趣，是缩小双方的心理距离，了解、分析、洞察谈判对手的重要方法。通过倾听对方吐露的话题、体会对方的措辞、话语的表达方式、语气和语调，可以在探测阶段探测到对方的态度、意图和将要提出的条件。谈判者可针对这些情况推敲并恰当地提出己方的方案。在商务谈判探测阶段，常用的倾听探测主要有引导式倾听法和接纳式倾听法。

（1）引导式倾听法。引导式倾听法是在谈判探测中，潜心听取对方的发言，适时地按照己方的思路向对方提出一些问题，诱使对方说出更多想法，从而探测其谈判意图的方法。引导式倾听不同于一般的倾听，它具有明确的目的性，因此，在认真倾听的同时，谈判者要排除无关刺激的干扰，适当地按己方的目的提出一些简短的问题，以诱导对方多说，从而实现探测的预期目标。

运用引导式倾听法时，不仅要专心致志地听，更要利用适当追问以协助和诱导对方深入地表达，同时对对方的意思进行整理，抓住要点，体会对方未能溢于言表的内心想法。

（2）接纳式倾听法。接纳式倾听法是在谈判探测中专注地听取对方谈话的同时，适当地迎合其谈话兴致，表示理解，以消除其戒备心理，使其更多地表露意见，进而从中探测其意图的方法。

在运用接纳式倾听法时，谈判人员要专注并且尽量保持沉默，即使是熟知的内容，也不可充耳不闻，因为这既是在洞察对方的谈判意图，也是在建立接纳式倾听的感情基础。同时，要使接纳式倾听取得良好的效果，不仅要专注，还应作出反馈性表示。比如，在倾听对方的谈话时，眼睛要注视对方，并辅之以适当的点头、应诺、微笑等，合适的时候还应做一些简要记录，以表示对对方意见的理解和赞许。通常，对方会因为谈判者的接纳而愿意更多、更深刻地表达自己的观点。另外，在倾听的过程中一般不发表不同的意见，而是把注意力始终集中在鼓励对方多讲话的意图上。最后，还要注意接纳要适度，以免因为过度迎合使对方感觉其中有诈，不愿透露相关信息。

4.发问探测

发问探测，是谈判人员向对方提问，并从对方回答的信息中探测对方意图的方法。运用发问的形式进行探测，可以引起对方的注意，鼓励对方积极参与。发问在实质上为对方的思考和回答规定了方向，目的明确地探测对方的动机和意向。在商务谈判实践中，常用的发问探测法主要有以下两种：

（1）诱导发问。诱导发问是在商务谈判中，谈判人员运用诱导的方法，向对方提出问题，以启发对方按照己方的思路回答，从而摸清对方谈判意图的方法。诱导发问有以下三种形式：

① 引导式发问。这是对答案具有一定暗示性的问句。例如："违约是要受到惩罚的，您说是不是？"这种问句通常引导对方按照己方的意图给予肯定回答。

② 探寻式发问。这是针对对方的答复，要求引申或举例说明的问句。例如："您认为

价格合理，那么它的构成是怎样的？"

③ 间接性发问。这是借第三者的意见而提出的问句。例如："铁路部门认为近期运输没有问题，那么交货时间能否提前呢？"

（2）佯攻发问。佯攻发问是在商务谈判中，谈判人员运用声东击西、指南打北的手法，言辞激烈地向对方提出问题，迷惑对方，使对方措手不及，匆忙应答，从而使己方摸清对方谈判意图的方法。在探测阶段，发问探测的目的是获取对方的相关信息，如果对方对一般性发问不予重视，无动于衷，可以考虑运用佯攻发问法。佯攻发问主要有以下三种形式：

① 试探性发问。这是一种给出假设条件，让对方直接回答，借以了解对方虚实的问句。例如："如果我们进行现款交易，贵方将给予什么样的优惠呢？""这样看来我方支付有困难，如果我方退货，您认为如何？"

② 反诘性发问。这是在对方讲话思路不清晰、表达不明确或含而不露时，给对方以提示及反驳的问句。

③ 刺激性发问。这是运用一褒一贬、一喜一怒的手法激发对方的情绪，以暴露其本意的问句。

三、防御谈判对手窥测己方意图的策略

谈判双方的谈判实力不尽相同，据此谈判者的地位可分为主动地位、平等地位和被动地位三种情况，在不同地位下，谈判者所运用的谈判技巧也应有所不同。谈判技巧可以说五花八门，数不胜数，由于谈判人员的经验与优势不同，谈判技巧的运用也会有所区别。

（一）平等地位者的谈判策略

平等地位是指谈判双方的实力大体相当，在这种情况下，可以采用以下几种谈判策略：

1. 建议休会

（1）休会策略的含义。休会策略是谈判人员经常使用的一种基本谈判策略。这种策略的主要内容是，在谈判进行到一定阶段或遇到某种障碍时，谈判双方或一方提出休会一段时间，使彼此有机会恢复体力和调整对策，推动谈判顺利进行。

（2）休会策略的应用条件。其包括：①在会谈要出现僵局时。②在会谈的某一阶段接近尾声时。这时双方人员可以借休会分析、讨论既定的结果，展望下一阶段谈判的发展。③在疑窦难解时。如会谈中出现了意想不到的新情况，难以应付，这时不妨找机会休会，以便研究、协调相应的对策。④在谈判出现低潮，会谈时间拖延过长，谈判人员精力不济时，最好稍稍休息一下，养精蓄锐，以便再战。⑤在一方不满现状时。如会谈进行得拖拖拉拉，效率较低，一方可以提出休会；短暂休整一下后继续会谈，能使沉闷的气氛有所改观。

（3）休会策略的实施方法。休会的请求一般由一方提出，只有对方同意，这种策略才能发挥作用。提出休会的一方不能我行我素，擅自离开谈判桌。那么怎样才能取得对方的同意呢？提出休会的一方要把握好时机，看准对方的态度变化及相应体会其需要，这样双方就会一拍即合。另外，要清楚地说明休会的原因。一般来讲，参加谈判的人员都是比较有涵养、通情达理的，只要一方提出休会，对方很少拒绝。

（4）休会策略的注意事项。在提出休会建议时，谈判人员要注意以下三个问题：①明

确无误地让对方知道你有这方面的需求；要讲清休会的时间，休会时间的长短要根据双方冲突的程度、人员疲惫状况、提出建议的一方所要了解的问题的复杂性来确定。②从休会提出到决定休会这段时间里，最好避免谈论新问题或对方非常敏感的问题，以便赢得冷却紧张气氛的时机。③在休会期间，双方谈判人员应集中考虑相关问题，如谈判到目前取得了哪些进展，还有哪些方面有待深谈，双方的分歧何在，是否有必要调整对策，是否要向上级或本部报告。只有休会期间进行充分准备，下轮会谈才会有成果。

2.私下接触

（1）私下接触策略的含义。在谈判过程中，各方谈判人员一般都有充裕的时间进行休整。在这段时间里，谈判人员可以充分地休息、娱乐，当然也可以研究下一步谈判的各项内容。除此之外，谈判人员还可以有意识地同对手私下接触，如一起去娱乐，以增进双方的了解和友谊，促使谈判顺利开展。这称为私下接触策略。

（2）私下接触策略的实施对象。这种策略尤其适用于双方的首席代表。双方的首席代表在休整期间一起说说笑笑，很容易消除彼此的隔阂，建立起真挚的个人友谊，为下一轮谈判营造积极的气氛。

（3）私下接触策略的实施范围。一般说来，凡是可以使双方人员一起高高兴兴地消遣一下的地方都在此列。比如，高尔夫球俱乐部、保龄球房、游泳馆、浴室等，皆无不可。当然，各地、各国的商人可能有独特的偏好。如日本人喜欢在澡堂一起洗澡闲谈，芬兰人乐于在蒸汽浴室消磨时间，而英国人则倾向于一起去俱乐部坐坐，我国的广东人喜欢晨起在茶楼聊天。对于不同的谈判对手，要兼顾其偏好，则更有利于联络感情。

3.开诚布公

（1）开诚布公策略的含义。开诚布公是近年来许多谈判专家日渐重视的一种策略。其基本含义是：谈判人员在谈判过程中坚持开诚布公的态度，向对方袒露自己的真实想法，这样往往会促使双方在坦诚的气氛中有效地完成各自的使命。

（2）开诚布公策略的积极意义。过去，人们对这种策略常常嗤之以鼻，认为这不过是书生的空想，有些人甚至觉得这是荒诞之说，因而对其一概采取排斥的态度。其实，人们在生活中都希望他人相信自己，希望自己的建议、意见能被他人采纳；同样，他人也有这样的愿望。所谓"一人之心，千万人之心也"，说的就是这个道理。人们既然喜欢取得他人的信任，那么就应先有取信于人的表现。试想某公心怀叵测，怎能指望对方以诚相待？何况双方所进行的谈判都是以达成互利协议为基本目的的友好活动。因此各方谈判人员都应积极、主动地采取开放策略，力促谈判在诚挚、友好的气氛中取得令人满意的结果。

（3）开诚布公策略的实施条件。谈判中经常会有自私自利之举，甚至有见利忘义之徒。在这种情况下，开诚布公策略不仅会失灵，而且会导致相反的结果。因此，在这种情况下就不宜采用此策略。

（4）开诚布公策略的实施方法。一般情况下，应在谈判开局阶段将结束时作出是否采用该策略的决定。因为在此阶段，对方的策略、目的、态度、风格等已初露端倪。至于开放到什么样的程度，通常将自己方面的有关情况的十之八九透露给对方，让对方明确交易的总体轮廓，就称得上是胸怀坦荡、开诚布公了。实际上，百分之百的开放不存在、不可能，也是难以做到的。

4.馈赠润滑

（1）馈赠润滑策略的含义。谈判人员在相互交往的过程中经常会馈赠对方一些礼品，以表示友好和联络感情，有人幽默地称其为"馈赠润滑策略"。由于文化习俗的差异，各国的谈判人员对这种策略的评价很不一致。西方人大多信奉基督教，认为谈判送礼有悖于基督教精神，对该策略很不以为然；而日本人则有相互赠送礼品的习惯，认为这是友好的表示。在一些国家，送礼是谈判的一项重要准备工作，没有这项内容，谈判就不会顺利进行，生意也就无从谈起。

（2）馈赠润滑策略的注意事项。我国是礼仪之邦，在对外交往活动中适当地馈赠一些礼品，有利于增进双方的友谊。但在国内商务活动中，应该刹住馈赠礼品之风。馈赠礼品是一门敏感性较强的艺术，搞不好，会适得其反，因此，我们应该慎重对待。一般说来，要注意以下三点：①弄清对方所在国家的习俗。各国、各地谈判人员的文化背景不一样，送礼通常有所忌讳。日本人不喜欢饰有狐狸图案的礼品，因为他们认为狐狸是贪婪的象征；法国人讨厌别人送他们菊花，在法国只有葬礼才用菊花；在阿拉伯国家，酒类不能作为礼品赠送。所以送礼时要避开这些忌讳。②礼品价值不宜过高。送礼给对方是为了表明彼此的友好情谊，不是要贿赂对方。俗话说："千里送鹅毛，礼轻情意重。"实际上，许多国家都坚持这一原则。在西欧、美国、阿拉伯地区，礼物过重会被认为是贿赂，除了贪心者外，正直的商人大多不肯接受。有时即使接受了，也疑窦丛生，送礼者反而达不到预期的目的。③送礼的场合要适当。在什么场合送礼也有讲究，如送礼给英国人，最好是在请其用完晚餐或者看完戏后进行；对法国人则以下次重逢时为宜。不过许多地区有一点是基本相同的，即初次见面就以礼相赠有失妥当甚至有贿赂之嫌。

5.假设条件

采用假设条件策略，目的是通过别具一格的谈判方式试探对方让步的底线。例如，在洽谈中，不断地提出如下种种问题："如果我增加一倍的订货量，价格会便宜一点吗？""如果我们自己检验产品质量，你们在技术上会有什么新的要求？"

在摸底和开局阶段，这种提问法不失为一种积极策略，它有助于双方为了共同的利益选择最佳成交条件与方式。如果谈判已十分深入，再运用这个策略只能引起分歧，打乱正常的谈判程序，甚至使以前议定的条款再起变化。因此，假设条件策略适用于谈判开始的摸底阶段。

6.专门小组

谈判是一项错综复杂的业务活动，往往涉及不同领域的专门问题。如在洽谈出口业务时，通常涉及商品的品质、数量、包装、价格、交货、运输、保险、支付、检验、索赔、理赔等各项内容。这些内容又包括了许多细节问题，任何一个问题上出了故障，处理起来都相当复杂，需要专门人才认真解决，其他人很难插上手。如果出现这种情况，则应该成立专门的小组，专心致志地解决存在的问题，其他人可以休会，也可以继续谈其他问题。

采取这种策略的好处很多：一是可以提高谈判效率，节约其他人的时间，其他人可从这种困难中抽出身来，去探讨其他问题；二是可以促成问题的圆满解决，因为专门小组中的成员都是熟悉情况的专业人员，他们是处理相关方面问题的专家，解决问题时轻车熟路，显得游刃有余，考虑问题现实、细致，提出的解决办法周密、稳妥，易于为对方接受；三是可以调动专门人才的积极性，发挥他们的特长，增强他们解决问题的使命感。

总之，在谈判过程中，成立专门小组来解决专门问题是行之有效的，有百益无一害，尤其适用于大型谈判。

知识窗

名家观点

"如果你要使别人喜欢你，如果你想他人对你产生兴趣，你注意的一点是：谈论别人感兴趣的事情。"

"如果你是对的，就要试着温和地、有技巧地让对方同意你；如果你错了，就要迅速而热诚地承认。这要比为自己争辩有效和有趣得多。"

——戴尔·卡耐基

（二）被动地位者的谈判策略

被动地位是指己方的谈判实力不如对方，在这种情况下，可以采用以下几种谈判策略：

1.疲惫对手

在商务谈判中，实力较强的一方常常不以为然地咄咄逼人，锋芒毕露，表现出居高临下、先声夺人的姿态。例如，提高嗓门说话；情绪激昂时，离开座位，站起来挥舞着手，喋喋不休地阐述自己的观点，以自负甚至略带傲慢的眼神扫视对方；毫不掩饰地想让谈判围绕着他的指挥棒转，并流露出不屑于听对方意见的神情等。凡此种种，都表明他是一个趾高气扬的谈判者。对于这种谈判者，疲惫对手是一种十分有效的策略。疲惫对手是指通过多回合的拉锯战，使趾高气扬的谈判者感到疲劳、生厌，逐渐地消磨其锐气，同时将己方的谈判地位从不利和被动的局面中扭转过来。等到对方精疲力竭、头昏脑涨时，己方乘机反守为攻，采取以理服人的态度，摆出自己的观点，力促对方接受己方的各种条件。

这种疲劳战术要求己方事先对一轮接一轮的马拉松式的蘑菇战有足够的思想和精力准备。在谈判刚开始时，对于对方所提出的种种盛气凌人的要求，可采取回避、"虚与周旋"的方法，暗中摸清对方的情况，寻找其弱点，等到蘑菇战的后期，则据理提出己方的要求。

运用该策略时，即使己方谈判的局面变得有利起来、占了上风，也不能盛气凌人，应以柔克刚。运用疲劳战术最忌讳的就是以硬碰硬，因为这很容易激起对方的应对情绪。

2.权力限制

实力较弱的一方常常带着许多限制去谈判，这比大权独揽的谈判者处于更有利的地位，并不是坏事情。由于谈判者的权力受到了限制，他的立场可能更加坚定，更可以优雅地向对方说"不"，因为，这不是他个人的问题，他无法在权力范围以外的事情上让步，从而使对方撤销原来打算坚持的条件。

有经验的谈判者喜欢上司给予的金额、条件、程序和公司政策、法律和保险、工程方面等的限制，并在谈判时有效地运用这些限制迫使对方作出己方所希望的决定。

总之，各种谈判都有相应的限制性内容，这是迫使对方为了成交而让步的最好理由。

当然，也可能会出现这种情况：对方知道你在谈判中所受的限制后，直接去和你的上司面谈。但他面对的是另一个人，产生了另一种新的地位关系，必须做更多的准备。越过谈判者去和更高层次的人谈判，是对方一般不会采取的做法。

3.先斩后奏

先斩后奏策略，在商务活动中可以解释为"先成交，后谈判"，即实力较弱的一方往往通过一些巧妙的方法使交易成为既成事实，然后在举行的谈判中迫使对方让步。以下行为都是先斩后奏策略的运用：卖方先取得了买方的预付金；买方先获得了卖方的预交商品；买方取得货物之后，突然又以堂而皇之的理由要求降价。

先斩后奏策略的实质是先让对方付出"代价"，并以这些"代价"为"人质"，扭转自己实力弱的局面，让对方通过衡量所付出的代价和终止成交所受损失的程度，被动接受既成交易的事实。

对先斩后奏策略的破解是有法可循的。首先，要尽量避免"人质"落入他人之手，让对方没有"先斩"的机会；其次，如果交易中必须先付定（押）金，必须做好资信调查，保证定（押）金、保证金的正常用途；最后，还可以采取"以其人之道，还治其人之身"的做法，尽可能地掌握对方的"人质"，一旦对方使用此计，则可针锋相对。

4.广泛联系

广泛联系策略，是谈判实力较弱的一方向对方提出开展有利于对方交易以外的活动，通过这些活动与交易本身的联系促使协议达成的策略。广泛联系策略是一种很能吸引对方的有效策略。

如果一个买主在与卖主商谈中提出以下问题，往往可以增强自己的实力：①我想借此谈判向您承诺，我们以后将做更大的生意，成为您固定的客户，并随着业务的扩展，不断向您增加订货量；②我将为您的产品主动地做有益的宣传，帮助您找到更多如我一样的客户；③我们将为您广泛搜集市场信息，以帮助您改进产品，使其更加适应客户的需要等。

广泛联系策略实际上是互利的，因而容易为对方所接受，但这种策略常被谈判者忽略。运用广泛联系策略时，最关键的是要挖掘交易行为本身以外的行为，而且这种行为应该是有益于对方并能加强自身谈判实力的。所以为找到这种合适的交易行为本身以外的行为，谈判者必须开动脑筋，把许多貌似孤立的事情联系起来。当然，对该行为的承诺要以自己易于办到为前提，根本不能办到的事，对方也不会相信，反而会把正在洽谈的生意搞得很糟。

5.吹毛求疵

在谈判过程中，占有利地位的一方最容易犯的错误就是炫耀自己的实力，向对方大谈特谈自己的优势。即使所谈的这些都是事实，聪明的对手总可以回避这些优势，或者说不理会这些实力，而寻找你的弱点，打击你的士气。这种策略就是吹毛求疵，只要你想"求疵"，这些"疵"总是可以"求"到的。

吹毛求疵策略，是通过再三挑剔、提出一大堆问题和要求来运用的，当然有的问题是事实，有的却是虚张声势。之所以这么做，主要是降低对方的期望值，达到以攻为守的目的。

吹毛求疵策略的破解：首先，要有耐心，那些虚张声势的问题与要求随着你的耐心和韧劲自然会渐渐地露出马脚，从而对交易失去影响力；其次，当对方浪费时间、节外生枝、做无所谓的挑剔或提出无理要求时，必须及时提出抗议；最后，向对方提出具体且彻底的解决方法，而不去讨论那些没有关系的问题。总之要注意，千万不要轻易让步，以免对方不劳而获，对方的某些要求很可能是虚张声势，不要让他轻易得手；同时，也可以主动地提出某些虚张声势的问题来增强自己的议价力量。

（三）主动地位者的谈判策略

双方实力绝对平衡的谈判是很少的，大多数谈判都会呈现出一方实力较强而另一方实力较弱的态势。实力较强的一方常常利用谈判中的主动地位，采用以下谈判策略：

1. 规定最后期限

规定最后期限的谈判策略是指谈判一方提出达成协议的最后期限，超过这一期限，提议者将退出谈判。事实上，许多谈判都是到了最后期限或者临近这一期限才达成协议的。因为让对方明确最后期限常常迫使其不得不对谈判的结果作出反应、采取行动。最后期限带有明显的威胁性。每一个交易行为中都包含了时间因素，时间就是力量，时间限制的无形力量往往使对方在不知不觉的情况下接受谈判条件。

规定最后期限的条件包括：①对方急于求成时；②对方存在众多竞争者时；③己方不存在竞争者时；④己方最能满足对方某一条件时；⑤对方谈判小组成员意见有分歧时；⑥与对方因交易条件分歧悬殊、达成协议的可能性不大时。

采用规定最后期限的策略，目的是促使对方尽快地达成协议而不是使谈判破裂。因此，运用时必须注意，所确定的最后期限能给对方留有接受的余地，有利于该策略的实施。所规定的最后期限必须是严肃的，尽管该期限将来是可以更改甚至作废的，但在最后期限到来之前，提出最后期限的一方要表明执行最后期限的态度是坚决的，给对方造成机不可失、失不再来的感觉，以此来说服对方，避免因规定最后期限形成咄咄逼人的气势。

最后期限的规定有可能是真的，也有可能是假的，一般无法作出正确的估计，但是对对方提出的最后期限必须持以下态度：要重视对方所提出的最后期限，无论是真是假，绝不能把这个最后期限认为是可有可无的；可以越过对方的直接谈判人员，通过与其上级直接接触摸清最后期限的真假，然后采取对策。时间是一条长河，从交易上看，有去也有再来的时候，重要的是在规定的最后期限内所进行的谈判达到了己方的目标。如果不能满足己方的需求，应尽可能把对方规定的最后期限作为一个无意义的时间，而绝不能在最后期限的威胁下仓促达成协议。

2. 不开先例

这一策略常用于卖方坚持自己提出的交易条件，尤其是涉及价格等条款时。当买方提出的要求卖方不能接受时，卖方会向买方解释：如果答应了买方，对卖方来说就等于开了一个交易先例，这样就会迫使卖方今后再遇到类似问题，同其他客户交易时，也至少提供同样的优惠，而这在客观上是卖方承担不起的。

不开先例的条件包括：①谈判内容具有保密性时，如高级生产技术的转让、特殊商品的出口等；②交易商品属于垄断经营时；③买方急于达成交易时；④买方提出的交易条件难以接受时。

对买方来讲，问题的关键是无法获得必要的情报和信息来证明卖方所宣称的先例界限属实。因为买方无法知道卖方是否对其他客户提供过类似的优惠，即使在目前的谈判中卖方决定提供给该买方一个新的优惠，但这是否就真的成为一个先例，也是买方无法了解的事情。买方对否定先例是无能为力的，只能凭主观来判断。所以，买方要么不予理睬，要么承认，切忌与卖方过分纠缠。

卖方在运用不开先例的谈判策略时，对买方所提出的交易条件应反复考量、斟酌，说明不开先例的事实与理由，使买方相信；否则，空口说白话，提出不开先例，不利于达成协议。

3.先苦后甜

先苦后甜策略，是指先用苛刻的虚假条件使对方产生疑虑、压抑、无望等心态，从而大幅度降低期望值，然后逐步给予优惠或让步，使对方满意地签订合同，从而使己方获取较大利益。现实中，人们常见的"漫天要价、就地还价""杀价要狠"等均属此类手法。

知识窗

先苦后甜策略的原理

人们对外来刺激信号总是以先入之见作为标准去衡量后入的信号。若先入信号为甜，后加一点苦，会觉得很苦；若先入信号为苦，再稍加一点甜，就会觉得很甜。在谈判中，双方一接触，一方即向对方提出许多苛刻条件的做法，恰似先给对方一个苦的信号，后边的优惠和让步尽管只有一点点，也会使对方觉得占了很大便宜，从而在己方要求的条件上作出较大让步。

在具体运用先苦后甜策略时，谈判组的成员可以分工。假定谈判组由两人组成，可以让一人先出场，提出极为苛刻的要求和条件，并且表现出立场坚定、毫不妥协的态度，即扮演"鹰派"。随着谈判的深入展开，自然会出现与对方相持不下、争得不可开交的局面，这时谈判组的第二个人便可登场了，他和颜悦色、举止谦恭，给人以一个和事佬的形象，即扮演温和的"鸽派"，显得通情达理，愿意体谅对方的难处。其左思右想，尽管显得面有难色，但通过对"鹰派"做工作，促使其立场一步一步地后退，所剩下的那些条件和要求正是（甚至高于）己方所要达到的目标。在"鹰派"和"鸽派"这一先苦后甜战术的掩护下，己方的目标就容易达到了。

同其他谈判策略的运用一样，先苦后甜策略的有效性也有一定的限度，最开始向对方所提的要求不能过于苛刻、漫无边际，"苦"得要有分寸，不能与通行的惯例和做法相距太远；否则，对方会觉得你缺乏诚意，有可能终止谈判。因此，在决定采用这一策略时，"过犹不及"是应该避免的。

4.价格陷阱

所谓价格陷阱策略，是指利用货价变化的时机以及人们对其普遍存在的心理，把谈判对手的注意力吸引到价格问题上来，使其忽略对其他重要合同条款的讨价还价，而在这些方面争得的优惠和让步比单纯因货价变化带来的利益更多、更为重要。

许多商品的市场价格都是因时因地不断变化的，当价格可能上涨时，会增强卖方的谈判实力；反之，预测价格要下降时，会增强买方的谈判实力。之所以如此，除了价格上涨和下降同市场供求关系的变化有联系外，还有一个市场交易的限制问题。有经验的谈判者往往把商品市场价格的变化看作一个极为有利的时机，从而做成许多生意，甚至无须按部就班、逐条逐项地去谈合同，利用价格波动就可诱使对方上钩。

该策略的运用看起来似乎照顾了对方的利益，其实不然：第一，在上述情况下，买方在签订合同前，往往未针对包括价格在内的各项条款从头到尾地仔细进行谈判，因而这种仓促决定是欠周到的。买方实际上只是在卖方预先备好的标准式样合同上签字，很少能根据自己的意愿做大的修改和补充。这样买方原来所争取的各项经济、法律上的优惠条件，就很难写入这种改动余地太小的合同之中。第二，由于合同签订仓促，很多问题都会被忽视。例如，所订购设备或与主机有关的其他辅助产品、配套元件以及技术服务等买方是否都需要，卖方的供货方式、供货数量是否符合买方的最大利益等。对这些问题的忽略，会造成买方附带地买一些并不十分需要或条件并不优惠的产品。如经过仔细比价、认真谈判，从容地考虑和权衡各方面的利弊得失，这些是完全可以避免的。第三，买方谈判人员为签订这种价格保值合同，常常顾不得请示上司或征得董事会的同意而"果断"拍板，由于合同的执行要等很久以后，其包含的一些潜在问题不会立即暴露出来，因而往往不会引起买方上司的注意；而一旦在日后暴露出来，已是无力挽回了。

即使价格变化已经迫近甚至已经发生，实力较强的一方依然可以运用该策略。

首先，谈判目标和具体步骤一经确定，就要毫不动摇地照着做，绝不要受外界情况的干扰而轻易地改变。无论是"价格保值合同"还是其他什么样的合同，都要就合同的每一条款进行仔细谈判和讨价还价，不能随意迁就。

其次，不要被对方在价格上的蝇头小利所诱惑，而要对该笔交易进行总核算来决定是否签约。

案例 4-5

A 公司是一家电子产品制造商，想要采购一批高质量的显示屏用于新款电子产品的生产。B 公司则是一家显示屏供应商，其产品在市场上有一定的口碑。

在谈判初期，A 公司采购团队先向 B 公司抛出了一个看似很有吸引力的价格方案。他们表示，目前市场上有另外几家显示屏供应商也给出了不错的报价，其中一家报价甚至比 B 公司以往的平均售价低了 20% 左右。并且，A 公司采购团队还详细列举了那几家竞争对手的部分优势，如其中一家的交货期能比 B 公司常规交货期短一周等。这让 B 公司谈判代表心里瞬间有了压力，感觉自己似乎在价格和部分条件上已经处于劣势，担心失去这笔订单。

接着，A 公司采购团队话锋一转，提到虽然那些竞争对手有价格等方面的优势，但他们也经过深入考察，发现 B 公司显示屏在某些关键性能指标上，比如色彩还原度、可视角度等方面，确实要比其他竞争对手更出色。而且 A 公司一直很看重产品质量，希望能与在质量方面有保障的供应商合作。不过，由于成本控制的压力，A 公司目前能接受的最高价格也只能比最初提到的那家低价竞争对手高出 5% 左右。

B 公司谈判代表听到 A 公司这样说后，一方面为自己产品的质量优势被认可而稍感欣慰，另一方面又纠结于 A 公司提出的这个价格上限。他们开始在心里盘算，如果失去这笔订单，不仅会损失一笔可观的收入，而且可能影响公司在行业内的声誉，毕竟 A 公司也是行业内的知名企业。于是，B 公司代表决定努力争取这笔订单，他们在后续的谈判中，不再纠结于是否要达到以往的常规售价，而是围绕如何在A公司提出的价格上限内，通过调整一些其他合作条件，比如适当延长交货期、优化售后服务等方式，来实现双方的合作。

经过几轮谈判，B公司最终同意了以A公司提出的价格上限成交，并在交货期和售后服务等方面做出了相应的调整。A公司也成功地以相对满意的价格采购到了心仪的显示屏，双方达成了合作协议。

试问：（1）A公司采用了何种谈判策略？

（2）运用这种策略有何优缺点？

任务实施

一、复习

1.平等地位者的谈判策略。

2.被动地位者的谈判策略。

3.主动地位者的谈判策略。

二、分组

将全班学生每4~6人分成一个小组，每个小组选出1名同学作为组长。

三、实训

在某时装区，当某位顾客在摊前驻足并对某件商品多看上几眼时，早已将这一切看在眼里的摊主走上前来搭话说："看得出您是诚心来买的，这件衣服很合您的意，是不是？"察觉到顾客无任何反对意见时，他又会继续说："这件衣服标价150元，对您优惠，120元，要不要？"如果对方没有表态，他可能又说："您今天身上带的钱可能不多，我也想开个张，按本钱卖给你，100元，怎么样？"顾客此时会有些犹豫，摊主又会接着说："好啦，你不要对别人说，我就以120元卖给你。"早已留心的顾客往往会迫不及待地说："你刚才不是说卖100元吗？怎么又涨了？"此时，摊主会煞有介事地说："是吗？我刚才说了这个价吗？啊，这个价我可没得赚啦。"稍做停顿，他又说："好吧，就算是我错了，那我也讲个信用，除了你以外，不会再有这个价了，你也不要告诉别人，100元，你拿去好了！"话说到此，大多数顾客都会成交。

试问：这是为什么？

过程组织：

（1）教师组织学生仔细阅读上述案例，进行个人分析案例的构想。

（2）以小组为单位进行讨论，提倡采用"头脑风暴法"。

（3）每个小组派1名代表在全班交流，在本组代表发言时全组同学起立，可以对本组代表的发言进行补充。

（4）教师讲评案例。

（5）学生以小组为单位完成案例分析文案。

项目小结

在商务谈判的开局阶段，双方彼此探测是必不可少的，恰当地描述己方的谈判意图、防御谈判对手窥测己方意图是商务谈判成功的基础。

项目训练

一、判断题

1.谈判的开局阶段在谈判准备阶段之后。　　　　　　　　　　　　　　　（　　）
2.开局气氛是指双方在谈判开始阶段通过初步接触形成的彼此间的态度。（　　）
3.商务谈判一般都是以一方受益为最佳结果的谈判。　　　　　　　　　（　　）
4.要营造良好的开局气氛，座位的安排也是很有学问的。　　　　　　　（　　）
5.双方过去有过业务往来且关系很好，开局阶段的气氛应该是严肃、凝重的。（　　）
6.谈判的高调气氛是指预期谈判气氛比较热烈。　　　　　　　　　　　（　　）
7.称赞法是指用幽默的方式来消除谈判对手的戒备心理。　　　　　　　（　　）
8.倾听是商务谈判人员向对方提出问题，要求其回答，以获得信息的一种语言沟通形式。　　　　　　　　　　　　　　　　　　　　　　　　　　　　　（　　）

二、填空题

1.开局气氛，是指在谈判开始阶段通过初步接触形成的彼此间的_____。
2.影响开局气氛的微观因素包括_____、_____、_____、_____、_____和_____。
3.谈判人员应当尽可能合理地运用影响开局气氛的因素，并通过技巧把一些_____转化为_____，使谈判气氛向友好、和谐的方向发展。
4._____对整个谈判过程会产生相当重要的影响并起着制约作用。
5.谈判的高调气氛，是指预期谈判气氛比较热烈，谈判双方_____、_____，让愉快因素成为主导因素的开局气氛。
6.营造高调气氛的方法包括：_____、_____、_____。
7.在商务谈判中，对手的基本情况通常包括_____、_____、_____、_____、_____、_____。
8.探测的方法包括：_____、_____、_____、_____。

三、案例分析题

中方某公司向韩国某公司出口丁苯橡胶已一年，第二年中方又向韩方报价，欲继续供货。中方根据国际市场行情，将成交价每吨下调了120美元（上一年为1 200美元/吨），韩方觉得可以接受，建议中方到韩国签约。中方一行二人到了首尔该公司总部，双方谈了不到20分钟，韩方说："贵方价格仍太高，请贵方看看韩国市场的价格，3天以后我们再谈。"

中方人员回到饭店后感觉被戏弄了，很生气，但人已来到首尔，谈判必须进行。中方人员通过有关协会搜集到了韩国海关丁苯橡胶进口的统计资料，发现韩方从哥伦比亚、比利时、南非等国进口的量较大，从中国进口的量也不少，中方公司是占份额较大的一家。

哥伦比亚、比利时的价格均高于南非，批发和零售价均高出中方公司的现报价30%~40%，市场价虽呈降势，但中方公司的报价是目前韩国市场最低的。为什么韩国人员还说高呢？中方人员分析后认为，对方以为中方人员既然来到了首尔，肯定急于拿合同回国，可以借此机会再压中方一手，那么韩方会不会不急于订货而在找理由呢？

中方人员分析，韩方若不急于订货，为什么邀请中方人员来首尔呢？再说韩方人员过去与中方人员打过交道，签过合同，且执行顺利，对中方的工作很满意，这些人会突然变得不信任中方人员了吗？从态度看不像，他们亲自来机场接中方人员且晚上一起喝了酒，营造了良好的气氛。根据上述分析，中方人员一致认为：韩方利用中方人员出国的心理，意在压价。经过商量，中方人员决定在价格条件上做文章。总的来讲，态度要强硬（因为来之前对方已表示同意中方的报价），不怕空手而归。此外，价格条件还要涨回市场水平（即 1 000 美元/吨左右），再者不必用两天给韩方回复，仅一天半就将新的价格条件通知给韩方。在一天半后的中午前，中方人员电话告诉韩方人员："调查已结束，得到的结论是我方来首尔前的报价低了，应涨回去年成交的价位，但鉴于老朋友的交情，可以每吨下调20 美元，而不再是 120 美元。请贵方研究，有结果请通知我们。若我们不在饭店请留言。"韩方人员接到电话后一个小时，即回电话约中方人员到其公司会谈。韩方认为：中方不应把过去定的价再往上调。中方认为：这是韩方给的权利，我们按韩方的要求进行了市场调查，结果发现应该涨价。韩方希望中方多少降些价，中方认为原报价已降到底。经过几回合的讨论，双方同意按中方来首尔前的报价成交。这样，中方成功地使韩方放弃了压价的要求，按计划拿回了合同。

问题：（1）中方的决策是否正确？为什么？

（2）中方是运用什么程序、什么方式作出决策的？其决策属于什么类型？

（3）中方是如何实施决策的？

（4）韩方在谈判中运用了什么决策？

（5）韩方决策的过程和实施情况如何？

项目评价

本项目考核由自我评价与小组评价、教师评价两部分构成，考核成绩根据学生对项目训练部分的完成情况给出，教师评定成绩和学生自评成绩分别由教师和学生根据课堂教学、课堂讨论及实训完成情况给出，具体分别见表 4-1 和表 4-2。

表 4-1　　　　　　　　　　　　自我评价与小组评价表

主要内容		评价等级（在符合的情况下面打"√"）							
		全都做到了		80% 做到了		60% 做到了		没做到	
		个人	小组	个人	小组	个人	小组	个人	小组
自我总结	我的优势								
	我的不足								
	努力目标								
	具体措施								
小组建议									

表 4-2   **教师评价表**

主要内容	教师评价等级（在符合的情况下面打"√"）			
	优秀	良好	合格	不合格
态度认真、参与积极				
专业知识掌握情况				
综合运用知识解决问题				
综合评语	教师签名： 年 月 日			

项目五 ✓ 报价与磋商

知识目标：

1.了解报价的含义、原则，了解价格的构成及让步的原则。

2.了解僵局的分类、产生僵局的原因。

3.熟悉讨价和还价的方法、让步的步骤及方式。

4.掌握报价策略的运用、发现对方价格临界点的方法。

5.掌握突破僵局的策略。

6.掌握让步的技巧及迫使对方让步的策略。

能力目标：

1.能够正确地运用报价策略报价。

2.能够发现对方价格临界点。

3.能够正确应用让步的技巧及迫使对方让步的策略。

4.能够正确运用突破僵局的策略。

素养目标：

根据报价过程中的让步策略来深刻理解：有时，生活就是一种妥协、一种忍让、一种迁就。后退一步也是一种智慧，更是一种美，并不是所有的事情都要针锋相对。优秀的人懂得退让，生活就是不断妥协的过程。培养学生学会让步和妥协以此来成就自己。

任务一　报价与讨价还价

任务描述

在商务谈判中，报价是不可逾越的阶段，只有在报价的基础上双方才能进行讨价还价。本任务主要探讨报价的基础和方法、报价策略的运用、报价的技巧、讨价和还价的方法、发现对方价格临界点的方法。

美国著名的谈判专家尼伦伯格，有一次被邀请去参加工会与资方的谈判。作为资方代表的一员，在互相介绍后，尼伦伯格一反常态，与工会代表们坐在了一起。工会代表们十分奇怪，示意他坐错了位置，可尼伦伯格一副浑然不觉的样子，没有理会。

谈判开始后不久，工会代表们就好像忘记了尼伦伯格是资方代表的一员，他们仔细倾听尼伦伯格的发言、意见和建议，就像是对待他们自己一方的意见和建议一样，一点儿也没有生出抵触情绪。工会代表们对尼伦伯格的接纳态度，使他的意见和建议顺利地得以采纳，谈判获得了圆满成功。

资料来源　韦宏，陈福明. 商务谈判与沟通技巧［M］. 2版. 北京：高等教育出版社，2021.

试问：尼伦伯格的意见和建议为什么能够顺利地得到工会代表们的接纳和认可？

案例分析提示：一般谈判的座次安排是有严格的规范的，但突破常规偶尔为之，往往会取得意想不到的效果。虽然谈判双方关注的不是形式上的座次，而是实质的立场，但是求之于势、制造氛围，不失为将兵法策略用于谈判的一个行之有效的妙法。

知识储备

商务谈判过程中的价格谈判，事关交易双方的切身利益，因此是商务谈判中的核心。

商务谈判中的价格谈判，实际上是交易利益的分割过程。其内容包括初始报价，即提出开盘价格；多回合的讨价与还价，即再询盘与还盘，以及双方的让步与交换；直至互相靠拢，就成交价格达成共识等一系列环节。同时，它也涉及各环节的策略和技巧。可以说，商务谈判是一个包括各种复杂力量关系在内的沟通和交换过程。

知识窗

在哪些情况下客户对价格高低不敏感

至少在下列条件下，客户对产品价格的高低是不敏感的：

（1）客户急需该产品时，就不会特别注重价格。如果自己销售的产品正是客户迫切需要的，他主要关心的可能不是价格而是交货期。

（2）产品越高级，价格对成交的影响越小。企业如果销售的是高档耐用品、高级工艺品，价格问题就显得微不足道。

（3）把购买某种产品当成投资时，购买者对价格不会太敏感。黄金首饰虽然昂贵，但有很多人购买，因为购买黄金首饰是一种投资。

（4）出售的产品在客户购买的产品中所占比例越小，客户考虑价格的因素也越少。一件商品价格的贵和廉是相对的，往往取决于其价格占客户收入的比例。如一台价值6 000元的彩电，对经济收入较高的群体来说并不贵，但对一般工薪阶层来讲，就不觉得便宜。

（5）经销商考虑利润多，而关心产品价格少。对产品经销商来说，他们主要考虑获利程度，相对来说不太关心产品价格，这是因为：价格低的产品有利可图，他们就对价格低的产品产生兴趣，反之亦然。所以，经销商不是关心价格高低，而是首先考虑获利多少。

（6）友好的态度可影响客户对价格的看法。在产品销售过程中，如果经销人员对客户服务态度好，如接待热情、介绍详细、协助购买、免费送货等，那么客户多付些费用也是乐意的，他们会把经销人员的任何一种服务项目都视为某种形式的减价。

一、报价的含义、原则和构成

（一）报价的含义

报价是商务谈判中一方向对方提出利益要求的首次"亮相"，交易条件的确定是以报价为前提的。报价不仅表明了谈判者对有关交易条件的具体要求，也集中反映了谈判者的需要、利益，而且通过报价，谈判者可以进一步了解和分析彼此的意愿、目标，以便有效地引导谈判行为。这里所谓的报价，不是仅指在价格方面的要求，而是包括价格在内的关乎整个交易的各项条件，如商品质量、数量、包装、装运、保险、支付、商检、索赔和仲裁等。

（二）报价的原则

报价要通过反复比较和权衡，设法找出报价者所得利益与该报价被接受的成功率之间的最佳结合点。这是报价最基本的原则。谈判实践告诉我们，报价需要遵循下述几项原则：

1.开盘价必须是最高价

对卖方而言，开盘价必须是最高的（相应的，对买方而言，开盘价必须是最低的）。这是报价的首要原则。

2.开盘价必须合情合理

开盘价必须是最高的，但这并不意味着可以漫天要价。报价应该控制在合理的范围内。提出的开盘价，既要考虑己方的最高利益，又要兼顾对方接受的可能性。在确定报价水平时，报价应该高到你再也找不到提高价格的理由为止。

3.报价应该果断、明确、清楚

报价要坚定而果断地提出，没有保留，毫不犹豫，这样才能给对方留下己方是认真而且诚实的印象。

4.不对报价做主动的解释、说明

开盘时不需要对所报价格做解释、说明和辩解。在对方提出问题之前，如果己方主动进行解释，不仅无助于增强己方报价的可信度，反而会由此使对方意识到己方最关心的问题是什么。如果对方提出问题，也只做简单的答复。过多的说明或辩解还容易使对方从中发现己方的破绽和弱点，让对方找到新的进攻点和突破口。

知识窗

交换的原则

（1）放弃对你没有价值的东西。

（2）设法用你放弃的东西交换而获得对你有价值的东西。

（3）你放弃的东西只能是你能够承担得起的东西。

（4）你要弄清楚，你对自己放弃的东西今后不会后悔。

（5）不能得到相应的回报，你绝对不能放弃任何东西。

（6）使用交易习惯用语"如果……那么……"等。

（7）不要使用令人讨厌的"对，但是……"之类的词语。

（8）通过谈判所得到的每一分钱都是额外的纯利润！世界上没有比谈判更快的赚钱方式！

（三）价格的构成

1.实际价格与相对价格

单纯的产品标价即实际价格，而把反映商品使用价值的价格称为相对价格。相对价格完全与对方即将得到的好处联系在一起。

为了引导对方正确地看待价格问题，必须强调产品将要给他带来的益处，这是价格谈判的最基本原则。谈判者有以下几个相对价格因素可以运用：

（1）支付方式的选择。在使用相对价格因素时，可以考虑使用不同的支付方法，如优惠的付款条件、赊账、分期付款、非现金付款（支票、信用卡或用其他产品抵偿）、在对方资金不紧张的时候支付等。

（2）各方面的优惠以及友好的服务。在交易中给对方各种优惠，如提供一些不收费的小零件或样品、免费向对方提供一些廉价的备用件等，以增进友谊。在谈判中给对方以周到的服务和相当的礼遇，并在交易活动的始终提供有益的帮助和建议，可以影响对方对价格的看法，对方会把任何一种额外的服务都看成某种形式的减价。

（3）强调购销差价和产品的复杂性。在原材料和半成品的商务谈判中，谈判人员一定要设法弄清所销原材料或半成品的价格及成本占成品售价的比例。成本占其全部收入的比例越小，价格问题就越显得微不足道；反之，对方必然对价格问题斤斤计较。产品的复杂性和技术含量也是可以利用的价格因素。

（4）提供对方急需的产品。对方对产品的需求越急切，对产品价格的敏感程度就越弱；反之，对产品价格的敏感程度就越强。

（5）实际价值与价格对比。如果某产品使用后其价值仍然不变，或者对方认为所谈项目是一项好的投资，他就会降低对价格的敏感性。一般来说，避免蒙受损失和获得某种形式的节省，两者的效果是一样的。一种产品经过一段时间的使用仍能转卖出去，那么购买这种产品的风险和所能带来的损失就极小了，对方对价格的承受能力也就大得多了。比如，一台机器设备的价格是10 000元，使用两年后还可以卖6 000元，对方对价格就不会那样敏感。

（6）企业信誉。众所周知，企业信誉越好，客户对企业的忠诚度就越高，对价格的敏感程度就越低。

（7）安全感。向对方显示你的可靠性或向他提供某种保证，让对方有安全感，可以降低价格在对方心目中的地位。

（8）大宗交易。大宗交易中的数量对价格有一定影响，数量越大，相对价格越低。

（9）心理价格。在人们的心目中，99元和100元是不一样的，这1元之差会给人一种便宜的感觉。

（10）产品的功能和优点。针对对方的实际需要，详细列出各种可以使价格显得比较便宜的因素，并在与对方的洽谈中不断地加以运用，这样在价格的洽谈过程中就会变得顺利一些。

2.消极价格与积极价格

我们把对其有消极反应的价格叫消极价格，而把对其有积极反应的价格叫积极价格。其实，价格的高低很难一概而论。同一价格，由于不同的人需求不同，会有不同的态度。

3.主观价格与客观价格

在价格谈判中，人们往往追求物美价廉，总希望货物越优越好，而价格越低越好，这就是主观价格。但实际上，如果真的物美势必价高；否则，卖者就要亏本。所以，通常情况下，物美价廉是没有的，或者是少有的。客观价格是针对产品本身所具有的各种功能和特点制定的市场相对价格。谈判者不要过分强调主观价格，而忽略了客观价格，应遵循价值规律，这样才能实现公平交易和互惠互利。

4.固定价格与浮动价格

商务谈判中的价格，多数采用的是固定价格。但不是所有的价格谈判都应当采用固定价格，尤其是大型项目的价格谈判，应该采用固定价格与浮动价格相结合的方式。

5.综合价格与单项价格

在商务谈判特别是在综合性交易的谈判中，当双方进行整体性讨价还价出现互不相让的僵局时，可以改变一下谈判方式，将整个交易分解，对各单项交易逐一进行单项价格的磋商。这样，不仅可以通过对某些单项交易的调整，使综合交易更加符合实际需要，而且可以通过对单项价格的进一步磋商，实现综合价格的合理化。一个综合性的技术引进项目，通过单项价格谈判，不仅能使综合项目得到优化，而且综合价格会大幅度降低。

二、报价策略的运用

交易谈判中报价是不可逾越的阶段，只有在报价的基础上，双方才能进行讨价还价。报价之所以重要，就是因为它对讨价还价乃至整个谈判的结果会产生实质性影响。基于这一点，我们把报价作为策略来研究。

1.报价时机策略

在价格谈判中，报价时机是一个策略性很强的问题。有时，卖方的价格比较合理，但并未使买方产生交易的欲望，原因往往是买方首先关心的是此商品能否给他带来价值以及带来多大的价值，其次才是带来的价值与价格的比较。所以，在价格谈判中，应当首先让对方充分了解商品的使用价值和能为对方带来多少利益，待对方对此产生兴趣后再谈价格。实践证明，提出报价的最佳时机，一般是对方询问价格时，因为这说明对方已对商品产生了购买欲望，此时报价往往水到渠成，比较自然。

有时，在谈判开始的时候对方就询问价格，这时最好的策略应当是充耳不闻。因为此时对方对商品或项目尚缺乏真正的兴趣，过早报价会增加谈判的阻力。这时应当先谈该商品或项目的功能、作用，能给交易者带来什么样的好处和利益，待对方对该商品或项目产生兴趣、交易欲望已被调动起来时再报价比较合适。当然，对方坚持即时报价，也不能故意拖延；否则，就会使对方感到不受尊重甚至产生反感，此时应采取建设性态度，把价格同对方可获得的好处和利益联系起来，一起介绍效果较好。

总之，报价时机策略往往体现为价格谈判中相对价格原理的应用，以促进积极价格的转化。

2.报价起点策略

价格谈判的报价起点策略，通常指卖方报价起点要高，即可能的最高价；买方价格起点要低，即可能的最低价。这种做法已成为商务谈判中的惯例。同时，从心理学的角度看，谈判者都有一种要求得到比他们预期更多的心理倾向。实践证明，若卖方开价较高，则双方往往能在较高的价位成交；若买方出价较低，则双方可能在较低的价位成交。

对卖方来讲，高报价的优势是：第一，卖方的报价事实上给谈判的最后结果确立了一个终极上限。在谈判中，除非有极特殊、极充分的理由，否则报价之后再重新报价是要极力避免的，而且对方也不会接受你报价后的提价。第二，采取高报价为卖方让步留有较大的余地，有利于卖方在必要情况下作出让步，打破僵局。第三，报价高低会影响对方对己方潜力的评价。报价越高，对方对己方的潜力评价越高；反之，越低。第四，报价高低也会直接反映出报价方的期望水平。一般来讲，期望水平高的，报价也高，成功的可能性也高，获利也多。

买方采取低报价策略是因为：第一，买方的报价是向对方表明要求的标准，尽管双方都知道这个标准将有所调整，但报价低会给对方很大的心理压力；第二，买方报价的高低，也反映了他的期望水平、自信与实力；第三，报价低为谈判中的价格调整与让步留出了较大的余地。

3.报价差别策略

由于购买数量、付款方式、交货期限、交货地点、客户性质等方面的不同，同一商品的购销价格会有所不同。这种价格差别体现了商品交易中的市场需求导向，在报价策略中应予以重视。例如，对于老客户或大批量购买的客户，为巩固良好的客户关系或建立起稳定的交易联系，可适当实行价格折扣；对于新客户，有时为开拓新市场，也可适当给予折让；对于某些需求弹性较小的商品，可适当实行高价策略等。

4.价格分割策略

价格分割是一种心理策略。卖方报价时，采用这种技巧，能给买方一种心理上的价格便宜感。价格分割包括两种形式：

（1）用较小的单位报价。例如，茶叶每千克200元报成每两10元；大米每吨2 000元报成每千克2元。国外某些厂商刊登的广告也采用这种技巧，如淋浴器广告"淋浴一次仅需8便士"，油漆广告"油漆一平方米只要5便士"。巴黎地铁公司的广告是："每天只需付30欧元，就有200万旅客能看到你的广告。"用小单位报价比用大单位报价会使人产生便宜的感觉，更容易被人接受。

（2）用较小单位商品的价格进行比较。例如，"每天少抽一支烟，就可以订一份××报纸""一袋去污粉能够把1 600个碟子洗得干干净净"。用小商品的价格去类比大商品才会给人以亲近感，拉近与消费者之间的距离。

5.心理定价策略

人们在心理上一般认为9.9元比10元便宜，而且认为零头价格精确度高，给人以信任感。像这种在十进位以下而在心理上被人们认为较小的价格称为心理价格。因此，市场营销中有技术定价这一策略。例如，标价79.00元，而不标价80元；标价19.90元，而不标价20元。这1元钱或者1角钱之差，会给人非常便宜的感觉。心理价格策略在国内外已被广泛采用。

6.中途变价策略

中途变价策略是在报价的中途改变原来的报价趋势，从而争取谈判成功的一种报价策略。所谓改变原来的报价趋势，是指买方在一路上涨的报价过程中，突然报出一个下降的价格，或者卖方在一路下降的报价过程中，突然报出一个上升的价格，从而改变原来的报价趋势，促使对方考虑接受你的价格。

大量的谈判实践告诉我们，许多谈判者为了争取更好的谈判结果，往往以极大的耐心，没完没了地要求再要求、争取再争取。碰到这样的对手实在让人头痛，尽管已经满足了他的许多要求，使他一次又一次地受益，可他似乎还有无数的要求。这时对付他的有效方法就是"中途变价"，即改变原来的报价趋势，报出一个出乎对方意料的价格，从而遏制对方的无限要求，促使其尽早下决心进行交易。

知识窗

如何报价

（1）较小单位报价法，一般强调数量。

（2）证明价格是合理的。

（3）在小事上要慷慨。在讨价还价的过程中，买卖双方都要作出一定的让步。

（4）比较法能消除价格障碍，在洽谈中可以多采用，往往能取得良好的效果。

（5）讨价还价要分阶段进行。

三、报价的技巧

报价策略的实施有赖于各具特色的报价技巧的运用，以下是商务谈判中可以选择和运用的报价技巧：

1.高价与低价的技巧

在报价欲得利益与买方接受的可能性区间内，报高价还是报低价，最终取决于产品的特点，以及由此而确定的市场需求状况。报高价可以赚取较大的利润，在可能的情况下，任何厂商恐难失此良机。但报高价的产品必须具有"新、奇、稀、缺"等特点，且市场上无有力竞争对手，产品供不应求，需求弹性小。报低价大多数是客观情况所迫（也有个别是主动的、故意的），它们不具有报高价的条件，如市场上竞争激烈、竞争品或替代品多、产品进入成熟期、客户接受的可能性较小等。

2.综合报价技巧

谈判中不存在孤立的价格问题。产品价格不仅本身有弹性，而且与其他交易条件有着密不可分的联系，尤其是经过数轮的讨价还价，各方的意见都已表达清楚，这时可以充分运用带有附带条件的综合报价技巧。

（1）附带数量条件的报价技巧。附带数量条件的报价技巧，即卖方为了鼓励买方大量或集中购买，根据购买数量或金额来确定报价水平。如果购买量（或金额）小，价格可以适当报高一点，或者是一般价格；如果购买量（或金额）大，价格可以适当报低一些。购买数量（金额）越大，价格折扣越大。比如，一箱水果的价格是40元，10箱可能就是380元，20箱只要740元。再如，制造商为了鼓励客户大量地购买成套设备，在优惠报价的同时，还会以免费赠送一些零件、易损件的方法促使交易达成。

（2）附带支付条件的报价技巧。附带支付条件的报价技巧，即卖方视对方的支付方式与实际情况来确定报价水平，因为不同的支付方式包含的经济含义、风险不同。例如，在国际贸易中，信用证的收汇风险极小，相比之下，托收的风险较大。报价时，前者肯定会低于后者。再如，即期付款、分期付款和延期付款不仅涉及风险问题，还涉及利息损失。所以，在报价时，它们各有不同的价格也是自然的。

（3）附带供货时间的报价技巧。附带供货时间的报价技巧，即卖方根据供货期间的产品供求状况及季节性来确定报价水平。显然，供不应求、处于旺季的产品，价格要高一些；而供过于求、处于淡季或过季的产品，价格就要低一些。

（4）附带成交时间的报价技巧。附带成交时间的报价技巧，即为了鼓励买方立即或在规定的时间内按既定的报价成交，而提出一定比例的折让等优惠条件。该种技巧在商务谈判中是经常被采用的，而且对买方接受既定的报价或立即成交有较大的促进作用。

3.心理报价技巧

我们不敢夸大心理报价对一些经验丰富的谈判者有多么大的作用，但是，可以肯定，根据客户心理因素采用不同的报价技巧会取得积极的效果。

（1）尾数报价技巧。尾数报价技巧，即利用人们接受价格的某种心理因素及特殊意义进行报价。利用尾数报价能够迎合客户或消费者的心理，理由主要有四个：

① 在产品质量及其他条件一定的情况下，小于整数的带尾数的价格，总是使人感到便宜，如2 980元要比3 000元使人感觉便宜很多。

② 价格一般是按照实际成本加上适当的利润计算出来的，计算后的价格是整数的情况通常属于巧合，往往会给人们一种价格不真实的感觉。

③ 带尾数的价格容易使人产生"去尾数""凑整数""便于计算"等心理，有利于讨价还价，尽快成交。

④ 利用某些民族、地区的人对某些数字的偏好心理，有时也会使价格的接受变得更容易一些。如中国香港市民对数字6、8、9很喜欢，因为它们分别是"禄""发""久"的谐音；日本人对数字4和5很忌讳，因为它们是"死"与"苦"的谐音；有些商人还有自己的吉利数字。有时，在特殊情况下，带尾数的价格对促成交易亦有一定的作用。

（2）整数报价技巧。整数报价技巧，即根据某些特殊商品和特殊消费的特点，利用人们"求高贵""豪华""讲排场"等心理进行整数报价的技巧。如对于名牌西服、豪华轿车、高档电器、个性化的服务等，整数报价可能会更迎合较高消费层次的客户的心理需要，便于他们选购、消费。

（3）声望报价技巧。声望报价技巧，即利用客户崇尚名牌、讲求优质、显示身份等心理，有意提高报价的技巧。因为有名的企业、名牌产品、高科技产品会给客户带来更好的效益，给人以安全感。声望报价既可以增强报价者的信心，也可以使对方觉得产品质量可靠，刺激其购买欲。

（4）习惯报价技巧。习惯报价技巧，即根据某些产品的通行价格和客户习惯报价的技巧。如一些进入成熟期的日用品，价格是相对固定的，人们往往在心理上习惯于根据价格来判断卖者的诚意，衡量其所卖产品的品质。如果价格高了，会影响销售；如果价格低了，会使客户以为产品质量存在问题。对于这种类型的产品，即使成本下降，也不能轻易降价；若成本增加，也不能轻易涨价，只能薄利多销。

（5）招徕报价技巧。招徕报价技巧，即以各类特种促销方式，满足客户特殊购买心理的报价技巧。为了吸引客户，使客户接受所报价格，可以采用"特价""拍卖"等报价形式，或者为客户提供诸多周到舒适的服务，或者有意降低主机价格，然后提高附件和零配件价格等，达到使客户接受既定价格的目的。

四、讨价和还价的方法

（一）讨价和还价的概念

讨价，是在一方报价之后，另一方认为其报价离己方的期望目标太远，而要求报价一方重新报价或改善报价的行为。还价，就是针对谈判对手的首次报价，己方所作出的反应性报价。还价以讨价作为基础。在一方首先报价以后，另一方一般不会全盘接受，而是根据对方的报价，在经过几次讨价之后，估计其保留价格和策略性虚报部分，推测对方可妥协的范围，然后根据己方的既定策略，提出自己可接受的价格，反馈给对方。

（二）还价的方法

一般而言，还价建立在科学的计算以及准确的观察、判断、分析的基础上。当然，忍耐力、经验、能力和信心也是十分重要的。谈判者可以采用下列方法还价：

1.暂缓还价法

这是针对对方报价与己方看法过于悬殊所采取的一种做法，在分析的基础上，找出对方报价条款中的不合理处，逐条与对方磋商，目的在于使对方撤回原价，重新考虑比较实际的报价。有时也可以先拟定提问顺序表，把握好提问顺序，在逐渐取得一致看法后，再抛出还价的价格条款。

2.低还价法

这是与高报价针锋相对的一种策略。只要有充分理由，还价要尽可能低，这可抑制对方的期望，纠正讨价还价的起点。有时也可不考虑对方的发盘，而由己方采用口头或书面方式重新报价，探测对方的反应。讨价还价实际上是一场紧张的斗智活动，除了应确定正确的还价步骤、方案外，还要善于观察，从对方的谈吐、举止、神态及姿态中去捕捉其内心活动，分析谈判对手的潜在意图，采取相应的对策。

3.列表还价法

这是在冲突性较小的情况下采用的一种还价方法。由于双方已有长期的合作关系，彼此信任度较高，采用列表还价法可以加快谈判进程。其具体做法是列出两张表：一张是己方不能让步的问题和交易条件，常写成合同条款形式；另一张是己方可以考虑让步或给予优惠的具体项目，最好附上数字，表明让步的幅度和让步范围。

4.条件还价法

在大型商务谈判中，讨价还价阶段往往需要多回合的会谈。如果双方的想法和要求差距很大，并都坚持不让步，谈判就会陷入僵局。为打破僵局，争取谈判成功，常采用条件还价法，即以让步换取让步。如果对方不肯在价格上再做变动，则在同意这种价格的同时，要求对方放宽其他条件。在实际的商务谈判中，有经验的人员在对方反复要求让步的情况下，为争取较好的经济效果还常用权限不足策略，即以诚恳的态度告诉对方，自己已无权再做让步，以此阻止对方的要求。在这种情况下，老练的谈判者还会运用"欲抑故扬"的技巧，用轻松、真诚的语调，赞扬对方是讨价还价的能手，自己远远不及等。

五、发现对方价格临界点的方法

在价格谈判中，想要获得更多的利益，就要发现对方可接受的临界点价格。这需要运用一些策略来探测对方，也就是找出买方能够支付的最高价格或卖方愿意出售的最低价格。

1.买方发现卖方价格临界点的方法

（1）假买探测法。买方利用假装要购买额外的商品来发现卖方的降价幅度，从而发现卖方愿意出售的最低价格。如卖方在其他商品上从10元降到5元，可以发现其降价幅度为50%。

（2）出价考察法。买方想知道卖方是否愿意以100元的价格出售某商品，于是给出60元的价格请卖方考虑，然后观察卖方的反应，买方就可以大概了解卖方的最低售价了。

（3）增加批量法。买方首先确定单价，然后增加购买数量，看对方降价的幅度，从而发现卖方的最低售价。

（4）使之放松警惕法。买方先对卖方的产品表现出深厚的兴趣，借口无力支付这么高的价格，表示非常遗憾，然后诚恳地问卖方最低价是多少。

（5）设托的方法。买方可让另一个人出低价来试探卖方的反应，然后再由自己来和卖方议价。

（6）比较法。买方告诉卖方自己之前购买的价格或自己所知道的他人购买的价格，以试探卖方对低价格的反应。

（7）更改报价法。买方先出不太低的价格来引起卖方的兴趣，然后假装发现出错了价，再撤回原先的报价，出更低的价格试探对方。

买方发现卖方价格临界点的其他方法如下：

第一，买方如想找出卖方愿意接受的价格，可以先考虑购买品质较差的产品，然后再设法以较低的价格购买品质较好的产品。

第二，买方先和卖方说好交易内容，在反复考虑后，向对方提出必须再降低价格，才可以成交。

第三，先使谈判快速进行，买方尽可能使对方作出最大让步，即使谈判破裂也无妨，然后再请第三者来仲裁，并且使对方做更大的让步。

第四，买方可以用"这是我出的最高价格，不接受这个价格就算了"的方法来试探卖方的反应。

第五，买方可以用"我这样做，你那样做"的策略来试探卖方愿意接受的最低价格。买方可以用让步来交换卖方的让步，假如卖方让步了，再以这个问题作为出发点继续尝试。

第六，买方可以用"合起来多少钱"的方法来试探卖方可以接受的最低价。买方可以先问卖方两个物品加起来的价钱，再询问其中一个物品（价格高的那个）的价钱，然后和卖方商量另一个较为便宜的物品的价钱。

第七，直接让对方摊牌，说出可以接受的最低价格。

2.卖方发现买方价格临界点的方法

（1）卖方假装和买方讨论另一物品的价格，来试探买方所出的价格可以涨至多少元，从而发现买方愿意接受的最高价格。

（2）卖方先给买方报一个价格，让买方考虑，看看买方的反应，从而了解买方心目中的价格或者他的预算金额。

（3）卖方先提供某些没有的物品，探询买方愿意付的价格，然后再以其他物品来求得更高的价格。

（4）卖方通过询问买方的购买量来试探买方可以接受的最高价格。

（5）卖方先出价，然后以此为基础试探买方愿支付的价格。买方愿意支付的价格通常很低，卖方对比后要表现出很惊奇的样子，再作出显然无法成交的表示，然后要求买方诚恳地告诉他最高的出价是多少，作为未来交易的参考。这时买方的状态可能已经松懈下来，就会说给卖方听，卖方说他会请示上司。隔一段时间后，卖方又提出对他有利的最后价格，通常买方还是会接受的，这个交易对双方都有利。

（6）卖方通过询问买方所了解的市场行情和对市场行情的看法，来试探买方可以接受的最高价。

（7）卖方告诉买方其他已成交的交易，用以试探买方对高价的反应。

（8）卖方先出低价来引起买方的兴趣，然后假装发现出错了价，再撤回原先的出价。

（9）卖方根据买方所拥有的资金多寡，试探他对一批产品是否真有兴趣，先谈高质高价产品，再逐次降低。

卖方发现买方价格临界点的其他方法如下：

第一，卖方先和买方说好交易内容，反复考虑后，告诉买方自己没有利润，必须将价格提高一点，看对方的反应。

第二，卖方也可以使用仲裁策略，先使谈判继续进行，尽可能使对方作出最大让步，然后再请第三者来仲裁，并且使买方做进一步的让步。

第三，卖方可以用"这是最后的价格，否则就算了"的策略来试探买方的反应。

第四，卖方可以用"我这样做，你那样做"的策略来试探买方可以接受的最高价格。

第五，卖方可以把两个以上的产品合在一起进行报价，然后询问买方可以接受的价格，从而发现对方可以接受的单个产品价格。

第六，卖方也可以直接向买方询问其可以出的最高价格，这样可能双方会互相摊牌，快速成交。

知识窗

报价的艺术

报价时，不要对己方报价作过多的解释、说明，必须解释时，应遵循以下原则：①不问不答；②有问必答；③避实就虚；④能言不书。

无论你是买方还是卖方，尽量不先报价，可诱导对方先报价，探测对方的价格期望，然后逐步探究对方的价格底线，这样对己方十分有利。

在实际的谈判过程中，探测对方的价格临界点是相互的，所以双方都要小心谨慎，不要中了对方的计。当然，也可以利用一些假消息将计就计，麻痹对方。在使用各种方法时，要注意伪装和观察，根据实际情况灵活应用，可以把各种方法结合在一起使用；同时，要注意各种方法的变形。这样才能达到预期的目的，也不至于上当。

任务实施

一、复习

1.报价的基础和方法。

2.报价策略的运用。

3.报价的技巧。

4.讨价和还价的方法。

5.发现对方价格临界点的方法。

二、任务内容

1.12家公司就牛仔裤交易进行模拟谈判。

2.使用报价和探测价格底线的谈判技巧。

3.以探测牛仔裤临界价格为目的，有意识地使用相关策略和技巧与商家谈判。

三、任务要求

1.买卖双方报价、探测价格底线的方法运用熟练，态度认真。

2.谈判结束后各组要认真总结，要求每组选出1名代表在课堂上叙述谈判过程。

3.准备时间为10分钟。

4.任务组织具体见表5-1。

表5-1 　　　　　　　　　　　　报价与探测价格底线训练任务组织表

任务项目	具体实施	时间	备注
报价与探测价格底线	（1）将学生分为12组，每组成立1个公司：6个公司为采购商，6个公司为销售商。每个公司4个人 （2）就5 000条牛仔裤交易进行谈判。卖方价格统一规定（买方不知） （3）6对公司同时进行谈判，然后分别汇报谈判结果 （4）组织学生集体讨论	30分钟	教室内提前准备资料

四、任务评价

任务评价具体见表5-2。

表5-2 　　　　　　　　　　　　报价与探测价格底线训练任务评价表

评价指标	评价标准	分值（100分）	评估成绩	所占比例
理解报价 报价训练 探测情况 配合情况	1.谈判中理解报价的含义	20		70%
	2.能灵活运用报价策略	20		
	3.能创新报价技巧	20		
	4.探测到的价格底线接近实际	10		
	5.模拟真实	10		
	6.相互配合默契	10		
	7.活动评估效果好	10		
教学过程	参与度、态度和热情	100		30%
小组综合得分				

任务描述

一帆风顺的谈判是谈判者的理想，但现实常不尽如人意，不断地出现僵局和不断地打破僵局是现实谈判中的常态。本任务主要探讨产生僵局的原因、僵局的分类、出现僵局的可能和突破僵局的策略。

案例导入

我国曾获得过一笔某国际金融组织提供的贷款，用来建造一条二级公路。按理说，这对于我国现有筑路工艺技术和管理水平来说是一件比较简单的事情。然而，负责这个项目的某国际金融组织的官员却坚持要求我方聘请外国专家参与管理，这就意味着我方要大幅增加在这个项目上的开支，于是我方表示不能同意。我方在谈判中向该官员详细介绍了我国的筑路水平并提供了有关资料。这位官员虽然提不出什么具体意见，但由于以往对中国缺乏了解，或是受偏见支配，他不愿意放弃原来的要求，这时谈判似乎已陷入僵局。

为此，我方特地作出了安排，请他去实地察看了我国自行设计并建造的几条高水准公路，并由有关专家进行了详细的介绍和说明。正所谓"百闻不如一见"，他这才算彻底服气了，僵局也由此打破，谈判得以顺利完成。

资料来源　黄伟平. 国际商务谈判［M］. 北京：机械工业出版社，2008.

试问：在该案例中，中方代表采用了什么策略？带给我们哪些启示？

知识储备

一、产生僵局的原因

僵局对谈判者来说是不可避免的，能否处理得当直接影响谈判结果。了解谈判僵局出现的原因，避免僵局出现，一旦出现僵局能够运用有效的策略和技巧打破僵局，重新使谈判顺利进行下去，就成为谈判人员的重要技能。

1.立场、观点的争执

双方各自坚持自己的立场、观点而排斥对方的立场、观点，形成僵持不下的局面。在谈判进程中，如果对对方的立场、观点产生主观偏见，认为己方是正确合理的，而对方是错误的，并且不肯放弃自己的立场、观点，往往会出现争执，使谈判陷入僵局。双方真正的利益需求会被这种立场、观点的争论搅乱，而双方为了维护自己的面子，不但不愿作出让步，反而用否定的语气指责对方，迫使对方改变立场、观点，谈判就变成了不可相容的对立。谈判者出于对己方立场、观点的维护心理往往会产生偏见，不能尊重对方的观点和客观事实。双方都固执己见，排斥对方，而把利益放在脑后，甚至为了"捍卫"立场、观点的正确而以退出谈判相要挟。

这种僵局处理不好就会破坏谈判的合作气氛，浪费谈判时间，甚至伤害双方的感情，最终使谈判走向破裂的结局。立场、观点的争执所导致的僵局是比较常见的，因为人们很容易在谈判时陷入立场、观点的争执而不能自拔，使谈判陷入僵局。

2.面对强迫的反抗

一方向另一方强加某些条件，被强迫一方越是受到强迫，就越不退让，从而形成谈判僵局。一方占有一定的优势，并以优势者自居向对方提出不合理的交易条件，强迫对方接受，否则就威胁对方。被强迫一方出于维护自身利益或是维护尊严的需要，拒绝接受对方强加于己方的不合理条件，反抗对方的强迫。这样双方僵持不下，使谈判陷入僵局。

3.信息沟通的障碍

谈判是一个信息沟通的过程，双方只有实现正确、全面、顺利的信息沟通，才能互相深入了解，正确把握和理解对方提出的条件。但是实际上双方的信息沟通会遇到种种障碍，造成信息沟通受阻或失真，使双方产生对立，从而使谈判陷入僵局。

信息沟通的障碍指双方在交流信息的过程中由于主客观原因所造成的理解障碍。其主要表现为：由双方文化背景差异所造成的观念障碍、习俗障碍、语言障碍；由双方知识结构、教育程度的差异所造成的问题理解障碍；由双方心理、性格差异所造成的情感障碍；由双方表达能力、表达方式的差异所造成的传播障碍等。信息沟通的障碍使谈判双方不能准确、真实、全面地进行信息、观念、情感的沟通，甚至会产生误解和对立情绪，使谈判不能顺利进行下去。

4.谈判者行为的失误

谈判者行为的失误常常会引起对方的不满，使其产生抵触情绪和强烈的反抗，从而使谈判陷入僵局。例如，个别谈判人员工作作风、礼节礼貌、言谈举止、谈判方法等出现严重失误，触犯了对方的尊严或利益，就会使对方产生对立情绪，使谈判很难顺利进行下去，造成很难堪的局面。

5.偶发因素的干扰

在商务谈判过程中，有可能出现一些偶发情况。当这些情况涉及谈判某一方的利益得失时，谈判就会由于这些偶发因素的干扰而陷入僵局。例如，在谈判期间外部环境突变，某一谈判方如果按原有条件谈判就会蒙受利益损失，于是他便推翻已作出的让步，从而引起对方的不满，使谈判陷入僵局。由于谈判不可能处于真空地带，谈判者随时都要根据外部环境的变化而调整自己的谈判策略和交易条件，因此这种僵局的出现也就不可避免了。

6.意见分歧

双方在利益分配上产生分歧，互相都不肯让步，导致谈判陷入僵局。实践中很多谈判人员都害怕僵局的出现，担心由于这种僵局导致谈判暂停甚至最终破裂。其实不必如此多虑，谈判经验告诉我们，这种暂停甚至破裂并不完全是坏事。因为谈判暂停，可使双方都有机会重新检视各自的出发点，既能维护各自的合理利益，又会努力寻找双方的共同利益。

以上是产生谈判僵局的几种原因。谈判中出现僵局是很自然的事情，虽然人人都不希望出现僵局，但是出现僵局也并不可怕。面对僵局不要惊慌失措或情绪沮丧，更不要一味指责对方没有诚意，要弄清僵局产生的真正原因是什么、分歧点究竟在哪、谈判形式怎样，然后运用有效的策略突破僵局，使谈判顺利进行下去。

二、僵局的分类

许多谈判之所以会陷入僵局，从商务谈判实践的角度去看，多是双方基于情感、立场、观点、原则上的主观因素所引发的，所以基于此可以把僵局分为三类：

第一类，策略性僵局，即谈判中的一方有意地制造僵局，给对方造成压力而为己方争取时间和创造优势。

第二类，情绪性僵局，即在谈判过程中，一方的讲话引起对方的反感，使冲突升级，出现了以牙还牙、唇枪舌剑、互不相让的局面。

第三类，实质性僵局，即双方在谈判过程中涉及商务交易的核心——经济利益时，意见分歧较大，难以形成一致的意见，双方固守己见，毫不相让，从而形成实质性僵局。

三、出现僵局的可能

在下列情况下，谈判出现僵局的可能性比较大：

（1）谈判双方势均力敌，同时各自的目的、利益都集中在某个问题上。比如，一宗商品交易，买卖双方都十分关注商品的价格、交易方式这两个条款。这样双方通融、协调的机会就比较小，很容易在这两个问题上斤斤计较、互不相让，形成僵局。

（2）双方对交易条款的要求和想法差别较大，也容易形成僵局。例如，一桩进口机械设备的交易，卖方要价20万元，而买方出价10万元；卖方要求一次性付款，买方则坚持两次付清。这样一来，要协调双方的诉求就比较困难。通常的做法是双方都作出同等让步，如有任何一方不妥协，僵局就会出现。

（3）谈判中，由于一方言行不慎，伤害到对方或使对方丢了面子，也会形成谈判僵局，而且这种僵局最难处理。一些有经验的谈判专家认为，许多谈判人员维护自己的面子胜过维护公司的利益。如果在谈判中一方感觉丢了面子，他会奋起反击以挽回面子甚至不惜退出谈判。此时，这种人处于一种激动不安的状态，态度特别固执，语言也特别富有攻击性，即使是一个微不足道的小问题，也毫不妥协退让，谈判随之陷入僵局。

（4）在谈判中，以坚持立场的方式磋商问题也容易使谈判陷入僵局。一方宣称要做什么、不做什么，另一方也针锋相对，这就大大缩小了双方回旋的余地，加大了妥协的难度。

（5）人员素质的低下同样会使谈判陷入僵局。俗话说"事在人为"，谈判人员的素质是谈判能否成功的重要因素。当双方合作的客观条件良好、共同利益较一致时，谈判人员的素质高低往往是起决定性作用的因素。谈判人员在使用一些策略时，如时机掌握不好，或运用不当，往往导致谈判过程受阻及僵局的出现。因此，无论是谈判人员作风方面的原因，还是知识经验、策略技巧方面的不足或失误，都可能导致谈判僵局的出现。

案例 5-1

坏脾气的采购经理

某公司的采购经理脾气非常暴躁。在一次采购谈判陷入僵局的时候，该采购经理随手将一个玻璃杯摔碎。参加谈判的对方人员回去后便向业界同行说："某公司员工有暴力倾向。"

一时间，该公司的采购变得困难起来。为了挽回被动局面，该采购经理只能被迫辞职。

试问：这个案例带给我们哪些启示？

四、突破僵局的策略

如果谈判中间出现了僵局，谈判毫无进展，处理僵局的关键是努力缓和对立情绪，消除分歧，推动谈判进一步发展。其具体策略有以下几种：

1.回避分歧，转移话题

当双方就某一议题产生严重分歧都不愿意让步而使谈判陷入僵局时，一味地争辩解决不了问题。此时，双方可以回避有分歧的议题，换一个新的议题继续谈判。这样做有两点好处：可以争取时间先进行其他问题的谈判，避免长时间的争辩耽误宝贵时间；当其他议题经过谈判达成一致之后，对有分歧的问题会产生积极影响，双方再回过头来谈陷入僵局的议题时，气氛会有所好转，思路会变得开阔，问题的解决会比之前容易得多。

2.尊重客观，关注利益

当谈判双方各自坚持己方的立场、观点，由于主观认识的差异而使谈判陷入僵局时，处于激烈争辩中的谈判者容易脱离客观实际，忘掉双方的共同利益是什么。所以，当谈判陷入僵局时，首先要克服主观偏见，从尊重客观的角度看问题，关注企业的整体利益和长远目标，而不要一味地追求论辩的胜负。如果由于某些枝节问题争辩不休而导致僵局，这种争辩是没有多大意义的。即使争辩的是关键性问题，也要客观地评价双方的立场和条件，充分考虑对方的利益要求和实际情况，认真冷静地思索己方如何才能实现比较理想的目标，避免一味地希望通过坚守自己的阵地来"赢"得谈判。这样才能静下心来面对客观实际，为实现双方的共同利益而设法打破僵局。

3.多种方案，选择替代

如果双方仅采用一种方案进行谈判，当这种方案不能为双方同时接受时，就会形成僵局。实际上，谈判中往往存在多种满足双方利益的方案。双方在谈判准备期间就应该预先制订出多种可供选择的方案，谈判中一旦某种方案遇到障碍，就可以提供其他的备用方案供对方选择，使"山重水复疑无路"的局面转变成"柳暗花明又一村"的好形势。谁能够创造性提供可选择的方案，谁就能掌握谈判的主动权。当然，这种替代方案要既能维护己方的切身利益，又能兼顾对方的需求。这样才能使对方对替代方案感兴趣，进而从新的方案中寻找双方的共识。

4.尊重对方，有效退让

当谈判双方各持己见、互不相让而使谈判陷入僵局时，谈判人员应该明白，坐到谈判桌前的目的是达成协议，实现双方的共同利益。如果退让能促使合作成功且其带来的利益大于己方的最低期望，那么退让就是聪明有效的方法。采取有效退让的方法打破僵局基于三点认识：第一，己方用辩证的思考方法，明智地认识到在某些问题上稍做让步，而在其他问题上争取更好的条件；在眼前利益上做一点牺牲，而换取长远的利益；在局部利益上稍做让步，而保证整体利益。第二，己方多站在对方的角度看问题，消除偏见和误解，对己方一些要求过高的条件作出一些让步。第三，这种主动退让的姿态向对方传递了己方的合作诚意和尊重对方的信息，会促使对方在某些条件上作出相应的让步；如果对方坚持原有的条件寸步不让，证明对方没有诚意，己方就可以变换新的策略，调整谈判方针。

5.暂时休会，冷调处理

当谈判出现僵局而一时无法用其他办法打破时，可以采用冷调处理的方法，即暂时休会。由于双方争执不下，情绪对立，很难冷静下来进行周密的思考。休会以后，双方情绪平稳下来，可以冷静地思考一下彼此的分歧究竟是什么，对前一阶段的谈判进行总结，考虑一下僵局会给自己带来什么样的损害，环境因素有哪些发展变化，谈判的紧迫性如何等。另外，也可以在休会期间向上级领导做汇报，请示一下其对僵局处理的指导意见，把某些让步条件的实施授权给谈判者，以便谈判者采取下一步行动。此外，可以在休会期间让双方高层领导进行接触，融洽彼此僵持对立的关系；或者组织双方谈判人员参观游览、参加宴会、舞会或开展其他娱乐活动，使双方在轻松愉快的气氛中进行无拘无束的交流，进一步交换意见，重新营造友好合作、积极进取的谈判氛围。经过一段时间的休会，当大家再一次坐到谈判桌前的时候，原来僵持对立的问题会比较容易沟通和解决，僵局也就随之被打破了。

6. 以硬碰硬，据理力争

当对方提出不合理条件，制造僵局，给己方施加压力，特别是在一些原则性问题上表现得蛮横无理时，要以坚决的态度据理力争。因为这时作出损害原则的退让和妥协，不仅会伤害己方的利益和尊严，而且会助长对方的气焰。所以，己方要明确表示拒绝接受对方的不合理要求。但是一旦对方不能接受己方的条件，就有可能导致谈判破裂。因此，在己方没有做充分的准备，以及没有多次努力尝试以其他方法打破僵局时，不能贸然采用这一方法。这种策略使用的前提条件之一是己方的要求是合理的，而且也没有退让的余地，因为再退让就会损害己方的根本利益。另一前提条件是己方不怕谈判破裂，不会用牺牲企业利益的手段去防止谈判破裂。如果双方珍惜彼此的合作，在己方摊牌之后，对方有可能选择退让的方案，使僵局被打破，达成一致的协议。

7. 孤注一掷，背水一战

当谈判陷入僵局，己方认为自己的条件是合理的，无法再作让步，而且又没有其他可以选择的方案时，可以采用孤注一掷、背水一战的策略。把己方的条件摆在谈判桌上，明确表示自己已无退路，希望对方能作出让步，否则情愿接受谈判破裂的结局。在谈判陷入僵局而又没有其他方法破解的情况下，这往往是最后一个可供选择的策略。

当作出这一选择时，己方必须做最坏的打算，做好承受谈判破裂的心理准备。因为一旦对方不能接受己方的条件，就有可能导致谈判破裂。

8. 适当馈赠，打破僵局

谈判者在相互交往的过程中，适当地互赠些礼品，对增进双方的友谊、沟通双方的感情能起到一定的作用，这也是普通的社交礼仪。西方学者幽默地将其称为"润滑策略"。每一个精明的谈判者都知道：给予对方热情的接待、良好的照顾和服务，对谈判往往会产生重大的积极影响。它对防止谈判出现僵局是一个行之有效的途径，是直接明确地向对手表示"友情第一"。

所谓适当馈赠，就是说馈赠要讲究艺术：一是注意对方的习俗，二是防止有贿赂之嫌。有些企业为了实现自身或企业领导人或业务人员的利益，在谈判中改变了送礼这一社交礼仪的性质，使之等同于贿赂，不惜触犯法律，这是错误的。馈赠的礼物必须是在社交范围内的普通礼物，突出"礼轻情意重"。谈判时，招待对方吃一顿地方风味的午餐，陪对方度过一个美好的夜晚，赠送一些小礼物，并不是贿赂，提供这些平常的招待也不算是搞不正之风。如果对方馈赠的礼品比较贵重，通常意味着对方要在谈判中"索取"较大的利益。对此，要婉转地暗示对方礼物过重，予以推辞，并要传达出自己不会因礼物的价值而改变谈判态度的信号。

9. 场外沟通，打破僵局

谈判的场外沟通亦称"场外交易""会下交易"等。它是一种非正式谈判，双方可以无拘无束地交换意见，达到沟通情感、清除障碍、避免出现僵局之目的。对于正式谈判出现的僵局，同样可以用场外沟通的途径直接进行解决，以消除隔阂。

（1）采用场外沟通策略的时机。

① 谈判双方在正式会谈中相持不下，谈判即将陷入僵局时。彼此虽有亲和之心，但

在谈判桌前碍于面子，难以启齿。

② 谈判陷入僵局，谈判双方或一方的幕后主持人希望借助非正式的场合进行私下商谈。

③ 谈判一方的代表因为身份问题，不宜在谈判桌前让步以打破僵局，但是可以借助私下交谈打破僵局，这样不会牵扯到身份问题。例如，谈判的领导者不是专家，但实际上做决定的是专家。这样，在非正式场合，专家就不受身份的约束，可以从容商谈，打破僵局。

④ 谈判对手在正式场合严肃、固执、傲慢、自负，喜好被奉承。这样，在非正式场合给予其恰当的恭维（因为恭维别人不宜在谈判桌上进行），就有可能使其作出较大的让步，打破僵局。

⑤ 谈判对手喜好郊游、娱乐。这样，在谈判桌前谈不成的东西，在郊游和娱乐的场合就有可能谈成，从而打破僵局，达成有利于己方的协议。

（2）运用场外沟通策略应注意的问题。

① 谈判者必须明白，在一场谈判中用于正式谈判的时间是不多的，大部分时间都是在场外度过的，因此必须把场外活动看作谈判的一部分，场外谈判往往能得到正式谈判所得不到的东西。

② 不要把所有的事情都放在谈判桌上讨论，而是要通过一连串的社交活动，讨论和研究问题的细节。

③ 当谈判陷入僵局时，就应该离开谈判桌，举办各种娱乐活动，使双方无拘无束地交谈，彼此相互了解，沟通感情，建立友谊。

④ 借助社交场合，主动和非谈判代表中的有关人员（如工程师、会计师、工作人员等）交谈，借以了解对方更多的情况，往往会有意想不到的收获。

⑤ 在非正式场合，可由非正式代表提出建议、发表意见，以促使对方思考，因为即使这些建议和意见很不利于对方，对方也不会追究，毕竟讲这些话的不是谈判代表。

10.其他可以选择的策略

（1）改变谈判方式。在谈判中可以策略性地先撇开争执的问题，而不是盯住一个问题不放、谈不妥誓不罢休。例如，在价格问题上双方互不相让时，可暂时搁置，改谈交货期、付款方式等问题。如果在这些方面令对方满意，可再重新回到价格问题上来。这样就可以减少阻力，增加回旋余地，有可能使谈判出现转机。

（2）改变谈判环境。在谈判中有可能付出了很大努力，采取了很多办法、措施，谈判僵局还是很难打破。这时，可以考虑改变谈判环境。在正式谈判场合，由于谈判气氛紧张，谈判人员很容易产生压抑、沉闷甚至烦躁不安的情绪。东道主可组织谈判双方开展一些活动，如游览观光等，使紧张的气氛得到缓解。谈判双方可不拘形式地就某些僵持问题继续交换意见，在融洽轻松的氛围中消除障碍，使谈判出现新的转机。

（3）利用调解人。当谈判出现僵局时，谈判双方的感情可能会受到伤害。因此，即使一方提出缓和的建议，另一方在情感上也难以接受。在这种情况下，最好找一个双方都能接受的中间人作为调解人或仲裁人。调解人最好是与谈判双方都没有直接利益关系的第三方，一般要有丰富的社会经验、较高的社会地位、渊博的知识。总之，调解人的威望越高，越能获得双方的信任，越能缓和双方的矛盾，使双方达成谅解。

（4）调整谈判人员或领导出面协调。谈判中出现僵局，经双方努力仍无效果时，可征得对方的同意，及时更换谈判人员。当然，这是一种迫不得已、被动的做法，必须谨慎使用。必要时，可请领导出面，因势利导，以表明对谈判的重视，也能取得破解僵局的效果。

（5）尊重文化的差异。国际商务谈判在许多情况下都是跨文化谈判，跨文化谈判最重要的是理解和尊重对方的文化。当我们已经习惯某一种文化时，常常不能正确理解不同文化环境下人们行为的差异，因此谈判僵局就会出现。所以，要避免文化差异带来的负面影响，就要认真了解谈判对手的文化背景，了解他们的风俗习惯和商务禁忌，做到知己知彼、百战不殆。

小测试

如何破解僵局？

甲同学在教室学习，其同桌乙在篮球场打完球后回到教室，乙同学想打开窗户，但遭到甲同学的阻止。

请你分别从甲、乙两位同学的角度设想一下如何破解僵局（当然，以僵局得到合理破解为准）。

任务实施

一、复习
1.产生僵局的原因。
2.僵局的分类。
3.出现僵局的可能。
4.突破僵局的策略。

二、任务内容和要求
1.就牛仔裤交易进行模拟谈判，训练学生谈判僵局的处理能力。
2.要注意把三种僵局的特征表现清楚，应对办法要灵活可行，态度认真。

三、任务组织
任务组织具体见表5-3和表5-4。

表5-3   僵局处理任务组织表

活动项目	具体实施	时间	备注
僵局处理训练	（1）将全班同学分为A、B两组，A组为牛仔裤经销商，即买方；B组为牛仔裤生产厂家，即卖方。A组与B组对应演练 （2）内容是就牛仔裤交易进行模拟谈判 （3）各组分别抽取事先写好的有关僵局倾向的题签，按照题签要求设计僵局 （4）各组总结三种僵局的特点和出现原因，并对本组的办法进行评价 （5）准备时间为10分钟	30分钟	教室内提前准备资料

表5-4　　　　　　　　　　　　　　　僵局处理任务分组表

情绪性僵局			策略性僵局		
应对			应对		
A组买方		1组：4人	B组卖方		1组：4人
		2组：4人			2组：4人
		3组：4人			3组：4人
		4组：4人			4组：4人
		5组：4人			5组：4人

四、任务评价

任务评价具体见表5-5。

表5-5　　　　　　　　　　　　　　　僵局处理任务评价表

评价指标	评价标准	分值（100分）	评估成绩	所占比例
僵局处理策略	1.模拟谈判真实、形象	20		70%
	2.把握了三种僵局的特点	20		
	3.应对办法切实可行	20		
	4.讨论积极，观点鲜明	10		
	5.小组成员配合默契	10		
	6.语言真实、表达清楚	10		
	7.评价	10		
教学过程	出勤、态度和热情			30%
小组综合得分				

任务三　　　　　　　　　　　　　　　让步策略

任务描述

任何一项谈判的成功，都离不开谈判的某一方、双方或多方作出的一定程度的让步或妥协，让步或妥协可以说是谈判艺术的集中体现。本任务主要探讨让步的原则、技巧、步骤、方式和迫使对方让步的策略。

案例导入

老张在农村经营着一个规模较大的果园。让我们来看一看他是如何与一家大型水果批发商商谈合作事宜的。

起初，双方在价格上僵持不下，老张坚持自己的价格，而批发商则希望压低价格以获取更高利润。后来，老张想起了谈判中的让步策略。

首先，老张决定采取"索取回报要及时"的方法。他对批发商说："如果我在价格上作出一些让步，那么你能否保证在采购量上有所增加，并且提前支付一部分货款呢？"批发商考虑后同意了这个要求。

接着，老张开始调整价格，但他不是一次性大幅度让步，而是采用"让步幅度逐渐降"的策略。

第一次稍微降低一点价格，观察批发商的反应，然后根据情况再决定下一步的让步幅度。同时，老张坚决避免"轻易做折中"。他明白一旦轻易折中，会让对方觉得还有更大的谈判空间。

最终，通过合理的让步，双方达成了合作，老张的水果获得了稳定的销售渠道，批发商也得到了满意的货源。

资料来源　乡村创业潮. 农村创业：以让步成就共赢之路［EB/OL］.［2024-11-06］. https：//mp. weixin.qq.com/s/sdwt4xjzOVN-rHS1gum0hw.

试问：这个案例带给我们哪些启示？

知识储备

一、让步的原则

在商务谈判的过程中，经常会遇到一些棘手的利益冲突问题，如交货期时间长短问题、价格问题、运输问题、合同问题等，解决这些问题最好的办法之一就是恰当地运用让步策略。当利益冲突不能采取其他方式协调时，客观、恰当的让步会起到非常重要的作用。成功让步的策略和技巧体现在谈判的各个阶段。要准确、有价值地作出让步，必须服从以下原则：

1.目标价值最大化原则

谈判必须事先确定目标，很多情况下目标并非单一目标；在实现多重目标的过程中，不可避免地会出现目标冲突现象。谈判的过程实际上是寻求双方目标价值最大化的过程，但这种价值的最大化不是所有目标价值的最大化，否则就违背了商务谈判中的公平、公正原则。由此，在处理涉及不同目标的问题时应使用让步策略。不同目标的重要价值及紧迫程度是不同的，所以在处理这类问题时所要掌握的原则就是在目标之间依照重要性和紧迫性确定优先顺序，优先实现重要的及紧迫的目标，在条件允许的情况下可适当争取其他目标的实现。让步策略首要的是保证重要目标价值的最大化，如关键环节中的价格、付款方式等。商务谈判人员在解决这类问题时，首先，要考虑在不牺牲任何目标价值的前提下冲突是否可以解决；其次，如果不能解决，必须明确在哪一个层次的目标上作出让步；最后，要清楚作出让步后，重要目标是否会受到影响。

2.刚性原则

在谈判中，谈判双方在寻求自身目标价值最大化的同时也要对自己最大的让步价值有所考虑。换句话说，谈判中可以使用的让步资源是有限的。所以，让步方法的使用是刚性的。谈判对手对让步的体会具有"抗药性"，一种让步方式使用几次就会失去效果，同时也应该注意到谈判对手的某些需求是永无止境的。虽然我们在后面阐述的让步的几种方式都具有弹性特点，但那只是针对具体情况而采取的灵活方式。就让步本身来说，刚性原则特征更为突出。因为让步方法的运用是有限的，即使你拥有的让步资源比较丰富，但是在谈判中对手对你的让步的体会也是不同的，并不能保证取得预先期望的价值回报。因此，在刚性原则中必须注意以下三点：

（1）谈判对手的需求是有一定限度的，也是有一定层次差别的，让步策略的运用也必须是有限和有层次差别的。

（2）让步策略运用的效果是有限的，每一次的让步只能在谈判的一定时期内起作用，而且是针对特定阶段、特定人物、特定事件起作用的，所以不要期望满足对手所有的意愿，对重要问题的让步必须给予严格的控制。

（3）时刻对让步资源的投入与所期望的产出进行比较，必须做到让步资源的投入小于所产生的积极效益。在使用让步资源时，一定要有一个所获利润的预算，你需要投入多大比例来保证你所期望的回报，并不是投入越多回报越多，而是寻求一个二者之间的最佳组合。

3.时机原则

所谓时机原则，就是在适当的时机和场合作出适当的让步，使让步所起的作用最大、所产生的效果最佳。虽然让步的正确时机和不正确时机说起来容易，但在谈判的实际过程中是非常难以把握的，常常存在以下问题：①时机难以判定，如认为对方提出要求时让步的时机到了，或者认为让步有一系列的方法，谈判即将完成时是最佳时机。②让步的随意性导致时机把握不准确。在商务谈判中，许多谈判者仅仅根据自己的喜好、兴趣、成见、性情等因素使用让步策略，而不顾及所处的场合、谈判的进展情况及发展方向等，不遵从让步的原则、方式和方法。这种随意性会导致让步价值缺失、让步原则消失，进而使对方的胃口越来越大，使己方在谈判中丧失主动权，导致谈判失败，所以在使用让步策略时千万不能随意为之。

4.清晰原则

在商务谈判的让步策略中，清晰原则是指让步的标准、让步的对象、让步的理由、让步的具体内容及实施细节应当准确明了，避免因为让步而导致新的问题和矛盾。其常见的问题有：

（1）让步的标准不明确，使对方感觉自己的期望与你的让步意图错位，甚至感觉你没有让步而是含糊其词。

（2）让步的方式、内容不清晰。在谈判中，你所作的每一次让步必须是对方能明确感受到的。也就是说，让步的方式、内容必须准确、有力度，对方能明确感受到你所作的让步，从而激发对方的反应。

5.弥补原则

即便迫不得已，己方再不作出让步就有可能使谈判夭折，也必须把握住"此失彼补"这一原则，即这一方面（或此问题）虽然己方给了对方优惠，但在另一方面（或其他问题）必须加倍至少均等地获取回报。当然，在谈判时，如果发觉此问题己方若是让步可以换取更大的好处，应毫不犹豫地让步，以保持全盘的优势。

在商务谈判中，为了达成协议，让步是必要的。但是，让步不是轻率的行动，必须要遵循上述原则。成功的让步可以起到以牺牲局部利益来换取整体利益的作用，甚至在有些时候可以取得"四两拨千斤"的效果。

知识窗

运用让步策略需要注意的三个事项

注意事项一：不要作无谓让步

让步时机是指让步的时间和问题的排序。从时间上看，让步既不要提前，也不要延后。提前会提高对方的期望值，迫使己方继续让步；延后则有可能失去谈判成功的机会。从问题上看，谈判前和谈判中要不断深入了解对方的真实需求，哪些问题对方最为关心，哪些问题于对方较为次要或无所谓。谈判中如何依序提出问题等，均要通盘考虑，尤其是关键问题，宜在对方一再请求和说服之下，以忍痛合作的态度作出小幅度让步，使对方感觉来之不易，才会珍惜你的让步。

不作无谓让步，是指每次让步都应该换取对方在其他方面的相应让步或优惠，不该让步时绝不让步。

注意事项二：不要太快让步

每次让步的幅度不宜过大，让步的节奏也不宜太快，否则会使对方认为你最初的报价或还价水分很大，从而要求你不断让步。一般来说，不宜承诺同幅度的让步，重要问题力争使对方让步，次要问题可考虑先作让步。谈判中如谈判人员作为买方，可主动作次要问题的让步，起初幅度可稍大一些，以后就缓慢让步。

注意事项三：让步时不要不加掩饰

在整个谈判过程中，要注意掩饰己方的真实意图，暴露真实意图对己方而言无疑是致命伤；同时，要强调让步对己方利益造成的损害，即使对方让步使自己获利不少，也不能喜形于色。谈判高手总是让对方觉得大家打了平手，切忌将对方视为绝对的失败者。

二、让步的技巧

（一）让步的常用技巧

1.不要做无谓的让步

让步应体现出对己方有利的宗旨。每次让步，或是以牺牲眼前利益换取长远利益，或是以己方让步换取对方更大的让步和优惠。

2.让步要让在刀刃上

让步要让得恰到好处，能使己方以较小的让步获得对方较大的满意。

3.让步心态不要表现得太清楚

每次让步都应该指向可能达成的协议，但是不能让对方看出己方的目的所在。

4.不要做交换式的让步

让步并不需要双方互相配合，以大换小、以新换旧、以小问题换大问题的做法是不足取的。

5.不要承诺作出同等程度的让步

一报还一报的互相让步是不可取的。如果对方提出这种要求，可以己方无法负担作为借口。

6.作出让步前要三思而行

让步要谨慎，不要过于随便，给对方以无所谓的印象。

7.不要让对方轻易得到好处

人们往往不会珍惜轻易得到的东西，所以己方不要轻易让步。

8.不要执着于某个问题的让步

整个合同比各个问题更重要。要向对方阐明：各个问题上所作的让步要视整个合同是否令人满意而定。

9.让步的目标必须反复明确

让步不是目的，而是实现目的的手段。任何偏离目标的让步都是一种浪费。让步要定量化，每次让步后，都要明确让步已到何种程度、是否获得了预期效果。

10.在接受对方让步时要心安理得

不要一接受对方的让步就不好意思，就有义务感、负债感，马上考虑是否作出什么让步给予回报。要是这样的话，你争取到的让步就没有什么意义了。

（二）让步的其他技巧

第一，不要不敢说"不"。大多数人都不敢说"不"，只要你重复说，对方就会认为你所说的是真的，要坚持立场。

第二，在完全了解对方的所有要求以前，不要轻易作任何让步。盲目让步会影响双方的实力对比，让对方占有某种优势，甚至会使对方得寸进尺。

第三，在己方认为重要的问题上力求使对方先让步；而在较为次要的问题上，根据情况需要，己方可以考虑先作让步。

第四，必须让对方懂得，己方每次作出的都是重大让步。即使作出的让步对己方来说损失不大，也要使对方觉得来之不易，从而珍惜得到的让步。

第五，如果作出的让步欠周密，要及早收回，不要犹豫。不要不好意思收回已作出的让步，最后的握手成交才是谈判的结束。

第六，在准备让步时，尽量让对方开口提出条件，表明其要求，先隐藏自己的观点和想法。

第七，一次让步的幅度不宜过大，节奏也不宜太快，但也必须足够，应做到步步为营。

第八，没有得到某个交换条件，永远不要轻易让步；不要免费让步，或是未经重大讨论就让步。如果你得不到一顿晚餐，就得一个三明治；如果你得不到一个三明治，就得一个许诺。许诺是打了折扣的让步。

知识窗

如何阻止谈判对手的进攻

谈判中的让步是伴随进攻而作出的，没有进攻就没有让步。当遇到对方进攻不止、难以应对时，不妨使用下列限制对方进攻的措施：

1.财政限制

财政限制回答举例："我们非常喜欢你们的产品，也感谢你们的合作，遗憾的是我们公司对此项目的预算只有这么多，这个条件我们无法接受。"

2.权力限制

权力限制回答举例："我们非常喜欢你们的产品，也感谢你们的合作，遗憾的是按照我们公司的有关规定，这个条件我们无权接受。"

3.资料限制

资料限制回答举例："实在对不起，有关这个问题的详细资料我们手头没有/这方面属于本公司的商业机密，概不透露，因而暂时还不能作出答复。"

三、让步的步骤

明智的让步是一种非常有力的谈判工具。让步的基本哲理是"以小换大"。谈判人员必须将以局部利益换取整体利益作为让步的出发点，所以，把握让步的实施步骤是必不可少的。

1.确定谈判的整体利益

该步骤在准备阶段就应完成，谈判人员可从两方面确定谈判的整体利益：一是确定此次谈判对双方的重要程度，可以说，谈判对哪一方的重要程度越高，那么，这一方在谈判中越被动；二是确定己方可接受的最低条件，也就是己方能作出的最大限度的让步。

2.确定让步的方式

不同的让步方式可传递不同的信息，产生不同的效果。在商务谈判中，由于交易的性质不同，让步没有固定的模式，通常表现为多种让步方式的组合，并且这种组合还要在谈判过程中依具体情况不断进行调整。

3.选择让步的时机

让步的时机与谈判的顺利进行密切相关，根据需要，己方既可先于对方让步，也可后于对方让步，甚至双方同时作出让步。让步时机选择的关键在于应使己方的小让步给对方以大满足的感受。

4.衡量让步的效果

谈判者可以通过己方在让步后具体的利益得失、己方所取得的谈判地位，以及讨价还价力量的变化来衡量让步的效果。

知识窗

让步的禁忌

不到万不得已，不可轻易让步。

不要让步太快。因为轻而易举获得你的让步，不但不会使对方在心理上获得满足，反而怀疑你的让步有诈；而慢慢让步不但会使对方感到满足，而且他会更加珍惜。

不要以为你善意的让步会感动对方，使谈判变得更加简单有效，这只是一厢情愿。事实是在你没有任何要求的让步下，对方会更加有恃无恐、寸土不让，并且还会暗示你作出更大的让步；想以让步来换取对方的让步是绝不可能的。要记住：谈判桌前并不是交朋友的场所。在谈判中让步的原则是：没有回报，绝不让步。

四、让步的方式

在谈判的过程中，赢者总是比输者能控制自己的让步幅度，特别是在谈判快陷入僵局时更是如此。谈判中的输者，往往无法控制让步的幅度；赢者则会不停地改变自己的让步方式，令人难以揣测。那么，让步方式有哪些呢？通常可分为以下8种：

1.最后一次到位

这是一种较坚定的让步方式。它的特点是在谈判的前期，无论对方作何表示，己方始终坚持初始报价，不愿作出丝毫的让步。到了谈判后期迫不得已的时候，却作出大步的退让。当对方还想要求让步时，己方又拒不让步了。这种让步方式往往让对方觉得己方缺乏诚意，容易使谈判陷入僵局，甚至可能因此导致谈判的失败。我们可把这种让步方式概括为"冒险型"。

2.均衡

这是指以一种相等或近似相等的幅度逐轮让步。这种方式的缺点在于对方每次的要求和努力都能得到满意的结果，很容易刺激对方无休止地要求己方让步，并为此坚持不懈，而己方一旦停止让步就很难说服对方，有可能造成谈判的终止或者破裂。但是，如果双方的价格谈判轮数比较多、时间比较长，这种让步方式也可以显示出优越性。每一轮都作出微小但又带有刺激性的让步，把谈判时间拖得很长，往往会使谈判对手厌烦不堪，不攻自退。我们把这种让步方式称为"刺激型"。

3.递增

这是一种让步幅度逐轮增大的方式。在实际的价格谈判中，应尽量避免采取这种让步方式，因为这样做的结果是使对方的期待值越来越大，每次让步之后，对方不但不感到满足，并且认为己方软弱可欺，从而助长对方的进攻气势，促使对方要求更大幅度的让步，使己方有可能遭受重大损失。这种让步方式可以概括为"诱发型"。

4.递减

这是一种让步幅度逐轮递减的方式。这种方式的优点在于：一方面，让步幅度越来越小，使对方感觉己方是在竭尽全力满足其要求；同时，也显示出己方的立场越来越强硬，暗示对方虽然己方仍愿妥协，但让步已经到了极限，不会再轻易作出让步。另一方面，让对方看来己方仍留有余地，使对方始终抱着把交易进行下去的希望。这种让步方式可以称为"希望型"。

5.有限

这种让步方式的特点是：开始先作出巨大的退让，然后退让幅度逐轮减小。这种方式的优点在于：它既向对方显示出谈判的诚意和己方强烈的妥协意愿，同时又向对方巧妙地暗示己方已尽了最大的努力，作出了最大的牺牲，因此进一步退让已几乎不可能，从而显示出己方的坚定立场。这种让步方式可以称为"妥协型"。

6.快速

这是一种巧妙而又危险的让步方式。己方开始作出的让步幅度巨大，但在接下来的谈判中则坚持立场，丝毫不让步，即己方的态度骤然转为强硬；同时，也会使对方由喜变忧。其具有很强的迷惑性。开始时的巨大让步将会大幅度地提高对方的期望，不过接下来的毫不退让和最后一轮小小的让步会很快抵消这一效果。这是一种很有技巧的方式，它向对方暗示，进一步的讨价还价是徒劳的。但是，这种方式本身也存在一定的风险性。首先，它把对方巨大的期望在短时间内化为泡影，可能会使对方难以适应，影响谈判顺利进行；其次，开始作出的巨大让步可能会使对方（卖方）丧失在高价位成交的机会。这种让步方式可以称为"危险型"。

7.退中有进

这是一种更为奇特和巧妙的让步方式，因为它更加有力、巧妙地操纵了对方的心理。第一轮先作出一个很大的让步，第二轮让步已经到了极限，但在第三轮会安排小小的回升（对方一般情况下当然不会接受），然后在第四轮再假装被迫作出让步，一升一降，实际上让步总幅度未发生变化，却使对方获得一种心理上的满足。这种让步方式可以称为"欺骗型"。

8.一次性

这是一种比较低劣的让步方式。在谈判一开始，就把己方所能作出的让步和盘托出。这不仅会大大提升对方的期望值，而且也未给己方留出丝毫余地。接下来的完全拒绝让步显得既缺乏灵活性，又容易使谈判陷入僵局。这种让步方式只能称为"低劣型"。

案例5-2

买方：您这台机器要价750元，我们刚才看到同样的机器标价为每台680元，您的要价是不是有点高啊？

卖方：如果您诚心买的话，680元可以成交。

买方：如果我批量购买，一次买35台，难道您也是这个价吗？

卖方：不会的，我们每台给予60元折扣。

买方：我们现在资金很紧张，是不是可以先买20台，3个月后再买15台。

（卖方犹豫了一会，因为只买20台折扣是不会这么高的，但他想到最近几个星期不太理想的销售状况，还是答应了）

买方：那么您的意思是以620元每台的价格卖给我们20台机器？（卖方点点头）

买方：为什么要620元一台呢？凑个整儿，600元一台，计算起来也省事，干脆利落，我们马上成交。（卖方想反驳，但是"成交"二字对他颇有吸引力，他还是答应了）

试问：在这场谈判中，买方采用的是什么策略？这种策略有什么奥妙之处？

五、发现对方价格临界点的方法

（一）示以豪气

谈判中除了必不可少的"火力侦察"以外，有时候还可辅以某种自傲之情，即让自己的语言流露出一定的豪气和胆气，借以攻破对方的心理防线，迫使其作出最大限度的让步。

案例5-3

20世纪80年代，蛇口招商局的负责人袁庚同美国PPC集团就合资生产浮法玻璃一事进行谈判。谈判时，在蛇口方面每年付给美方的知识产权费占销售总额的百分比上，双方产生了极大的分歧。美方要价6%，而蛇口方面还价4%，经过一番讨价还价后，美方被迫降下来1个百分点，要价改为5%，而蛇口方面还价4.5%。这时双方都不肯再让步了，于是谈判陷入了僵局。怎么办呢？休会期间，袁庚出席了美方的午餐会，在应邀发表演讲时，他念念不忘台下PPC集团的谈判对手，于是故意将话题转向中国文化上。他自豪地说："早在几千年以前，我们的祖先就将四大发明——指南针、造纸术、印刷术和火药无条件地贡献给了全人类，而他们的后代子孙却从未埋怨过不要专利权是愚蠢的；恰恰相反，他们盛赞祖先具有伟大的风格和远见。"一席豪情奔放的讲话，把会场的气氛激活了。接下去，袁庚转到正题上说："我们招商局在同PPC集团的合作中，并不是要求你们也无条件地让出专利，我们只要求你们要价合理——只要价格合理，我们一分钱也不会少给！"

试问：你从这个案例中感悟到了什么？

（二）表面恭维，反唇相"击"

喜欢听恭维的话，是人性的一个普遍弱点。谈判中欲迫使对方让步，便可利用说恭维话这样的手段，先让对手陶醉，解除思想上的戒备，然后再伺机反击，以求得己方的最大利益。

案例5-4

法国著名的细菌学家巴斯德有一次在巴黎参加学术会议，他所下榻的旅馆招待员见他衣着普通，所带行李很简单，很瞧不起他，便把他安排在一个偏僻而又潮湿的小房间里。后来，当招待员得知此人就是大名鼎鼎的巴斯德教授时，立马满脸堆笑地跑进来道歉。

招待员："我以为旅客的阔绰和他携带行李是成正比的，所以，我把您老认错了，实在对不起。"

巴斯德："不，我认为一个人摆阔和他的无知是成正比的。纵然这个人看起来很体面。"

巴斯德针锋相对地反唇相讥，用入木三分的深刻语言点出对方以貌取人的虚伪的本质，既具哲理又具条理，既简明扼要又不乏战斗力。

资料来源　林蔚人. 雄辩高手：辩论赢家的智慧韬略［M］. 北京：西苑出版社，2002.

试问：巴斯德采用的是什么策略？这种策略有什么奥妙？

（三）晓之以理，亮出真心

一些谈判者在谈判时往往从自身利益出发，只知道漫天要价，而不注意对方的心理活动和态度。作为谈判的另一方，则可以借对方想"一口吃个胖子"之机，以强硬、不容置辩的口气，一针见血地指明对方的要价对他们自身利益的危害及利害关系，同时展示一下己方为对方着想的诚意，以达到促使对方让步的目的。

案例5-5

日本有一个年轻人创办了一家制陶公司，招聘了11名高中生。可是，到了年底，这些年轻人突然将一纸请愿书递到了同样年轻的老板面前。为首的一名雇员说："我们一直在按您的吩咐办事，可是，今后怎么办，我们内心全然无数。所以，我们希望老板能同我们签一份协议，规定每年涨多少工资。如果您不愿意签，那我们只好集体辞职了。"老板有些吃惊，极力劝说道："这个要求我办不到。因为公司才开始营业，连我自己也无法预料它今后会怎么样，所以无法按你们的要求保证将来的工资。当初录用你们就是为了让大家一起来把公司办好。为了创造美好的未来，我们只有一起加油干。"但是，那些年轻人却反复强调说："可是谁知道今后公司会怎么样呢？你不保证给我们涨工资，我们能放心吗？"任凭老板如何说，年轻员工就是认定一条死理：不保证每年增加工资，就立即辞职。最后，年轻老板拿定主意：坚决不让步，同时还要稳住员工。于是他决定对员工晓之以理，表明自己对他们的一片真心。他说："我虽然不能同你们签协议，但是我一定会为你们着想的。你们不相信吗？你们有辞职的勇气，就不能有相信我的勇气吗？如果没有信任我的勇气，连上当的勇气也没有吗？和我一起工作一段时间，你们就会确认我是不是骗子了。那时候，如果你们认为自己真的上当受骗了，你们可以杀死我！"此言一出，顿时让年轻员工怔住了，没料到老板会如此诚恳、坦率，霎时，他们觉得跟这样的老板干，完全可以放心。

试问：这位老板是怎样说服员工的？从中你感悟到了什么？

（四）晓以利害，步步紧逼

在洞悉了对方的底细或者弱点后，另一种谈判策略是，首先稳住自己的阵脚，继而以晓以利害的方式步步紧逼，迫使对方让步。当然，此时的语言运用不妨灵活一些，可软可硬、可柔可刚、可收可放。总之，以逼对方妥协为最高目标。

案例5-6

20世纪80年代，美国金融大亨艾卡恩兼并了经营不景气的环球航空公司。为使公司扭亏为盈，他决定降低飞行员20%的工资，自然遭到了飞行员工会的抵制。艾卡恩同工会开始了一场马拉松式的谈判。谈判陷入僵局时，艾卡恩对飞行员们解释道："我要购买环航，本来就要花许多钱。我只能在得到了你们在工资问题上的让步时，才能这样做。"一名飞行员代表高声问道："你为什么专门同我们飞行员作对呢？"艾卡恩沉着地说："不，我一向敬佩飞行员，不是在作对。每当我乘坐班机旅行时，或者飞机震颤时，我都会想起驾驶舱里的那些伙计们。多么重大的责任，多么专业的职业啊！你们做的是一件了不起的工作，我一辈子也不会够格的。"唱罢赞歌，他话锋一转："但是，这里只有一个问题，就是你们的薪水确实太高了。如果你们坚持自己的想法，那就可能导致与钢铁工业同样可悲的下场。"最终，在飞行员作了让步的前提下，协议总算达成了。

试问：艾卡恩是怎样使飞行员们作出让步的？

任务实施

一、复习

1.让步的原则。

2.让步的技巧。

3.让步的步骤。

4.让步的方式。

5.发现对方价格临界点的方法。

二、任务内容和要求

1.以模拟公司的形式成立买方公司和卖方公司。

2.双方就一批牛仔裤的交易进行谈判，买方要想办法迫使对方让步，卖方根据情况酌情降价。

3.必须有恰当的办法迫使卖方让步。

4.每个公司的4位谈判人员要做好分工，互相配合。

5.谈判要正规，谈判人员要严肃认真。

6.控制谈判声音大小，不影响其他公司谈判。

三、任务组织

任务组织具体见表5-6。

表5-6 迫使对方让步任务组织表

任务项目	具体实施	时间	备注
牛仔裤交易价格谈判	（1）学生分成10组，每组为1个公司，5个公司为采购商，5个公司为销售商，每个公司4人 （2）就5 000条牛仔裤交易进行谈判。卖方标价每条120元 （3）5对公司同时进行谈判，然后分别汇报谈判结果	30分钟	教室 牛仔裤样品 谈判桌

四、任务评价

任务评价具体见表5-7。

表5-7 迫使对方让步任务评价表

评价指标	评价标准	分值（100分）	评估成绩	所占比例
迫使对方让步的策略	1.准确掌握迫使对方让步策略的特点	20		70%
	2.能将迫使对方让步策略运用到谈判中	20		
	3.团队成员分工明确，配合协调	20		
	4.遵守规则	10		
	5.谈判认真，策略灵活，效果好	10		
	6.体会深刻，讨论气氛好	10		
	7.活动评估	10		
教学过程	出勤、态度和热情	100		30%
小组综合得分				

项目小结

价格谈判，直接关系到当事双方利益目标的实现，因此，是商务谈判的核心。价格谈判，首先应当了解影响价格的各种因素；同时，要正确认识和善于处理各种价格关系，并且把握价格谈判的合理范围。在此基础上，价格谈判一般从买卖报价开始。报价策略直接影响价格谈判的开局、走势和结果。报价策略主要涉及报价起点策略、报价时机策略、心理定价策略、报价差别策略、中途变价策略、报价分割策略等。

价格解释和价格评论是价格谈判过程中承前启后的环节。价格解释是卖方报价过程中及之后的行为，对卖方和买方都有重要作用。为此，应当掌握正确的原则及必要的技巧。价格评论是买方讨价还价过程中的行为，对买方和卖方都具有重要作用。为此，同样应掌握正确的原则及必要的技巧。

价格磋商是价格谈判中双方具体的交锋。首先，双方都应明确各自不同层次的价格目标，以便在此基础上展开讨价和还价。讨价是买方要求卖方改善报价的行为，也是价格磋商的正式开始。讨价策略的内容包括：讨价方式、讨价次数、讨价技巧等。还价则是买方作出的反应性报价。讨价还价中，让步是一种必然的、普遍的现象。让步有各种不同的方式，对讨价还价过程及结果也有不同的影响。价格谈判实践中的让步，多为几种方式的组合，应根据具体情况不断调整和优化，并应注意遵循一些基本原则。

项目训练

一、判断题

1. 商务谈判中的价格谈判，实际上是交易利益的分割过程。　　　　　　　（　　）
2. 价格谈判中最终的成交价格一般在卖方最低卖价与买方最低买价之间。（　　）
3. 价格谈判中卖方报价起点越高越好。　　　　　　　　　　　　　　　（　　）
4. 谈判高手总是让对方觉得稍占便宜，起码是打了个平手。　　　　　　（　　）
5. 一次让步的幅度不宜过大，节奏也不宜太快，但也必须足够，应做到步步为营。　　　　　　　　　　　　　　　　　　　　　　　　　　　　　　（　　）
6. 谈判对哪一方的重要程度越高，那么，这一方在谈判中的实力越强。　（　　）
7. 让步时机选择的关键在于应使己方的小让步给对方以大满足的感受。　（　　）

二、选择题

1. 反映商品使用价值的价格，称为（　　　）。

A. 主观价格　　　　　　　　　　　　　　B. 客观价格

C. 绝对价格　　　　　　　　　　　　　　D. 相对价格

2. 价格谈判中讨价还价的范围的两端分别是（　　　）。

A. 卖方最低售价　　　　B. 买方最低买价　　　　C. 卖方最高售价

D. 买方最高买价　　　　E. 卖方初始报价　　　　F. 买方初始报价

3. 在报价策略的运用上，最佳报价时机一般为（　　　）。

A. 开始进行价格谈判时　　　　　　　B. 对方询问商品效用时

C. 对方产生交易欲望时　　　　　　　D. 对方询问商品价格时

4. 必须对报价做解释时，应遵循的原则包括（　　　）。

A. 有问必答　　　　　　B. 务求详尽

C. 不问不答　　　　　　D. 主动回答

E. 避实就虚　　　　　　F. 避虚就实　　　　　　G. 能言勿书

5. 还价起点的确定，从原则上讲（　　　）。

A. 起点要低　　　　B. 不要太低　　　　C. 起点要高　　　　D. 不要太高

6. 在价格谈判中，普遍采用的让步方式有（　　　）。

A. 刺激型　　　　　　B. 诱发型　　　　　　C. 希望型　　　　　　D. 妥协型

三、案例分析题

王小姐想买外衣，去了伊势丹商厦。售货员很热情，主动上前询问，得知王小姐欲购买外衣，售货员介绍了货架上展示的一款："这是日本进口面料，棉涤混纺，手感柔软，色调纯正，样式优雅，既实用又大方。"

王小姐："式样还不错，是哪儿产的？价格能不能优惠？"

售货员："这是大连产的，是出口转内销，现在已经是特价了。"

王小姐："那个柜台的外衣是北京生产的，面料、手感也很好，可价格低了差不多200元。"

售货员："我们这件是进口面料。"

王小姐："进口面料应当便宜，不便宜，进口岂不增加了成本？再说，国产面料的品质也不差。这件外衣，如价格还能优惠，我就试一下。"

售货员："您若真心想买，那就试一下，价格好商量。"

王小姐经过一番挑选，总算挑到颜色、号码都合适的一件，随即问道："价格优惠多少？"

售货员："九七折。"

王小姐："这才减了十几元钱，不行！"

售货员："我就这么点权限。"

王小姐："谁有权决定价格？"

售货员："我们经理。"

王小姐："能不能把经理请来？"

售货员把经理请来了。经理过来后问："您有什么事？"王小姐表示了购买的诚意，说道："我喜欢手上的这件外衣，您的售货员态度很好，我决定不去别地儿买了，就在您这儿买，但就是价格贵了些，希望您再优惠优惠。"

经理："我们是代厂家卖，手中的权力也有限，您要真心买就再降2%，打九五折，这在我们这样的商厦已很不容易了。"

王小姐："不能打九折吗？"经理："实在困难，请原谅。"王小姐："那好，让我检查一下衣服。"于是，王小姐仔细检查外衣，看走线是否平整，面料是否有瑕疵。结果发现衣服下摆附近有线头，而且在面上，王小姐马上对经理说："这件有线头，不行，请给我换一件。"经理帮助售货员找同色同号的，可是柜台没有了，只有别的颜色同号的外衣。王小姐便说："你们就这么一件，没有挑选的余地，这不是断码吗？"经理即答："这不是断码，一时没有同色同号的，可以从工厂调。"王小姐反问："你们说这是出口转内销产品，还会有同色同号的吗？"经理也哑然了。王小姐接着说："我看你们服务态度好，我也想买，但这个瑕疵点让人不舒服。"经理："这么着，我们再降点价，行不行？""降多少？""再降2%。""那太少了，5%，我就买了。"经理与售货员耳语了几句说："好吧，让售货员给您开票，我在上面签个字。"

王小姐买了外衣，与经理和售货员微笑道别。

试问：如何评论案例中的价格谈判步骤？售货员是如何对价格进行解释的？有什么问题？王小姐如何作的价格评论和讨价？经理是怎样作出让步的？

项目评价

本项目考核由自我评价与小组评价、教师评价两部分构成，考试成绩根据学生对项目训练部分的完成情况给出，教师评定成绩和学生自评成绩分别由教师和学生根据课堂教学、课堂讨论及实训完成情况给出，具体分别见表5-8和表5-9。

表 5-8   自我评价与小组评价表

主要内容		评价等级（在符合的情况下面打"√"）							
		全都做到了		80%做到了		60%做到了		没做到	
		个人	小组	个人	小组	个人	小组	个人	小组
自我总结	我的优势								
	我的不足								
	努力目标								
	具体措施								
小组建议									

表 5-9   教师评价表

主要内容	教师评价等级（在符合的情况下面打"√"）			
	优秀	良好	合格	不合格
态度认真、参与积极				
专业知识掌握情况				
综合运用知识解决问题				
综合评语			教师签名： 年 月 日	

项目六 促成交易

项目六

学习目标

知识目标：

1.了解成交应具备的条件。

2.理解让步意图的表达。

3.掌握迫使对方让步的方法及防止对方进攻的策略。

4.熟悉临近谈判终局的判断。

5.掌握成交信号的接收。

6.掌握促成成交的原则。

7.掌握促成成交的策略和技巧。

能力目标：

1.能够正确表达己方的成交意图。

2.能够准确接收谈判对手的成交信号。

3.能够在商务谈判中正确运用促成交易的方法。

素养目标：

引入脱口秀节目"奇葩说"辩题："应不应该刷爆卡买包？"通过辩论让学生深化对"意义形塑"的认识，理解青春成长的意义，培养学生果决、坚韧、勇于接受挑战、敢于争取机会的优良品质。

任务一 表达己方的成交意图

任务描述

正确表达己方的成交意图是促成交易的第一步。本任务主要探讨表达成交意图的技巧，以及如何表达让步意图。

徐峥曾主演过一部电视剧《老爸快跑》，剧中有一个销售珠宝的片段很经典。

一位年轻的男性顾客走进店里，发现周围有人在摄像，便下意识地想要离开。这是顾客的本能反应，因为走进陌生的地方，必须保证安全第一。张三（徐峥饰）见状，马上招呼并安抚了顾客。

顾客说：我不买没关系吧？

此时，顾客进店最大的担心就是被强买强卖，这也是很多人不敢进店，或者进店后不敢长时间逗留的原因。张三很有经验，他的回复很到位。

得到承诺后，顾客忐忑的心情暂时安定下来。这时，张三趁热打铁，邀请顾客坐下来。顾客能坐下来，标志着向购买前进了一大步。因为只有坐下来，双方才能好好谈话，顾客才能安心地听介绍、试产品。

倒上一杯水，给顾客平息焦虑的时间，同时观察顾客……张三的这个度拿捏得很到位，他知道，这时不能着急介绍商品，必须让顾客先适应一下环境，也必须通过观察来尽可能掌握需求。只有这样，接下来的沟通才能有针对性。

顾客情绪安稳下来了，下一步该开始深度沟通了。

了解需求是推进销售的必要环节，在"望、闻、问、切"的四个方法中，提问显然是最有效率的。张三问道：您是想看钻石戒指？是送给心上人吗？有没有喜欢的？

这是三个封闭式问题，前两个体现了张三的专业性，能看出他已经大概猜出了对方的需求；不过第三个问题显然问得不够好，因为看得出顾客很犹豫，说"我再看看吧，不太喜欢"，就准备离开了。

这是为什么呢？因为这个问题给了顾客压力：说有喜欢的，暴露了需求，对方就有了"控制"我的机会；说没有喜欢的，那我还待着干嘛？怎么回答都不好，离开才是安全的。

幸亏，张三有娴熟的留客技巧，这几句话说得还真是有水平。第一，即使是促销品，也要塑造价值，才能突出性价比。第二，要给足顾客面子，即使买了便宜的也不丢脸。尤其是后面"结婚不容易，要量力而行"这段话引起了顾客共鸣，男客顿时对张三充满了好感。

看到顾客频频点头，张三意识到可以进入收单程序了。他是怎么做的呢？就是给出一个选择标准，再给出一个选择方案。

顾客欣然接受，而且又多买了一只。

顾客在感动之后，往往就会有成交的奇迹发生。

资料来源　睦安庆．经典成交案例解析"徐峥卖珠宝三招卖到爆"［EB/OL］．［2021-12-21］．https://mp.weixin.qq.com/s/b7T-kQi4gZ05-PduhIx_4A.

试问：张三是如何接待顾客并最终签单的？

一、成交意图

成交意图，是指谈判双方在一定的交易条件下通过各种形式表现出来的成交意向。在实践中，买卖双方在成交意图的表露上常有比较大的区别。通常情况下，买方不会直接说出其成交要求，希望在成交的最后一刻到来之前得到更好的交易条件，但他们一般也会通过各种语言和非语言信息显示出对成交的兴趣。同样道理，只要能在更有利于己方的交易条件下成交，就不会轻易作出让步，所以卖方总是表现出步步为营的姿态；但在成交意图的表露上，卖方总是显得更加直白、积极一些。对卖方来说，当买方在某一交易条件下显示出对成交的兴趣时，如何趁热打铁，将成交意图转化为现实的交易行为——"订单"就成为至关重要的一环。这类似足球比赛中的临门一脚，任何犹豫不决都可能会贻误时机、功亏一篑。

二、表达成交意图的技巧

（一）明确表达法

当知道对方有成交意向，只是一时犹豫不决、拿不定主意时，应促使对方下定决心。例如："没问题了吧，什么时候给您送货？"

当谈判对手没有提出异议也没有明确的反对时，为使对方集中精力考虑成交问题，谈判人员应主动向对方提出成交条件。例如："张经理，既然没什么不满意的地方，就请您在这里签个字……"

经过一番谈判，各种主要问题已基本解决，尤其是在解决了某个重要的疑难问题之后，谈判人员应该趁机使用明确表达法主动请求成交；或其他条件都已成熟，只是对方提出某些异议，对此谈判人员应加以利用和引导。例如，对方说："就这一点而言，那当然好，不过半年才交货，时间太长了点儿。"你可以说："如果我们把交货时间缩短为3个月，请您马上决定好吗？"

（二）含蓄表达法

含蓄表达法是指商务谈判者不明说自己的成交意图，而是通过隐语、委婉语句或其他间接方式启发、引导对方领悟，并提示对方采取成交行动的成交意图表达方法。

在以下情况下可以用此方法：

（1）把握不准对方的成交意向时，为了既能表达己方的成交意图，又使自己不失面子，可以使用含蓄表达法。

（2）如果成交商品是复杂的商品、贵重物品或新上市产品，对方拿不定主意，谈判者应使用含蓄的语言进行诱导，或用严密的逻辑分析进行推理，进而表达成交意图，力争使对方理解并接受。

（3）针对有些对象适合采用含蓄表达法。

（三）暗示表达法

暗示表达法就是没有明确的意思表示，而以隐晦之言或动作情境使人领悟其含义所在。

表达的形式：语言的暗示——用含蓄的语言引导提示；行为的暗示——以姿态、面部表情、眼神、动作等提示；媒介物、情境的暗示——如以文件等资料、环境和时间、东西的摆设位置、座位的安排等暗示。

应用情境：

（1）向对方强调说明，现在成交对他有哪些有利因素。

（2）大胆设想一切问题都已解决，询问对方具体的成交内容。

（3）采取结束商务谈判的某种实际行动。

（4）向对方反复说明，如果现在不签约，将可能产生利润损失。

案例6-1

中国某公司与日本某公司围绕进口农业加工机械设备展开了一场别开生面的谈判。中方认为日方报价中所含水分较大，基于此，中方确定还盘价格为750万日元。日方立即回绝，认为这个价格很难成交。中方坚持该价与日方探讨了几次，但没有结果。鉴于讨价还价的高潮已经过去，因此，中方认为该是展示自己实力、运用谈判技巧的时候了。于是，中方主谈人郑重地向对方指出："这次引进，我们从几家公司中选中了贵公司，说明我们有成交的诚意。此价虽比贵公司销往C国的价格低一点，但由于运往上海口岸比运往C国的费用低，所以贵方的利润并没有减少。另外，诸位也知道我国有关部门的外汇管理规定，这笔生意允许我们使用的外汇只有这些。要增加，需再审批。如果这样，那就只好等下去，改日再谈。"这是一种欲擒故纵的谈判方法，旨在向对方表明己方对该谈判已失去兴趣，以迫使其作出让步。但中方仍觉得这一招的分量还不够，又使用了类似"竞卖会"的高招，把对方推向了一个与"第三者竞争"的境地。中方主谈人接着说："A国、C国还等着我们的邀请。"说到这里，中方主谈人把一直捏在手里的王牌摊了出来，把中国外汇使用批文和A国、C国的电传递给了日方主谈人。日方见后大为惊讶，他们坚持继续讨价还价的决心被动摇了，陷入了必须"竞卖"的困境：要么压价握手成交，要么谈判就此告吹。日方一时举棋不定：握手成交吧，利润不大，低于预期；告吹回国吧，跋山涉水，兴师动众，花费了不少的人力、物力和财力，最后空手而归不好向公司交代。这时，中方主谈人又运用心理学知识，根据"自我防卫机制"的文饰心理，称赞日方此次谈判的人员精明强干，中方就只能选择A国或C国的产品了。

资料来源　殷向洲. 商务谈判理论与技巧［M］. 武汉：武汉理工大学出版社，2022.

试问：你认为日方谈判代表会作出怎样的抉择？

三、让步意图的表达

交易的内容、条件大致确定后，就到了成交的关键时刻。这时，精明的谈判人员往往会再给对方一些小利，用这最后的甜头使对方更加满足，从而使签约、履约更加顺利，并为长期合作奠定良好的基础。为此，谈判高手都懂得要留一手，在签约前的关键时刻再放出一个"重磅炸弹"，以最后的让步推动谈判对手签约。这样，在他需要最后一搏时，就不会因为已经精疲力竭而感到无奈。他可以在签约前补充说："我刚刚想起来，还有一点没跟您谈，您这笔订货的运费将由我们承担。"他也可以说："刚才我们董事长指示，这套机器设备将由我们免费安装。"

那么，如何才能更好地发挥最后让步的功效呢？这需要把握好两个方面，即让步时间和让步幅度。

（一）让步时间

在让步时间上，如果你让步过早，对手会认为这是前一阶段讨价还价的结果，而不认为是你为达成协议而作出的终局性让步，这样对方就会得寸进尺，继续步步紧逼；如果你让步过晚，往往会削弱对对方的影响和刺激作用，并加大前面谈判的难度。

要选择最佳的让步时间，使最后的让步取得最佳效果，可参考的做法是将最后的让步切割成两部分：主要部分在最后期限之前作出，以便让对方有足够的时间来考虑；次要部分则在最后时刻作出。这就好比一席丰盛的佳肴，最后让步中的主要部分恰似最后一道大菜，掀起最后的高潮；而次要部分的让步则好比大菜上完后的一碟水果，使人吃后感到十分舒心。

（二）让步幅度

在让步的幅度上，如果让步幅度太大，对方反而不大相信这是你的最后让步，还会向你步步紧逼；如果让步幅度过小，对方又会认为微不足道，难以满足。

许多情况下，到谈判的最后关头，对方的高级主管会出面参加或主持谈判。这时，己方的最后让步幅度就必须满足以下三项要求：

其一，幅度比较大，大到刚好能够满足该主管维持他的地位和尊严的需要，给他足够的面子。

其二，幅度不能过大，过大会使主管指责他的部下前期谈判不力，并坚持要他们继续谈判。

其三，在你做了最后的让步之后，必须态度坚定。因为对方会想方设法来验证你立场的坚定性，判断你的让步是不是终局性的。

任务实施

一、复习

1.成交意图的含义。

2.表达成交意图的技巧。

3.让步意图的表达。

二、分组

将全班学生每4～6人分成一个小组，每个小组选出1名同学作为组长。

三、实训

以案例6-1作为分析素材。

过程组织：

（1）教师组织学生仔细阅读案例，进行案例分析。

（2）以小组为单位进行讨论，提倡采用"头脑风暴法"。

（3）每个小组派1名代表在全班交流，在本组代表发言时全组同学起立，可以对本组代表的发言进行补充。

（4）教师讲评案例。

（5）学生以小组为单位完成案例分析文案。

| 任务二 | 捕捉对手的成交信号 |

任务描述

成交信号是商务谈判的各方在谈判过程中所传达出来的希望成交的各种暗示。对大多数商务谈判人员而言，第一时间识别出对方发出的成交信号，并在对方发出此类信号时往成交的方向引导，最终促成交易，是其成功谈判的基本功。

📧 案例导入

在古代民间爱情故事《梁山伯与祝英台》的"十八相送"情节中，祝英台一而再再而三地向梁山伯发出"成交"信号。祝英台站在水井旁边对梁山伯说："水井里面不是有一个女的吗？"梁山伯傻乎乎地说："不是两个男的吗？"由于未能读懂祝英台的语中之意，梁山伯终错失良机。

试问：这个案例带给我们的启示是什么？

👨‍🏫 知识储备

一、成交应具备的条件

所谓成交，是指谈判者接受对方的建议及条件，愿意根据这些条件达成协议，实现交易的行动过程。成交应具备以下六个条件：

（一）必须使对方完全了解企业的产品及其价值

在实际的谈判过程中，如果对方比较熟悉你的商品，就容易产生购买热情，容易接受谈判人员的建议。因此，作为谈判人员，应该主动地向客户展示自己的商品，主动介绍商品的各种优势、性能、用途等，尽可能地消除客户的疑虑。也就是说，应根据客户的心理，多给他们一个了解商品的机会。

（二）使对方信赖自己和自己所代表的公司

如果对方对你及你所代表的公司没有足够的信心和信任，那么即使你的商品质量再好，价格再优惠，对方成交的意愿也会产生动摇。因此，谈判人员在谈判时必须取得对方的信任。这是成交的必要条件。

（三）使对方对你的商品有强烈的购买欲望

根据相关理论，人类的需要及其指向总会受到诸多因素的限制，当具有购买能力时，需要转化为需求。因此，谈判人员的工作重心应放在做好解释说明工作上，这样才能影响和激发客户的购买欲望。

（四）准确把握时机

只要努力，就有可能改变或影响某一事物的发展和变化。因此，作为谈判人员，要等待合适的时机，必要时要想办法制造合适的时机，促使对方作出成交决策。

🎯 案例6-2

某办公用品销售人员到某办公室去销售碎纸机。办公室主任在听完产品介绍后摆弄起样机，自言自语道："东西倒是挺合适，只是办公室这些小年轻毛手毛脚，只怕没用两天就坏了。"销售人员一听，马上接着说："这样好了，明天我把碎纸机运来的时候，顺便把使用方法和注意事项给大家讲讲，这是我的名片，如果使用中出现故障，请随时与我联系，我们负责维修。主任，如果没有其他问题，我们就这么定了？"

试问：该销售人员是如何把握时机的？你得到了哪些启示？

（五）掌握促成交易的各种因素

谈判人员对商品的了解，谈判意图的表达，谈判人员的性格、情绪、工作态度及业务能力，都会影响成交。在谈判实践中，经常出现这样一种情形：如果谈判人员的业务能力较强，则对商品的介绍、分析透彻清楚，让人深信不疑；反之，则会给人一种听不明白或越听越糊涂的感受，这必然会影响成交。如果谈判人员善于营造氛围，有效地诱导对方，成交的机会一定会增加；反之，即使有了成交机会，可能也会丧失。另外，商品因素也会影响交易的达成。谈判者多数都比较看重商品的质量，如果商品质量低劣，即便其价格再优惠，也不愿意购买。这是影响成交的一个主要因素。在很多时候，商品的价格实际上反映了商品的质量，正如俗话讲的"一分钱一分货、好货不便宜"。然而，即使商品质量可靠、经久耐用，但如果价格过高，对方也会感到可望而不可即，这也是影响成交的一个主要因素。一般来讲，商品品牌好、知名度高，成交的可能性就相对大些。在成交时，商品品牌效应的影响也比较大。

（六）为圆满结束作出精心安排

谈判人员应对谈判工作有一个全面的规划方案，根据方案明确自己的工作目标和方向，同时也明确自己下一步的工作规划和要求，尤其是在洽谈的最后阶段，要处理好对方提出来的意见，使他们自始至终对你的谈判工作及所谈判的商品保持浓厚的兴趣，要引导他们积极参与你的工作。总之，要善始善终，并为以后的合作打下良好的基础。

二、成交信号

成交信号，是指客户在谈判过程中通过各种形式表现出来的成交意图。成交信号既可以是一种明示行为，也可以是一种行为暗示。它一般分为以下几种：

（一）成交的语言信号

在商务谈判过程中，经验丰富的谈判人员往往能够通过观察及时、准确地识别和判断出对方发出的成交信号，从而抓住成交的最佳时机。

1.某些细节上的询问表露出的成交信号

当对方产生了一定的成交意图之后，如果谈判人员细心观察、认真揣摩，往往可以从他（她）对一些具体信息的询问中发现成交信号。比如，他向你询问一些比较细致的产品问题，向你打听交货时间，向你询问产品的某些功能及使用方法，向你询问产品的附件与赠品，向你询问产品具体的维护和保养方法，或者向你询问其他老客户的反馈、公司在客户服务方面的一些具体细则等。虽然询问的内容各不相同，但这表明他已经有了一定的成交意向，这要求谈判人员迅速对这些信号作出积极响应。

2.某些反对意见表露出的成交信号

有时对方会以反对意见的形式表明他们的成交意向。比如，他们对产品的性能提出质疑、对产品的某些细微问题表达不满等。有时候对方提出来的某些反对意见可能是他们真实存在的不满和疑虑，谈判人员需要准确识别成交信号和真实反对意见。如果一时无法准确识别，那么不妨在及时应对反对意见的同时，对他们进行一些试探性的询问，以确定对方的真实意图。

案例 6-3

客户："这种材料真的经久耐用吗？你能保证产品的质量吗？"谈判人员："我们当然可以保证产品的质量了！我们公司的产品已经获得了多项国家专利和各种奖项，这一点您大可以放心。购买这种高品质的产品是您最明智的选择，如果您打算现在要货的话，我们马上就可以到仓库中取货。"客户："不不不，我还是有些不放心，我不能确定这种型号的产品是否真的如你所说的那么受欢迎……"谈判人员："这样吧，我这里有该型号产品的谈判记录，而且仓库也有具体的出货单，这些出货单就是产品质量的最好证明了……购买这种型号产品的客户确实很多，而且很多老客户还主动为我们带来了新客户，如……这下您该放心了吧，您对合同还有什么疑问吗？"

试问：你认为谈判人员是否了解客户的心理？客户会作出怎样的决定？

3.其他的成交语言信号

除上述信号外，还有以下语言信号也说明对方有明显的成交意图：

（1）对方褒奖其他品牌，问有无促销或促销的截止期限，问团购是否可以优惠，这些也是客户在变相地探明厂家的价格底线。

（2）对方声称认识厂家的某某人，是某某人介绍来的，或打听产品保养、保修之类的售后问题，或问与自己同行者的意见，问送货或到货的时间，特别是对一些没有库存、需要厂家定制、有一定生产和送货周期的产品。

（3）询问付款方式，如定金还是全款、分期还是全额等。当然还有直接"投降"的，"你介绍得真好""真说不过你了"等语言均是较明显的成交语言信号。

（二）成交的行为信号

谈判对手可能会在语言询问中采取声东击西的战术。比如，他明明希望产品的价格能够再降一些，却对产品的质量或服务品质等提出反对意见。这时，谈判人员很难从他的语言信息中有效识别出成交信号。在这种情形下，谈判人员可以通过对手的行为探寻成交信号。比如，当对方不断抚摸样品表示欣赏时，当他们拿出产品的说明书反复观看时，在谈判过程中忽然表现出很轻松的样子时，当他在你进行说服的过程中不断点头或很感兴趣地聆听时，当他在谈判过程中身体不断前倾时等。

例如，客户欲购买一台电脑，在听完销售人员的介绍后，不自觉地走近观看、抚摸产品，详细查看商品的说明书，并要求试运行各种软件等。这些行动已经明确地告诉销售人员其购买意向，销售人员应抓住时机，及时促成交易。

当谈判对手通过一定的行为表现出购买意向后，谈判人员还需要通过相应的推荐方法使其进一步增加对产品的了解。比如，当对手拿着产品的说明书反复观看时，谈判人员可以适时地对相关的产品信息进行充分说明，然后再通过语言上的询问进一步确定对手的购买意向。如果对手并不否认自己的购买意向，那么谈判人员就可以借机提出成交请求，促使成交顺利实现。

总之，当你从客户的语言中判断出成交的动机后，不妨再从客户的一些动作上仔细观察，也很有帮助。

1.由紧张到放松

如客户在购买农药、化肥等生产资料时，因为事关一年或一季作物的收成，是一件比较慎重的事，心理上大多比较紧张，身上的弦绷得比较紧，呈现出一种很难决策的焦虑和不安状态，显得有点茫然或举棋不定。而在与经销商沟通后，一旦客户决定选择该商品，一般会如释重负，表现出放松的状态，或许还会与门店人员讲一些与经营、生产有关的轻松话题，焦虑的情绪一下子变得放松了。

2.由静变动

客户进店后一般都会左顾右盼，如果经过相互询问与解答之后，客户由抄手、抱胸等戒备状态转向"这里摸摸，那里看看"的行为，有经验的经销商就会判断出由静态转向动态的客户已经有购买意向了，成交就在眼前。

3.看客户的双脚

仍以购买农药、化肥等生产资料的客户为例，进店之后，他们双脚的动作很有可能透露出他们真实的购买意愿。当客户对你说"你不降价，不给我优惠，我就走了啊"时，上身已经有转身出店的意思，但双脚还是没动，这说明他有意购买，只不过在测试你的价格底线。这时候你需要的是耐心和到位的解答与等待，就看谁能坚持到最后了。一旦双方成交，客户就会变得气定神闲，表情轻松。

案例6-4

情景一：

客户："我还从来没有用过这种产品，那些使用过的客户感觉用起来方便吗？"

销售人员："当然了，操作简单、使用方便是这款新产品的一个重要特点。以前也有一些客户在购买之前怕使用起来不方便，可是在购买之后他们觉得这种产品既方便又实用，所以已经有很多客户长期到我们这里来购买这种产品了，您现在就可以试一试，如果您也觉得用起来方便的话，就可以买回去好好体验它的妙处了……"

情景二：

客户："你们在服务公约上说可以做到三年之内免费上门服务和维修，那么我想知道，如果三年以后产品出现问题该怎么办？"

销售人员："您提的这个问题确实很重要，我们公司也一直关注这个问题。为了给客户提供更满意的服务，我们公司已经在各大城区建立了便民维修点，如果在保修期之外出现问题的话，您只要给公司总部的服务台打电话说清您的具体地址，我们公司就会派离您最近的便民维修点的工作人员上门服务，服务过程中，只收取基本的材料费用而不收取任何额外的服务费……"

试问：在上述两个情景中，你认为销售人员的服务是否能满足客户的要求？

（三）成交的表情信号

对手的面部表情同样可以透露出其成交意图。比如，当对手的眼神集中于你的说明或产品本身时，当对手的嘴角微翘、两眼放光，显示出十分兴奋的表情时，或者当对手渐渐舒展眉头时，等等。这些表情上的变化都有可能是对手发出的成交信号，谈判人员需要随时关注这些信号，一旦对手通过自己的表情透露出成交信号，谈判人员要及时作出恰当的回应。

比较明显的成交表情信号包括：

（1）目光在产品上逗留的时间长，两眼放光，神采奕奕。

（2）客户由咬牙沉思变为表情明朗、放松、友好。

（3）表情由冷漠、怀疑、拒绝变为热情、亲切、轻松自然。

（4）眼神信号。眼睛是心灵的窗户，眼睛比嘴巴更会说话。就销售而言，眼神信号更具有意义。客户的眼神是变化无穷的，主要有五种：①当谈话很投机时，眼睛会闪闪发光；②当他觉得索然无味时，眼神会呆滞黯然；③当他三心二意时，眼神会显得飘忽不定；④当他沉思时，眼神会凝住不动；⑤当他要作出某一决定时，眼神会显得不够坚定。

当你抓住了客户的这些眼神暗示后，就应该适时地改变自己的策略，把握客户的心理，让客户随着你的思维而动，从而达到成功销售的目的。

（四）成交的进程信号

转变洽谈环境，主动要求进入洽谈室；或在谈判人员要求进入时，非常痛快地答应；或谈判人员在合同上书写内容作出成交付款等动作时，对方没有明确地表示拒绝和异议；或向谈判人员介绍与自己同行的有关人员，特别是谈判的决策人员，如主动向谈判人员介绍"这是我的太太""这是我的领导×××"等。根据终端环境的不同、谈判对象的不同、产品的不同、谈判人员介绍能力的不同、成交阶段的不同，对手表现出来的成交信号也千差万别，无一定之规。优秀的谈判人员可以在终端实战中不断总结、不断揣摩、不断提升。总之，如何读懂商务谈判中对方的"秋波"，对大多数商务谈判人员来说，是"运用之妙，存乎一心"！

案例6-5

一家经销公司准备为一家大型的油漆公司推销产品，这家大型的油漆公司正准备开展一次重要的推销活动。讨价还价是在油漆公司的销售部经理和负责推销活动的经销公司的董事长之间进行的。筹划这次推销活动的目的是配合和推动分销商、批发商销售其产品。经销公司曾提议提高佣金和实施推销计划的服务费。在与油漆公司的销售部经理通电话询问是否已确认这一合同时，经销公司的董事长得知对方认为他收取的费用太高，因而要派财务部主任来和他磋商，但与此同时对方却问他，这项计划是否可以在某个指定日期开始执行。

就在这一时刻，经销公司的董事长才明白，他已经把这笔生意握在手里了，接下来需要做的就是玩弄价格游戏。当对方的财务部主任给他打电话时，他不在办公室，后来也没有回电话。那位财务部主任一再打电话来，他总是不在，而且总不回电话。他是在使用拖延计策来竭力保持其优势。最后，那位销售部经理打通了他办公室的电话，确定了该项计划在指定的日期开始执行。

现在，董事长要做的事就是向财务部主任打一个电话，真诚道歉。他抵制了所有杀价的企图，只在关于费用的某一方面作出了一个小小的让步，他按照自己的要价拿到了这笔生意。

资料来源　盛安之. 成大事必备的99个谈判技巧［M］. 北京：企业管理出版社，2008.

试问：经销公司的董事长为什么能"稳坐钓鱼台"，顺利实现他的目的？

三、谈判临近终结的判断

（一）从谈判涉及的交易条件来判定

1.考察交易条件中余下的分歧

如果双方达成一致的交易条件占绝大多数，所剩的分歧只占很小一部分，可以判定谈判进入终结阶段。如果交易条件中最重要、最关键的问题已经解决，仅余非实质性的无关大局的分歧点，也可以判定谈判进入终结阶段。

2.考察谈判对手的交易条件是否进入己方成交线

成交线意味着己方可以接受的最低交易条件，是达成协议的下限。如果对方的交易条件已经进入己方的成交线范围内，可以判定谈判进入了终结阶段，因为双方已经出现了最低限度达成交易的可能性。

能争取更优惠的条件当然更好，但要考虑各方因素，不可强求最佳结果而形成重新对立的局面。

（二）从谈判约定的时间来判定

1.双方约定的谈判时间

在谈判之初，双方一起确定整个谈判所需要的时间，谈判进程完全按约定的时间安排，当谈判接近尾声时，自然进入谈判终结阶段。

如果双方有较好的合作意愿，紧密配合，利益差异不是很悬殊，就容易在约定时间内达成协议，否则就比较困难。

按约定时间终结谈判使双方都有紧迫感，促使双方提高工作效率。

2.单方限定的谈判时间

由谈判一方限定谈判时间时，随着时间的终结，谈判结束。单方限定谈判时间无疑会给被限定方施加某种压力。如果认为条件合适，又不希望失去这次交易机会，可以配合对方的时间安排，但要防止对方以时间限定向己方提出不合理要求。

另外，也可利用对方对时间限定的重视性，向对方争取更优惠的条件，以对方提供的优惠条件来换取己方在时间限定上的配合。

3.形势突变的谈判时间

本来双方已经约好谈判时间，但是在谈判进程中形势突然发生变化，如市场行情突变、外汇行情大起或大落、公司内部发生重大事件等，谈判者突然改变原有计划，要求提前终结谈判。

（三）从谈判的策略来判定

谈判过程中可能会用到多种多样的策略，如果某种策略实施后谈判必然进入终结阶段，则该策略就是终结策略。常见的终结策略包括：

1.最后立场策略

谈判双方经过多次磋商之后仍无结果，一方阐明己方最后的立场，表明只能让步到某种程度，如果对方不接受，谈判即宣告破裂；如果对方接受该条件，那么达成协议。

2.折中进退策略

它是指取双方条件差距之和的中间条件作为双方共同前进或妥协的策略，即双方都以同样的幅度妥协退让，如果对方接受此建议，即可判定谈判终结。

3.总体条件交换策略

它是指双方谈判临近预定的结束阶段，以各自的条件作整体一揽子的进退交换以求达成协议。

任务实施

一、复习

1.成交应具备的条件。

2.成交信号。

3.临近谈判终局的判断。

二、分组

将全班学生每4～6人分成一个小组，每个小组选出1名同学作为组长。

三、实训

1.盛夏，一位女士在听完皮衣导购员的介绍后，穿着皮衣在试衣镜前足足折腾了10多分钟，她走来走去的样子好像是在进行时装表演；而当她脱下皮衣时，两手忍不住又去抚摸皮毛，并且面带微笑。

请判断这是不是明显的成交信号？

2.我国某冶金公司要从美国购买一套先进的组合炉，于是派出一位高级工程师与美商谈判。为了不负使命，这位工程师做了充分的准备工作。他查找了大量有关冶炼组合炉的资料，花了很大的精力对国际市场上组合炉的行情及美国这家公司的历史和现状、经营情况等了解得一清二楚。谈判开始，美商一开口要价150万美元。中方工程师列举了各国的成交价格，使美商目瞪口呆，终于以80万美元达成协议。当谈到购买冶炼自动设备时，美商报价230万美元，经过讨价还价压到130万美元，中方仍然不同意，坚持出价100万美元。美商表示不愿继续谈下去了，把合同往中方工程师面前一扔，说："我们已经作了这么大的让步，贵公司仍不能合作，看来你们没有诚意，这笔生意就算了，明天我们回国了。"中方工程师闻言微微一笑，把手一伸，做了一个优雅的"请"的动作。美商真的走了，冶金公司的其他人有些着急，甚至埋怨工程师不该抠得这么紧。工程师说："放心吧，他们会回来的。同样的设备，去年他们卖给法国客户只有95万美元，国际市场上这种设备的价格100万美元是正常的。"果然不出所料，一个星期后美商又回来继续谈判了。中方工程师向美商点明了他们与法国客户的成交价格，美商又愣住了，没有想到眼前这位中国工程师如此精明，于是不敢再报虚价，只能说："现在物价上涨得厉害，比不了去年。"工程师说："每年物价上涨指数都没有超过6%。一年时间，你们算算，该涨多少？"美商被问得哑口无言，在事实面前不得不让步，最终双方以101万美元达成了这笔交易。

试问：此次谈判中国工程师成功的原因是什么？

过程组织：

（1）教师组织学生仔细阅读上述案例，进行案例分析。

（2）以小组为单位进行讨论，提倡采用"头脑风暴法"。

（3）每个小组派1名代表在全班交流，在本组代表发言时全组同学起立，可以对本组代表的发言进行补充。

（4）教师讲评案例。

（5）学生以小组为单位完成案例分析文案。

任务三　促成成交

任务描述

成交是商务谈判成功的一个重要标志，但在谈判的最后阶段如何促成交易却大有讲究。本任务主要探讨促成成交的方法、原则、策略、技巧、注意事项、迫使对方让步的方法、防止对方进攻的策略、未能成交时的注意事项及正确的成交态度。

案例导入

光华公司推销员李峰来到大明公司推销饮水器。见到大明公司王经理，出示了产品说明书后，李峰说："王经理，这种冷热饮水器目前在一些大城市非常流行，特别适合放置在大公司的办公室内使用，既方便、实用，又使办公室看上去豪华气派和具有现代感。像与贵公司齐名的佳为公司、恒基公司等，办公室里都换上了这种饮水器。您现在要考虑的是需要哪一款，XI型呢还是XII型？要多少台？我们什么时候送货？"说毕，又拿出全套的说明书给王经理。王经理接过资料，仔细阅读后，笑着说："先要3套XII型的吧！"

试问：这个案例中推销员李峰运用了哪些促成交易的方法？

知识储备

一、促成成交的方法

促成成交是客户接受谈判对方提出的商品销售条件或销售方案，表明成交意向并采取实际购买行动的过程。在促成成交过程中，可以采用以下一些方法：

（一）假定成交法

假定成交法，又称假设成交法，是假定客户已经接受了销售建议而展开实质性问话的一种成交方法。这种方法的实质是人为提高成交谈判的起点。此技巧使用得当，可起到事半功倍的效果。

在运用假定成交法时，销售人员应尽量避开促成成交的主要问题，而从一些枝节问题或后续问题入手。例如，向客户提出含蓄的问题，提这类问题也是基于已假定客户基本上作出了购买决定，但尚未明确表示出来。这时可以问"您什么时候需要这种商品"或"您需要多少"。这些都是促使客户作出购买决定的恰当提问。

案例6-6

甲公司的销售代表与乙公司的代表进行销售谈判，开局谈得较为融洽。甲公司的销售代表可以适时地提出："您看什么时候把货给您送去?"若此时乙公司的代表对这句话没有反感,可以进一步试探性地问:"您想要大包装,还是小包装?"或者直接说:"这是订货单,请您在××地方签个字。"

试问:此次谈判中甲公司的销售代表采用的是什么方法?

(二)直接发问法

直接发问法,又称请求成交法,是在适当时机直接向客户提出成交的方法,是一种最简单、最基本的技巧。采取直接发问法可以有效地促使客户作出购买反应,达成交易;可以节省销售时间,提高销售效率;可以充分利用各种成交机会,有效地促成交易。此外,直接发问法灵活机动,可以消除客户的疑虑。正是其特有的优越性,直接发问法成为被广泛应用的成交促成方法。使用这种方法,需要在不同的场合针对不同的客户。以下几种情况适合采用此方法:

(1)比较熟悉的老客户。

(2)客户通过语言或身体发出了成交信号。

(3)客户在听完销售建议后未表示异议且无表示异议的意向。

(4)客户对商品产生好感,已有购买意向,但不愿主动提议成交。

(5)销售员处理客户重大异议后。

直接发问法的使用也有一定的局限性:一方面,因语言过于直接,容易引起部分客户的反感,导致客户拒绝交易;另一方面,由于其使用条件是以销售员的主观判断为标准的,一旦把握失控,就会使客户认为在给他施加压力,导致客户无意识地抵制交易。

(三)问题成交法

问题成交法,又称异议探讨法,是在提出成交请求后对还在犹豫不决的客户采取的一种方法。其目的是试探客户并诱导客户签约,从而促使交易达成。

一般情况下,处理成交阶段的异议不能再用销售异议的处理办法与提示语言。这时,通过异议探讨,有针对性地解除客户疑问便有了用武之地。问题成交法的提问模式多为诱导型的,且要与其他方法配合使用,即利用该方法探寻与排除异议,然后利用其他方法促成交易。使用问题成交法应正确分析客户异议,有目的地进行提问,有针对性地进行解答。

例如,甲乙双方已商谈成功,就在快签约时,乙方有点犹豫不决,甲方在此时不能放弃成交的良机,可以揣测乙方的心理,对乙方的不确定予以答复。例如:"您不能作出决定是因为××吧?"一旦了解了乙方的疑虑所在,就可以进行有针对性的解答了。这种成交技巧一般来说较为奏效。问题成交法通常适用于成交阶段的以下异议:

(1)价格异议,如"如果再便宜点就好了"。

(2)时间异议,如"我还要再考虑考虑"。

(3)服务异议,如"万一运行中出了毛病可就惨了"。

(4)权力异议,如"我自己做不了主,还得请示一下"等。

(四)诱导成交法

诱导成交法,又称连续点头成交法,是指在商务洽谈中诱导客户同意自己的推销建议,最后促使对方同意成交进而签约;或诱导客户提出具体意见,帮助客户解决问题,进而促成成交的方法。其要点是推销方不直接总结产品的利益,而是提出有关利益的一系列问题让准客户作出一连串的肯定回答。

案例6-7

一天，多家培训公司接到某知名摩托车企业人力资源部培训主管L先生的电话，要求提供销售类课程清单以便选择培训课程。大生意上门自然不敢怠慢，大多数培训公司很快就将课程清单传真给了L先生。有的公司还没忘记加上一些公司简介、培训师资简介以及公司实力和品牌等证明资料，然后就满怀信心地静候佳音了。

然而，有一家公司的销售代表A先生接到电话后，未像其他公司一样急于发出课程清单，而是打电话给L先生："我们非常理解您的要求，不过，根据我们的经验，在了解贵公司的具体需求之前发给您资料只会浪费您的时间。另外，课程清单并不能让您了解到课程本身的价值。不如先给您发一份营销培训需求调查表，您填好后给我，我请我们的资深讲师跟您做一个交流，然后再确定如何做。您认为如何？"听A先生这么一说，L先生觉得很有道理，很快就同意了。

接下来，培训公司的讲师根据"营销培训需求调查表"提供的信息进行了初步需求分析，建议L先生与培训公司的人力资源主管做一下电话访谈。L先生再次同意。电话访谈结束后，培训公司以书面传真的形式给L先生做了回复，谈到现有的资讯对形成较高水准的"营销培训建议书"仍然不够，提出进一步进行面对面访谈的请求，希望对方的销售部经理、市场部经理、受训对象代表等参加。做完本次面对面访谈后，培训公司提交了一份新的"营销培训建议书"给L先生。后来，双方很快就签订了合作协议。

资料来源 刘文秀．卡耐基口才课［M］．3版．北京：中国法治出版社，2018.

试问：培训公司采用的是什么方法？你对这种方法有何评价？

（五）选择成交法

选择成交法，是推销人员向准客户提供两种或两种以上购买方案，并要求其迅速作出抉择的成交方法。在谈判中，推销方应该准确识别客户的购买信号，先假定成交，然后选择成交，并把选择的范围局限在成交的范围内。这种方法可以减轻客户的心理压力，营造良好的成交气氛。从表面上看，选择成交法似乎把成交的主动权交给了客户，而事实上是让客户在一定的范围内进行选择，从而有效地促成交易。

选择成交法的要点是使客户回避要还是不要的问题。

例如："先生，请这边坐……您要点什么？咖啡？牛奶？汽水？"这是选择成交法一个比较典型的应用实例。

"小姐，您喜欢这件红的还是那件绿的或是这件黄的？"

"唐经理，先要5吨、10吨还是20吨？"

"陈科长，您是要大包装的还是要小包装的？您看，这些都是样品……"

这些都是选择成交法的语言实例。在运用选择成交法时，推销方应该让客户从中作出一种肯定的回答，而不要让客户有拒绝的机会。同时，尽量避免向客户提出太多的方案，最好就是两项，最多不要超过三项，否则你很难达到尽快成交的目的。

（六）总结利益成交法

总结利益成交法，是推销方在推销洽谈中记住准客户关注的产品主要特色、优点和利益，在成交中以一种积极的方式成功地加以概括总结，以得到准客户的认同并最终取得订单的成交方法。总结利益成交法由三个基本步骤组成：

（1）推销洽谈中确定准客户关注的核心利益。

（2）总结这些利益。

（3）提议成交。

这种方法特别适用于直来直去的客户，而不适用于个性强的客户。

（七）天平利益倾斜成交法

天平利益倾斜成交法，是指客户在成交阶段比较在意所得和付出，这就类似于天平的两个砝码，一个砝码是所得，另一个砝码是付出，让客户通过对两个砝码的比较，感觉购买之后是获得的利益大还是付出大。这时，客户就会不断地衡量，是获得更大的利益呢还是少付出一些？天平利益倾斜成交法更适合针对在购买过程中犹豫的客户。推销方要加大利益的砝码，列出成交的利益或好处（至少应有8~10项），让天平向利益方倾斜，从而成交。一旦客户同意购买，就尽快办手续，少说话。

案例6-8

（地点：总经理办公室）

客户经理："陈总，这台普通纸传真机，能让您在收到的传真文件上轻松地批下各种意见，交由相关人员处理，解决了以往在热敏纸上书写的困扰；输出的纸张是固定的A4或B4规格，能解决目前规格不一的裁剪纸所造成的存档和遗失的困扰；30页A4纸的记忆存档装置，使得您不用担心纸张用完而收不到重要信息，延误企业的商机。上面这几点，都是您感到困扰的事情，我们这台普通纸传真机都可以解决。另外，价格方面您也是非常清楚的，我们给您的价格是最优惠的，能否请陈总在这份装机确认书上签下您的大名，好让我们安排装机工作？"

试问：这位客户经理采用的是什么方法？你对这种方法有何评价？

（八）小点成交法

小点成交法，是推销方利用交易活动中的次要方面来间接促成交易的成交方法。

小点成交法主要利用的是"减压"原理，以若干细小问题的决定来避开是否购买的决定，营造良好的洽谈氛围，导向最后的成交。小点成交法要求推销方主动识别与合理利用成交信号。

小点成交法广泛用于准客户难以作出购买决策的场合，它也是首次试探性提出成交遭到客户拒绝后第二次提议成交的有效方法。

例如，一位客户很想买一套西装，但又顾虑重重，你可以这样说："这套西装真不错，但如果你不满意这些装饰用的扣子，我们可以立即为您换成其他样子的。"

你也可以对一个买房者这样说："您希望我们给您提供36个月还是48个月的分期付款方案呢？"当在这些次要方面取得一致后，一般来说更主要的问题，即是否购买也就迎刃而解了。

（九）避重就轻成交法

避重就轻成交法，是根据客户的心理活动规律，首先在次要问题上达成一致，进而促成交易的方法。例如，日本丰田汽车公司想占领美国市场，与美国某汽车公司进行合资经营，双方在谈判时，日方就采用了避重就轻成交法，在次要问题上做文章，达成一致意见后，再主攻重点的价格问题。

避重就轻成交法在以下几种情况下非常适用：交易量比较大或大规模的交易；客户不愿意直接涉及的购买决策；次要问题在整个购买决策中发挥很重要的作用；其他无法直接促成的交易。使用此方法可以有效地分担成交风险，即使客户对某一细节问题提出否定看法，也不会影响整体的成交。

（十）异议转化成交法

异议转化成交法，是销售人员利用处理客户异议的机会直接要求客户成交的方法。因为凡是客户提出的异议大多是购买的主要障碍，但有时可以将客户提出的异议转化为自身的优势。例如，客户："人家××的床垫比你们的软，你们的太硬了。"导购员："先生/小姐，硬就对了，这正是我们的最佳设计之处。"（再介绍床垫太软的危害）

（十一）小狗成交法

小狗成交法，又称试用促成法，是指推销人员请求客户试用少量包装的商品，或请求客户购买远比正常包装要小得多的数量，先行试用，以减少风险，如果客户试用后对商品感到满意，以后就会大量购买。

知识窗

小狗成交法的实际运用

汽车销售场景：

在汽车销售过程中，小狗成交法被广泛应用。销售人员通常会邀请潜在客户进行试驾，让他们亲身体验驾驶汽车的感受。在试驾过程中，销售人员会详细介绍汽车的各项功能，让客户感受到汽车的便利和舒适。这种亲身体验往往能够激发客户的购买欲望。

软件服务场景：

在软件服务领域，小狗成交法同样适用。许多软件公司提供免费试用期，让客户在一定时间内免费使用他们的软件。在试用期内，客户可以充分体验软件的功能，从而对软件产生依赖。一旦试用期结束，客户往往会因为习惯了软件带来的便利而选择购买。

健身房/美发店场景：

健身房也常用小狗成交法来吸引新会员。他们通常会提供一段时间的免费体验课程，让潜在会员体验健身的乐趣。在体验过程中，健身房的工作人员会与会员建立联系，了解他们的需求，并提供个性化的服务。这种情感上的联系往往能够促使会员在体验结束后选择加入。美发店经常会提供一次免费的美发服务，让客户亲身体验服务的效果，在体验过程中建立联系。

资料来源　烽叔破圈笔记．营销这件事：小狗成交法［EB/OL］．［2024-11-05］．https://mp.weixin.qq.com/s/5ovW6jivmpxo0cffDsTuhg.

（十二）最后机会成交法

最后机会成交法，是在谈判中向潜在客户提示最后成交机会，促使其尽快同意成交的方法。在谈判中，推销一方要善于利用购买机会原理，向对方提示"机不可失"，施加一定的成交机会压力，促使对方珍惜时机，最终达成交易。常用的最后机会成交法主要是供货压力表述，如向对方指出货源紧缺、产品特性优异、成交时机的重要性等，以促使客户早下决定。这种成交方法特别适合在已经要求客户采购但客户仍然犹豫不决时采用。

例如，汽车推销员可以说："您知道，这个款式产量有限，只生产了500辆，这是我们剩下的最后一辆，一旦卖出您再也买不到了。"

房地产销售员可以这样说："我知道您喜欢这所房子，但必须提醒您，有三对夫妇也对这所房子表现出了很大兴趣。如果您真的想要它，最好尽快作出决定。"

（十三）优惠成交法

优惠成交法，是指通过提供更多的优惠条件来促使成交。此方法利用了客户占便宜的心理，但将增加销售成本，还容易让客户得寸进尺，反而想要更多的优惠。它也是利用客户进行推广并让客户从心理上得到满足的一种方法。比如，销售人员对目标客户说："这是我私人给您的价格，我自己的提成都搭进去了，就为了交您一个朋友，希望您能介绍更多的客户，这个价您千万别跟别的客人说，不然我就彻底没法干了。"

二、促进成交的原则

（一）开口请求

对销售人员来说，你不开口请求，注定所有的努力都会付诸东流。

一位驰名世界的销售专家兴奋地告诉受训学员："成交是销售努力必然的结果。务必牢记在心：成交是我们工作的一切，如果不能做成生意，我们存在的价值就大打折扣了！"

无独有偶，有位资历丰富的女性网络直销专家也持类似的见解，她说："从事网络直销工作10多年，每次说服准客户买下我推荐的产品时，我都兴奋无比。真的！这种感觉真棒。完成交易是销售的最高潮，在这节骨眼儿上，你将发现你有多么好！多么尽心尽意！多值得大家为你喝彩！"

（二）充分了解客户的立场，并进入客户"潜意识密室"里查明真意

目前，市场上相同的产品很多，竞争者又不断加入，使出浑身解数要抢走你的客户，你怎样才能脱颖而出呢？

永远记住，你的同行是不可轻视的。他可能比你更努力、更勤快、更有心计、更擅长营造人际关系。你想让客户和你签约，唯有将心比心，设身处地地了解对方的立场、真意，满足他的需求。

（三）准确抓住争取承诺的"时机"

到底何时才是请求交易的最佳时机呢？在销售过程中，接近客户、商谈沟通、客户提出反对意见，或是以后的任何时间，都有可能是请求客户购买的大好时机。销售人员要全神贯注于签约良机出现的时刻，否则，稍有闪失，就要花上更多的时间等待良机再现。销售商谈过程中，每个时刻都有可能是绝佳时机。

当产品介绍、展示告一段落，趁着客户脑海中还保留着鲜明的产品印象时，马上请求客户承诺购买，是最高明的成交手法。此时，客户觉得若干重要问题已经解决，对你的产品和你本人有相当的好感，只要你提出要求，准客户很难推辞，成交率高得出乎意料。如果你不这么做，给客户多余的时间考虑，他考虑得越久，成交率就越低。

（四）制造紧迫感

请求成交是销售的最终目的，没有订单，业绩和佣金永远和我们无缘。懂得活用紧迫

感，你必定是一位业绩非凡的销售好手。好的销售人员永远都活在自己制造的紧迫感之中，同时又不感到紧迫。

制造紧迫感的用意，在于增强客户购买的信心，让他很清楚地知道"现在"是行动的最好时机。这也是应对拖延型客户的好方法。

客户经常会用"考虑几天"等借口拖延购买时间，这时候，你就要制造紧迫感。你可以诚恳地说明，如果延迟购买，就要在将来付出更多的金钱和精神损失；你也可以委婉地告诉他，这件商品将来会更贵。

总而言之，你要让客户知道，此时下决心最为明智、风险最小，而且获益最多。

以下经验有助于制造紧迫感，拒绝客户的拖延借口：

（1）商谈开始前，咨询对方参与做决定的人还有谁，要求该人一起商谈。

（2）告诉他这是最佳购买时机前，说一些赞美的话。

（3）不要害怕被拒绝，要持续要求。

（4）明确说出现在行动客户可以获得最大的好处或利益，并指出道理所在，直到他完全相信、认同为止。

三、促成成交的策略

（一）以退为进策略

以退为进策略，是销售人员在暗示或示意与潜在客户尽快达成一致以促成交易的时候，遭遇潜在客户或模糊或明确的抵制或拒绝后所采取的一种继续寻求合作的进攻策略。

销售人员要么没有把握好时机向潜在客户作出达成交易的提议，要么就是潜在客户对销售人员的销售方案在某些方面还存有疑问，这些都有可能遭到潜在客户的拖延、抵制或拒绝。这时，销售人员要迅速思考并努力找到潜在客户拖延、抵制或拒绝的原因，以便有的放矢地采取应对措施。

在大多数情况下，销售人员可以通过打探而了解相关原因，进而采取措施，如修订方案、降低对潜在客户的配合要求或者缩减项目造价等。以退为进促成交易的策略最适用于平易型的潜在客户。

（二）循序渐进策略

循序渐进策略，是销售人员与潜在客户通过小额、小范围或短期的合作尝试后再逐步扩大合作的金额、领域或延长合作期限等的一种试探性销售策略。它特别适合那些对销售人员所在公司不是十分了解，但又对销售人员所销售的产品或服务有明确需求的客户。

对销售人员来说，如果在销售过程中遇到上述类型的客户，且事先预估不可能首次就实现大额、大范围或长期的合作，那么改用循序渐进的策略可能是一种有效的促成交易的手段。因为对潜在客户来说，循序渐进可以做到有效降低风险，因而容易达成一致，尽早促成交易。循序渐进策略的顺利推进，需要销售人员确保与潜在客户的首次合作能够得到客户的高度认同。

（三）循循善诱策略

循循善诱策略，是指遵循内在的逻辑一致性推导潜在客户的惯性思维。如果销售人员在与潜在客户的接触、沟通中已经知悉其思维习惯（即只要符合逻辑推理，就会认可其结果），那么，销售人员就可以向潜在客户提出一系列精心设计、策划的问题，这些问题覆盖了影响潜在客户作出购买决策的关键因素。如果销售人员能够确保潜在客户对这些问题的回答都是肯定的，那么顺理成章地最后提出尽早达成交易的请求，潜在客户也就不好推迟或拖延了。

采用循循善诱的策略，要求销售人员具有较强的逻辑推理能力；对于精心设计与策划的问题，也要求做到天衣无缝，至少让潜在客户不会有牵强附会的感觉。而销售人员在向潜在客户提问的时候要态度温和，注意把握好节奏，不至于让潜在客户感觉到你咄咄逼人。

（四）实证借鉴策略

实证借鉴策略，是指销售人员事先预估潜在客户可能在前者要求交易的时候在某些方面提出问题或异议，而就这些问题或异议的解决准备实证事实依据。若实证事实依据能够迅速地消除潜在客户的种种顾虑，则能促使潜在客户快速地作出购买决策，尽早达成交易。该策略适用于谨小慎微的平易型与思维型潜在客户。

（五）对比平衡策略

对比平衡策略又称"T"形策略，即运用对比平衡方式促使潜在客户作出购买决策。销售人员需要在潜在客户参与的情况下，在一张纸上画出一个"T"形分区，双方一道来完成对比分析，将潜在客户购买的原因一一列举在"T"形分区的左边，同时将不购买的原因列举在"T"形分区的右边。

运用"T"形策略，要求销售人员根据轻重缓急原则对需要解决的问题进行排序，客观而全面地列出潜在客户购买或不购买的原因。虽然潜在客户不在场也可以应用"T"形分析，但最好能有潜在客户的积极参与，这样不仅能加快"T"形分析的进度，而且能使分析更为深入，进而激发潜在客户的购买愿望。这种策略特别适合分析型的潜在客户，因为这符合他们强调理性的沟通风格。

（六）综合提炼策略

综合提炼策略，就是销售人员将以前拜访潜在客户时双方已经达成的共识一一加以复述，从而促使潜在客户尽早作出购买决策的一种手段。采用这种策略，可以从正向和反向两方面进行归纳，便于潜在客户进行回忆与联想。不过，采用这种策略需要注重首要性、重复性与深刻性。所谓首要性，就是一开始就要开宗明义地提出重要内容与关键点；重复性，就是将可能合作的重要内容从不同角度多次提出并与潜在客户不断探讨；深刻性，则是用不同的措辞描述关键点与重要内容，用相关案例与潜在客户交谈，以使潜在客户留下深刻的印象。

（七）稀缺性策略

稀缺性策略，是指向潜在客户表明销售人员所在公司的产品或服务的稀缺性，以此暗示潜在客户，如果不尽早作出购买决策，就有可能"过了这个村，就没有这个店了"；或者晚一些作出决策，就得排队等待产品或服务。采用稀缺性策略，需要销售人员对自己所在公司的产品或服务有一个客观的认识，且在与潜在客户的沟通中注意语气、气氛，避免给潜在客户留下一种被要挟的感觉。

（八）最后让步策略

最后让步的时间：主要部分在最后期限之前作出，以便让对方有足够的时间回顾和考虑；次要部分作为最后的"甜头"安排在最后时刻作出，促成交易，并给对方留下好印象。最后让步的幅度：在决定最后让步的幅度时，要考虑对方谈判人员的级别。一般情况下，谈判的最后关头应作出能够匹配对方上司地位的让步，但幅度不能过大；要做到让步与要求同时提出。

案例6-9

美国一家航空公司要在纽约建立大型航空站，要求电力公司提供优惠电价。这场谈判的主动权掌握在电力公司一方，因为航空公司有求于电力公司。因此，电力公司推说公共服务委员会不批准，不肯降低电价，双方谈判相持不下。

这时，航空公司突然改变态度，声称若不提供优惠电价，它就撤出这一谈判，自己建厂发电。

此言一出，电力公司慌了神，立即请求公共服务委员会从中说情，表示愿意给予这类新用户优惠价格。因为若失去给这家大型航空站供电，就意味着电力公司将损失一大笔钱，所以电力公司急忙改变原来傲慢的态度，表示愿意以优惠价格供电。

在这一案例中，谈判态势之所以前后如此大相径庭，在于航空公司在要求对方让步的过程中，巧妙地使用了最后通牒的策略。

资料来源　李宏．实用商业心理学［M］．武汉：中国地质大学出版社，1988.

（九）蚕食策略

蚕食策略的运用要点：经过长时间的谈判后，在签约之前，突然提出一个小小的请求，要求对方再让步一点点。运用蚕食策略时应考虑以下几个问题：

（1）在达成最初协议之后还有没有可以进一步提出要求的余地。

（2）是否打算就前面谈判中对方没有同意的条件作出第二次努力。

（3）是否准备好了对方对己方使用蚕食策略时的对策。

（4）避免对方对己方使用蚕食策略。

（5）明确任何额外的让步对方需要付出的代价。

（6）把所有细节事先谈好后，形成书面文字，避免"以后再说"的漏洞，同时运用策略营造一种让对方感觉赢了的气氛。

（7）向对方声称自己没有作出让步的权力，利用权力限制因素来避免对方进一步的让步要求。

（十）场外交易策略

在谈判场所外，紧张、激烈、对立的气氛被轻松、友好、融洽的气氛所代替，双方可以轻松自在地谈论感兴趣的话题，交流私人之间的情感。这种热烈友好的气氛能使双方淡化谈判桌前激烈交锋所带来的不快。此时，如果谈判人员将话题引回到谈判桌前相持不下的问题上，对方往往会较大幅度地让步而达成交易。

该策略主要适用于如下情况：

（1）己方的谈判实力很强，所有的竞争对手都不具备同等条件。

（2）如果交易继续进行，对方乐于找己方谈判者在场外交易。

（3）已尝试过其他方法均无效果，这可能是唯一可以改变对方主意的方法。

（4）对方现在所持立场已经超出了己方的最低限度，而己方的最后价格在对方的接受范围之内。

四、促进成交的技巧

(一) 概括产品优点

概括产品优点，是谈判中的销售方在促进成交阶段概括产品或服务的优点，促使客户作出购买决定的一种技巧。销售方可把产品或服务的所有优点写在双方都可以看到的一张纸上，其重点是重复提示优点，有时要对优点从不同角度进行描述，用不同词语进行表达，这对客户有强烈的启发、诱导作用。在实施中要注意提前做好准备，事先一定要把产品的优缺点想好，不要临时发挥。在采用概括产品优点的成交技巧时，销售方还可以同时采用产品演示法。

(二) 突出特定功效

突出特定功效，是指谈判中销售方在了解客户特殊要求的基础上，突出产品能满足客户特殊要求的特定功效，促使客户成交。

(三) 争取大额订单

争取大额订单，是指销售方在商务洽谈中促使客户大批量购买，往往可取得双赢的结果。如果想让客户下大额订单，需要有以下两方面的意识：

一方面，必须有一种信念：我的产品及交易条件正符合对方的要求，且已与客户建立了合作伙伴关系。

另一方面，要采用建议推销的方法建议客户大批量购买，并告诉客户，大批量采购可使客户在多方面受益。经济实惠是最大的好处之一，很多销售企业对大宗订单都是有折扣的。同时，大批量采购可使客户避免产品脱销带来的不便和利益损失。

(四) 对比促进法

1.有利的比较结束法

有利的比较结束法，即置对方以很高地位的促进成交法。

典型语言：

(1) 这种型号的产品××厂商已经订购了。

(2) 最有实力的厂家刚开始总是购买3部，你们是否也订购3部？

2.不利的比较结束法

不利的比较结束法，即根据对方的不幸遭遇而设法成交的方法。

典型语言：

(1) 你们推迟一天，就有被竞争者抢先的危险，像××公司的遭遇一样。

(2) 你们知道，××公司的市场地位一直很稳固，但自从那家新工厂购买了自动生产设备后，就出现了××问题。

(五) 优待结束法

1.让利促使双方签约

当对方对大部分交易条件都不很满意，而价格又较高时，谈判人员可以考虑对方压价的要求，让利给对方，如采用折扣、减价以及附送赠品等方法。

2.试用促使对方签约

谈判者可以提议对方先订购少量廉价的样品，或者无偿给对方使用。这是一种十分简单的促进成交法。

（六）利益结束法

1.突出利益损失，促使对方作出决定

这种方法强调：对方如果不尽早购入他们所需的产品，他们会错过目前这一时期的所有利益。

2.强调产品的好处，促使对方作出决定

业务洽谈时，要把所有的有利因素醒目地写在双方都能看到的一张纸上，高度概括有利于成交的一切因素，这是结束洽谈并促使对方作出购买决定的一种有效方法。

3.满足对方的特殊要求，促使对方作出决定

有时候，对方可能用提出希望或反对意见的方式来表达他们的特殊要求，这种情况下，如果可以满足对方的特殊要求，则会提高对方购买的可能性。

（七）诱导结束法

这是指诱导对方同意你的看法，最后迫使对方成交；或诱导对方提出反对意见，从而促使其尽快成交。

（八）渐进结束法

1.分阶段决定

大型谈判通常要分阶段进行，需要依次在各阶段签约才能达成最终协议。

2.四步骤程序法

（1）尽量总结和强调对方与己方看法的一致性。

（2）引导对方同意你的观点，从而实现双方看法一致。

（3）把所有尚待解决的问题和有争议的问题搁置在一边，暂不讨论。

（4）与对方一起商定怎样讨论，共同商量怎样阐明一些重大问题。

3.促使双方在重大原则性问题上作出决定

在高级别谈判中，最好把重要的原则性问题与细小的枝节问题区分开来。高级别谈判主要涉及简短、实际、集中的原则性问题。如果整个商务谈判的内容较为复杂，谈判者最好分两步走。

4.力争让对方作出部分决定

（九）检查性提问结束法

在业务洽谈过程中，谈判者有很多机会提出一些带有检查性质的问题，特别是在最后阶段，这样做可以试探出马上签约的可能性。采用这种方法，不仅可以在困境中获得订单，还可以排除一切误解，有针对性地解决问题。

（十）必然成交结束法

1.假定性成交

它是指假定对方已完全同意己方的交易条件，或者对方对几个主要交易条件印象不错，但又迟疑是否马上作出决定，因此，成交就成了当务之急。这种方法非常灵验，即便被对方阻止，你还可以使用其他的成交法，也不会有什么损失。

2.自信必然成交

如果你想让对方在合同上签字，就必须有这样一种信念：我的产品及交易条件正符合对方的要求。谈判者必须乐观、自信。使用这种方法时要注意一点：不要向对方提出一些有损于个人身份和人格的请求。

3.着眼于未来的成交法

诱导对方放眼未来，向对方描述购买和使用产品后的情况，这一方法的核心是围绕问题去谈成交以后的事情。

（十一）书面确认结束法

书面材料是一种非常得力的工具，谈判者或在洽谈期间面交意见书，或在休会期间写确认信。这样做有以下几点好处：

（1）书面材料比口头表述更为准确。

（2）书面材料有助于思考问题。

（3）书面材料可以增强报价的可靠性。

（4）书面材料能够影响"幕后人"。

五、成交阶段的注意事项

（一）不忘最后获利

即将签约时，精明的谈判者会去争取最后一点收获（小小请求，对方再让一点）。此时，应注意强调成交是双方共同努力的结果，让彼此都获得心理平衡与安慰，切不可沾沾自喜，喜形于色，嘲讽对方；否则，对方可能会卷土重来，寻机停止签约。

（二）慎重对待协议

法律形式的记录与确认要完全一致，不能有误差。实际上，常有人在时间和数字上做文章，应注意核查协议文本，最终确认无误后签字。

六、迫使对方让步的方法

（一）制造竞争

制造竞争是谈判中迫使对方让步的最有效武器和策略。具体做法如下：谈判前，多考察几家厂商，同时邀请他们前来谈判，并在谈判过程中适当透露一些竞争对手的情况；在与一家厂商达成协议前，不要过早结束与其他厂商的谈判，以保持其竞争局面。即使对方实际上没有竞争对手，己方也仍可巧妙地制造假象来迷惑对方，使对方不得不降低其条件，给己方提供诸多优惠，尽快促成协议的达成。

（二）"红白脸"策略

一个唱红脸，一个唱白脸，称"红白脸"策略，是指在商务谈判过程中，两个人分别扮演"红脸"和"白脸"的角色，或者由一个人同时扮演两种角色，软硬兼施，使谈判有进有退，以达成预期目标。运用这一策略时应把握以下要领：

第一，红脸、白脸两种角色的分配应和本人的性格特征基本相符，即扮"红脸"者态度温和、经验丰富、处事圆滑、言语平缓、性格沉稳；扮"白脸"的人则应雷厉风行、反应迅速、善抓时机、敢于进攻、言语有力。如果性格特征与扮演的角色不相称，就会出现强硬派"白脸"硬不上去，而"红脸"反倒硬了起来，导致希望和实际效果不符，反倒使对方有机可乘。

第二，两种角色一定要注意相互配合，看准时机，把握好火候。在"白脸"发动强攻时，"红脸"要充分注意对方的反应。如果对方以牙还牙、以硬对硬，"红脸"就要在适当的时候出面调停，让"白脸"有台阶可下；否则，"白脸"收不了场，"红脸"又不及时出面，就可能使谈判僵持、暂停或破裂。

第三，从角色分工来看，"红脸"一般由主谈人来充当，"白脸"一般由助手来充当。谈判中，扮"白脸"的人既要善于进攻、寸步不让，又要言之有理、讲究礼节，绝不可胡搅蛮缠、唾沫横飞；扮"红脸"的人也不能过于软弱，要掌握好分寸，言语适度。

第四，一人同时扮演"红脸"和"白脸"时，要灵活机动。发起强攻时，时间不宜过长。说出硬话时要给自己留有余地，否则会把自己给架住了。万一冲动过头而使自己被动时，最好的解决方法是休会。

案例6-10

美国大富翁霍华·休斯为了大量采购飞机，亲自与某飞机制造厂的代表谈判。霍华·休斯性情古怪，脾气暴躁，他提出了34项要求。双方互不相让，谈判充满了火药味。后来，霍华·休斯派他的私人代表出面谈判。没想到，私人代表满载而归，竟然实现了34项要求中的30项，其中包括11项非实现不可的。霍华·休斯很满意，问私人代表是如何取得这样大的收获的。私人代表说："很简单，每当谈不拢时，我都问对方：'你到底是希望与我解决这个问题？还是留待霍华·休斯跟你解决？'结果，对方无不接受我的要求。"

试问：休斯与其助手共同使用了什么谈判策略？

（三）虚拟假设

虚拟假设能够发挥的作用：一是分析利弊，迫使对方选择让步；二是诱使对方进入圈套，以使自己如愿以偿。

（四）最后通牒

谈判中的最后通牒策略有两种情况：一是利用最后期限。最后期限是指谈判的结束时间，也称为"死线"（Deadline）。让步往往在这个时刻才会出现。二是面对态度顽固或暧昧不明的谈判对手，以强硬的口头或书面语言最后一次向对方重申必须接受己方提出的条件，否则将退出谈判或结束谈判，由此迫使对方改变态度。

运用最后通牒策略必须注意以下几点：

（1）谈判者知道自己处于一个强有力的地位，所有的竞争对手都不具备自己的条件。使用最后通牒策略必须出其不意、攻其不备。

（2）"最后通牒"要在谈判的最后阶段或最后关键时刻使用。

（3）对手现在所持的立场的确已超出自己的最低要求。

（4）你的最后价格在对方的接受范围之内。

（5）"最后通牒"的提出必须是具体明确、毫不含糊、坚定有力的，不让对方存有任何幻想。

（五）声东击西

声东击西，在军事上是指当敌我双方对阵时，我方要攻击敌方某一面，却造成要攻击其另一面的假象，以迷惑对方，取得更好的攻击效果。这种策略同样适用于谈判。

实践经验告诉我们，只有更好地隐藏己方真正的意图，才能有效地实现目标，尤其是在你不能完全信任对方的情况下更是如此。

如果你想在某个重要问题上让对方先让步的话，就可以利用声东击西的策略，故意把这一问题轻描淡写地一笔带过，反而强调不重要的部分，造成对方的错觉，这样，你可能会较容易达到目的。

（六）踢皮球

"踢皮球"是一种形象的比喻，即针对对方的要求，己方不便拒绝，便借各种客观理由左推右诿，对方在万般无奈的情况下只得妥协让步。

"踢皮球"的反击策略包括：

（1）以其人之道还治其人之身，以相同的策略反击对方，可以请出己方的高层人员与对方的高层人员对话。

（2）谈判分层负责，人员组合安排与对方对等；对于对方的无权签字者，以同样的人应对，迫使对方主帅出马。

（3）识破诡计，委婉揭露，从双方利益上说服对方。

（4）以拒绝、取消谈判相威胁，迫使对方坐下来商谈相关议程。

（七）顺水推舟

谈判中"顺水推舟"的要点如下：当对方提出过高甚至无理要求时，为了不使谈判陷入僵局，给对方留有重新思考和选择的余地，故意不直接反驳对方的观点，而是顺着对方的观点往下推断，直到得出一个荒谬的结论，使得对方在这一过程中反省自己，不得不改变自己的立场和态度，向己方的目标靠拢。

七、防止对方进攻的策略

（一）限制策略

在商务谈判中，经常运用的限制策略有以下三种：

1.权力限制

上司的授权、国家的法律和公司的政策以及交易惯例限制了谈判者的权力。

2.资料限制

在商务谈判过程中，当对方要求就某一问题作进一步解释，或要求己方让步时，己方可以用抱歉的口吻告诉对方："实在对不起，有关这方面的详细资料我方手头上暂时没有（或者没有备齐，或者属于本公司的商业秘密，或者专利品资料概不透露），因此暂时还不能作出答复。"这就是利用资料限制因素阻止对方进攻的常用策略。对方在听到这番话后，自然会暂时放下该问题，从而阻止对方咄咄逼人的进攻势头。

3.其他方面的限制

包括自然环境、人力资源、生产技术要求、时间等因素在内的其他方面的限制，也可用来阻止对方的进攻。这些限制对己方是大有帮助的，有些能使己方有充足的时间去思考，从而使己方更坚定自己的立场，甚至迫使对方不得不让步；有些则能使己方有机会想出更好的解决办法，或者更有能力和对方周旋。

但是经验表明：限制策略使用的频率与效率是成反比的。限制策略运用过多，会使对方怀疑己方无谈判诚意，或者请己方具备一定条件后再谈，使己方处于被动的位置。

（二）恻隐术

恻隐术是一种装可怜相、为难相的做法，以求得对方的同情，争取合作。一般情况下，人们总是同情弱者，不愿落井下石将其置于死地。这一招日本厂商和中国港澳地区的商人常用。我们不能失国格、人格，但"为难"却是人皆有之。恻隐术的影响力不小，有时候能感动没有经验的对手。

恻隐术常见的表现形式有：装出一副可怜巴巴的样子，说可怜话，如"作出这样的决定，回去会被批评，无法交差""我已退到悬崖边了，再退就要掉下去了""求求您，高抬贵手""请你们不看僧面看佛面，无论如何帮我们一把"。例如，卖方在两次降价后，坚守价格，为了打破僵局，邀请买方去其住的旅馆洽谈。买方人员走进房间，只见卖方主谈人的头上缠着毛巾，腰上围着毛毯，脸上挂着愁容，显示出一副病态。据他讲，"头疼、胃疼、腰难受，被你们压得心里急"。心里急不假，头疼也可能是真的。这一招很有效，买方有的人认为"他实在是可怜"，由此动摇了谈判意志。在使用这一方法请求合作时，一定注意不要丧失人格和尊严，直诉困难也要不卑不亢。与此类似，有的谈判人员"以坦白求得宽容"。当在谈判中被对方逼得招架不住时，干脆把己方对本次谈判的真实希望和要求和盘托出，以求得对方的理解和宽容，从而阻止对方的进攻。这种策略能否成功主要取决于对方谈判人员的个性及对示弱者坦白内容的相信程度，因此具有较大的冒险性。

（三）疲劳战术

在商务谈判中，有时会遇到锋芒毕露、咄咄逼人的谈判对手。他们以各种方式表现出居高临下、先声夺人的挑战姿态。对于这类谈判者，疲劳战术是一种十分有效的策略。多个回合的拉锯战，可以使这类谈判对手感觉疲劳生厌，以此逐渐磨去其锐气。同时，该策略也能扭转己方在谈判中的不利地位，等到对手筋疲力尽、头昏脑涨时，己方即可反守为攻，促使对方接受己方的条件。

（四）以退为进

"以退为进"是军事上的术语，即暂时退让，伺机而进，争取成功。以退为进也是谈判中常用的一种制胜策略和技巧。从表面上看，这种策略的实施者在退让或妥协，实际上，退却是为了未来更好地组织进攻或实现更远大的目标。

八、未能成交时的注意事项

在商务谈判中，不是每次都能按预想成交，有时费了九牛二虎之力，也没能与客户达成交易。怎样与客户结束谈判也是需要注意的。

（一）正确认识失败

当谈判失败时，要能够正确面对，即使心中感到沮丧，也不要在表情上有所流露，失魂落魄、言行无礼。因为此次商谈不成功，不等于今后不会再谈成生意。古人讲"买卖不成仁义在"，虽然没谈成生意，但沟通了与客户的感情，留给客户一个良好的印象，也是一种成功——为赢得下次的生意成功播下了种子。因此，这时需要注意自己辞别客户时的言行。

（二）友好地与客户告辞

谈判失败后与客户告辞时，要以平静的表情真诚地道歉，如"百忙之中打扰您，谢谢"。

九、正确的成交态度

（一）显示出高度自信

销售人员要坚信自己推销的产品及交易条件完全符合客户的要求，避免向客户提出一些有损于个人身份和人格的请求；控制自己说话的声音，吐字要清楚，要有说服力，要若无其事，表情轻松；要自信、积极、主动和乐观，能应用恰当的成交策略。

（二）攻克签约难点

在谈判成功时，推销方也需要和客户说明一下，任何产品都不可能十全十美，都会存在薄弱之处，需要在今后的合作中听取客户的反馈和建议。但要避免过分谦虚，因为过分谦虚可能让客户认为产品问题很严重而拒绝签约。这时需要推销方与客户共同制定出一个双赢的方法攻克签约难点。

（三）关心潜在客户

推销过程中不要冷落了潜在客户，要尽可能邀请其参加一些销售活动，让潜在客户提建议，通过提问让其参与产品或服务的改进工作。

任务实施

一、复习

1.促成成交的方法、原则、策略、技巧。

2.成交阶段的注意事项。

3.迫使对方让步的方法及防止对方进攻的策略。

4.未能成交时的注意事项及正确的成交态度。

二、任务内容和要求

1.以模拟公司形式成立买方公司和卖方公司。

2.双方就某种旧设备交易进行谈判。

3.买卖双方在谈判中均要体现促成成交的方法、策略、技巧及迫使对方让步的方法、防止对方进攻的策略。

4.模拟公司谈判人员要做好分工，互相配合。

5.谈判态度要严肃认真。

6.控制谈判声音的大小，不影响其他公司谈判。

三、分组

将全班学生每4～6人分成一个小组，每个小组选出1名同学作为组长。

四、任务组织

任务组织具体见表6-1。

表6-1 促成成交任务组织表

任务项目	具体实施	时间	备注
促成成交的方法、策略、技巧及迫使对方让步的方法、防止对方进攻的策略的运用	（1）确定各50%的小组分别代表甲、乙两公司 （2）就旧设备交易进行谈判。双方的价格底线均不为对方所知 （3）进行小组谈判，然后分别汇报谈判结果 （4）组织学生集体讨论	30分钟	教室内提前准备资料

五、任务评价

任务评价具体见表6-2。

表6-2　　　　　　　　　　　　　　　　促成成交任务评价表

评价指标	评价标准	分值（100分）	评估成绩	所占比例
促成成交的方法、策略、技巧的运用情况；迫使对方让步的方法、防止对方进攻的策略的运用情况；小组成员配合情况	1.遵循促成成交的原则	20		70%
	2.熟悉促成成交的方法	20		
	3.能运用促成成交的策略和技巧	20		
	4.迫使对方让步的方法的使用及效果	10		
	5.防止对方进攻的策略的使用及效果	10		
	6.模拟接近真实程度	10		
	7.相互配合默契程度	10		
教学过程	参与度、态度和热情	100		30%
小组综合得分				

项目小结

　　成交意图，是商务谈判双方在商谈的过程中所表现出来的各种成交意向。客户一般不会直接说出其成交欲望，往往通过语言、行动、表情来表达其成交意图。成交意图的表达技巧有明确表达法、含蓄表达法、暗示表达法；促成交易常用的方法与技巧包括假定成交法、异议探讨法、直接发问法、总结利益成交法、小点成交法、小狗成交法、最后机会成交法、避重就轻成交法、异议转化成交法、诱导成交法、天平利益倾斜成交法、选择成交法和优惠成交法。促成交易的策略主要包括以退为进策略、循序渐进策略、循循善诱策略、实证借鉴策略、对比平衡策略、综合提炼策略、稀缺性策略、最后让步策略、蚕食策略和场外交易策略等。

项目训练

一、判断题

1.在成交意图的表露上，买方总是显得更直白、积极一些。　　　　　　　　　　（　　）

2.要更好地发挥最后让步的功效，需要把握好最后让步的时间。　　　　　　　（　　）

3.成交信号既可以是一种明示行为，也可以是一种行为暗示。　　　　　　　　（　　）

4.如果交易条件中最重要、最关键的问题已经解决，仅余非实质性的无关大局的分歧点，仍不能判定谈判进入了终局阶段。　　　　　　　　　　　　　　　　　　（　　）

5.处理成交阶段的异议时，一般不能再用销售异议的处理办法与提示语言。　　（　　）

6.一旦客户同意购买，要尽快办手续，少说话。　　　　　　　　　　　　　　（　　）

7.限制策略使用的频率与效率是成正比的。　　　　　　　　　　　　　　　　（　　）

二、选择题

1.下列成交方法中，最简单、最基本的成交方法是（　　　　）。

A.请求成交法　　　　　　　　　　　　　　B.假定成交法

C.诱导成交法　　　　　　　　　　　　　　D.从众成交法

2.（　　）是针对双方条件差距之和取中间条件作为双方共同前进或妥协的策略，即双方都以同样的幅度退让，如果对方接受此建议，即可判定谈判终局。

A.最后立场策略　　　　　　　　　　B.折中进退策略

C.总体条件交换策略　　　　　　　　D.循序渐进策略

3.（　　）主要利用的是"减压"原理，以若干细小问题的决定来避开是否购买的决定，营造良好的洽谈氛围，导向最后的成交。

A.小点成交法　　　B.避重就轻法　　　C.小狗成交法　　　D.优惠成交法

4.（　　）的实质是人为提高谈判的起点。

A.假定成交法　　　B.问题成交法　　　C.诱导成交法　　　D.总结利益成交法

三、案例分析题

史密斯先生在美国亚特兰大经营一家汽车修理厂，同时他还是一位十分有名的二手车推销员。在亚特兰大奥运会期间，他总是亲自驾车去拜访想临时买部廉价二手车开一开的客户。他总是这样说："这部车我已经全面维修好了，您试试性能如何？如果还有不满意的地方，我会为您修好。"然后请客户开几千米，再问道："怎么样？有什么地方不对劲吗？""我想方向盘可能有些松动。""您真高明，我也注意到了这个问题，还有没有其他意见？""引擎很不错，离合器没有问题。""真了不起，看来您的确是行家。"这时，客户便会问他："史密斯先生，这部车子要卖多少钱？"他总是微笑着回答："您已经试过了，一定清楚它值多少钱。"若这时生意还没有谈妥，他会怂恿客户继续一边开车一边商量。如此做法，使他的笔笔生意几乎都顺利成交。

问题：史密斯先生在推销中成功运用了哪些交易促成技巧？

项目评价

本项目考核由自我评价与小组评价、教师评价两部分构成，考试成绩根据学生对项目训练部分的完成情况给出；教师评定成绩和学生自评成绩分别由教师和学生根据课堂教学、课堂讨论及实训完成情况给出，见表6-3和表6-4。

表6-3　　　　　　　　　　　　自我评价与小组评价表

主要内容		评价等级（在符合的情况下面打"√"）						
		全都做到了		80%做到了		60%做到了		没做到	
		个人	小组	个人	小组	个人	小组	个人	小组
自我总结	我的优势								
	我的不足								
	努力目标								
	具体措施								
小组建议									

表 6-4 　　　　　　　　　　　　　　**教师评价表**

主要内容	教师评价等级（在符合的情况下面打"√"）			
	优秀	良好	合格	不合格
态度认真、参与积极				
专业知识掌握情况				
综合运用知识解决问题				
综合评语	教师签名： 　　　　　　　　　年 月 日			

项目七 　　　签订合同

知识目标:

1.了解签订合同的原则和一般条款。

2.了解合同的成立及效力。

3.了解违约行为的种类。

4.熟悉合同的保证、抵押、质押、留置和定金。

5.理解合同的变更、转让和终止。

6.掌握合同履行的原则、规则及抗辩。

7.掌握承担违约责任的方式。

能力目标:

1.能够建立起对合同的基本认知。

2.初步具备应用合同订立的程序订立合同的能力。

3.初步具备认定合同效力的能力。

4.初步具备依法变更、转让及终止合同的能力。

5.具备一定的应用合同履行规则的能力。

6.具备一定的合同履行抗辩能力。

7.具备一定的分析违约责任的能力。

素养目标:

通过分享学习《中华人民共和国民法典》(以下简称《民法典》)"合同编"的相关条款,培养"守合同、重信用"的企业家精神。

任务一   初探签订合同

任务描述

签订合同，即签约，是商务谈判程序的最后一个环节。合同既是谈判各方权利的保证，也是谈判各方履行义务的有效约束，具有严格的法律意义。本任务主要探讨签订合同的原则、合同的一般条款、合同订立的程序、签订合同应注意的事项。

案例导入

甲公司与乙公司签订了一份秘密从境外购买免税香烟并运至国内销售的合同。甲公司依双方约定，按期将香烟运至境内，但乙公司提走货物后，以目前账上无钱为由，要求暂缓支付货款，甲公司同意。3个月后，乙公司仍未支付货款，甲公司多次索要无果，遂向当地人民法院起诉要求乙公司支付货款并支付违约金。

试问：（1）本合同是否具有法律效力？为什么？

（2）应如何处理？

知识储备

一、合同概述

（一）合同的概念和特征

合同又称契约，是平等主体的自然人、法人、其他组织之间设立、变更、终止民事权利义务关系的协议。合同具有如下特征：

（1）合同是一种民事法律行为。合同依法成立后，具有法律约束力，受法律保护。

（2）合同是双方或多方的民事法律行为。合同必须有两个或两个以上的当事人参加，并经各方协商达成合意。

（3）合同的目的是设立、变更、终止一定的民事权利义务关系。

（二）签订合同的原则

在签订合同的过程中，应注意风险控制的有利性原则：

（1）注意核实与分析对方的资质与合同履行能力。

（2）注意履行（付款）时间顺序的有利性。

（3）注意施工与人身安全责任的归属。

（4）注意实际损失的赔偿。

（5）注意争议处理方式的有利性。

二、合同的一般条款

合同条款，是合同中双方当事人协商一致，规定双方当事人权利、义务的具体条文。为体现"缔约自由"和"意思自治"的现代法治理念，《中华人民共和国民法典》（以下简称《民法典》）对合同的内容没有采取强制性规定，只是采用了"一般条款"的提法，供当事人参考。《民法典》提到的一般条款包括：①当事人的姓名或者名称和住所；②标的；③数量；④质量；⑤价款或者报酬；⑥履行期限、地点和方式；⑦违约责任；⑧解决争议的方法。

除此之外，根据具体情况的不同，在一些合同中也有特别约定的条款，如货物买卖中的标的物包装条款等。总之，合同条款由当事人自由约定，法律规定的一般条款具有指引性，不具有强制性。对于遗漏条款，当事人可以通过订立补充协议（合同）的方式进一步加以规定。另外，当事人可以参照各类合同的示范文本订立合同。实践中，各类合同的示范文本能够提示当事人在订立合同时更好地明确各自的权利和义务。

三、合同订立的程序

合同订立，是指两个或两个以上当事人依法就合同的主要条款经过协商一致达成合意的法律行为。不论合同的当事人是自然人、法人还是其他组织，都应当具有与订立合同相应的民事权利能力和民事行为能力。

根据《民法典》第四百七十一条的规定，当事人订立合同，可以采取要约、承诺方式或者其他方式。要约与承诺的规定，使合同成立有了一个较为具体的标准，可以更好地分清各方当事人的责任，正确而恰当地确定合同的成立。

（一）要约

1.要约的概念

根据《民法典》第四百七十二条的规定，要约是希望与他人订立合同的意思表示。发出要约的当事人为要约人，要约所指向的对方当事人称为受要约人（受约人）。有效的要约必须符合以下条件：

（1）要约原则上应向特定的人发出。一般来说，要约必须向具体的企业或个人等特定的相对人发出，但在特殊情况下，对不确定的人作出的订立合同的意思表示亦可能构成要约，如商业广告的内容符合要约规定的，视为要约。

（2）要约的内容必须具体明确。要约中必须有足以使合同成立的条款，一经受约人承诺，合同即告成立。

（3）要约必须表明一经受约人承诺，要约人即受该意思表示的约束。

2.要约的效力

（1）受要约人取得承诺权。

（2）要约人受要约的约束。

要约赋予受要约人权利，而未产生受要约人的任何义务。

3.要约的生效时间

根据《民法典》第一百三十七条的规定，以对话方式作出的意思表示，相对人知道其内容时生效。

以非对话方式作出的意思表示，到达相对人时生效。以非对话方式作出的采用数据电文形式的意思表示，相对人指定特定系统接收数据电文的，该数据电文进入该特定系统时生效；未指定特定系统的，相对人知道或者应当知道该数据电文进入其系统时生效。当事人对采用数据电文形式的意思表示的生效时间另有约定的，按照其约定。

《民法典》第一百三十八条规定，无相对人的意思表示，表示完成时生效。法律另有规定的，依照其规定。

其第一百三十九条规定，以公告方式作出的意思表示，公告发布时生效。

4.要约生效期间

要约效力发生时间：要约属于意思表示，除表意人另有规定外，意思表示到达时生效。其应遵循以下两项规则：

（1）要约中确定生效时间的，要约自确定时间届至生效。

（2）要约中未确定生效时间的，应以受要约人能够知晓要约内容时为生效时间。

要约效力的存续期间，同时又是受要约人的承诺期间。

5.要约的撤回

要约生效之前要约人可以撤回要约，但撤回要约的通知应当在要约到达受要约人之前或与要约同时到达受要约人，才能产生法律效力。《民法典》之所以规定要约可以撤回，一是因为此时要约尚未产生法律效力，撤回要约不会对受约人产生任何影响，也不会对交易秩序产生不良影响；二是因为要约是一种意思表示，该行为在生效前可以被表意人自我否定，推翻尚未生效的意思表示不会给相对人带来任何损害。同理，要约在生效前也可以被变更。所谓要约的变更，是指要约人于要约生效前变更要约内容的行为。

6.要约的撤销

如要约已经到达受要约人，在受要约人作出承诺之前，要约人可以撤销要约，但撤销要约的通知应当在受要约人发出承诺通知之前到达受要约人。由于撤销要约可能会给受要约人带来不利影响，损害受要约人的利益，因此，《民法典》第四百七十六条规定，要约可以撤销，但是有下列情形之一的除外：

（1）要约人以确定承诺期限或者其他形式明示要约不可撤销；

（2）受要约人有理由认为要约是不可撤销的，并已经为履行合同做了合理准备工作。

7.要约失效

根据《民法典》第四百七十八条的规定，有下列情形之一的，要约失效：

（1）要约被拒绝；

（2）要约被依法撤销；

（3）承诺期限届满，受要约人未作出承诺；

（4）受要约人对要约的内容作出实质性变更。

如要约人在受要约人作出承诺表示之前死亡或者丧失行为能力，除要约人有相反的表示外（如明确表示要约因要约人死亡或丧失行为能力而消灭），只要未来可能的合同并非专属要约人，不具有人身属性，该要约不因要约人死亡而消灭，也不因要约人丧失行为能力而消灭。

要约在受要约人死亡后到达受要约人处的，要约因无相对人不发生效力。

要约在受要约人死亡前到达受要约人处的，未来的合同若具有人身性或信任关系等专属性（如委托、承揽合同等），该要约无效；否则，受要约人之继承人有权决定是否承诺。

要约邀请

要约邀请与要约不同，要约邀请又称要约引诱，是邀请或引诱他人向自己发出订立合同的意思表示，需要自己承诺合同方可成立。

根据《民法典》第四百七十三条的规定，要约邀请是希望他人向自己发出要约的表示。拍卖公告、招标公告、招股说明书、债券募集办法、基金招募说明书、商业广告和宣传、寄送的价目表等为要约邀请。

商业广告和宣传的内容符合要约条件的，构成要约。

（二）承诺

1.承诺的概念

承诺，是受要约人同意要约的意思表示。有效的承诺必须具备以下条件：

（1）承诺应当以通知的方式作出；但是，根据交易习惯或者要约表明可以通过行为作出承诺的除外。

（2）承诺的内容应当与要约的内容一致。受要约人对要约的内容作出实质性变更的为新要约。有关合同标的、数量、质量、价款或者报酬、履行期限、履行地点和方式、违约责任和解决争议的方法等的变更，是对要约内容的实质性变更。承诺对要约的内容作出非实质性变更的，除要约人及时表示反对或要约本身表明承诺不得对要约内容作出任何变更的以外，该承诺有效，合同内容以承诺的内容为准。

（3）承诺必须向要约人作出。

（4）承诺应当在要约确定的期限内到达要约人，承诺迟到的，不发生承诺的效力，属于新要约。根据交易习惯或者要约表明可以通过行为作出承诺的，承诺自作出承诺行为时生效。

2.承诺的效力

除法律特别规定（如实践性合同）或当事人特别约定外，承诺通知自到达要约人时生效。承诺一经生效，合同即告成立。

3.承诺的期限

根据《民法典》第四百八十一条的规定，承诺应当在要约规定的期限内到达要约人。要约没有规定承诺期限的，承诺应当依照下列规定到达：

（1）要约以对话方式作出的，应当即时作出承诺。

（2）要约以非对话方式作出的，承诺应当在合理期限内到达。

《民法典》第四百八十二条规定，要约以信件或者电报作出的，承诺期限自信件载明的日期或者电报交发之日开始计算。信件未载明日期的，自投寄该信件的邮戳日期开始计算。要约以电话、传真、电子邮件等快速通信方式作出的，承诺期限自要约到达受要约人时开始计算。

4.承诺的生效时间

根据《民法典》第四百八十三条的规定，承诺生效时合同成立，但是法律另有规定或者当事人另有约定的除外。

其第四百八十四条规定，以通知方式作出的承诺，生效的时间适用本法第一百三十七条的规定。

承诺不需要通知的，根据交易习惯或者要约的要求作出承诺的行为时生效。

5.承诺的撤回

承诺到达要约人之前可以撤回，但撤回承诺的通知应当先于承诺通知或者与承诺通知同时到达要约人，才具有撤回效力。

6.承诺迟到

承诺迟到，是指承诺在承诺期限届满后到达要约人处的客观情况。承诺人已在适当时间发出承诺，但因传递等不可归责于承诺人的原因而迟到的，要约人应将承诺迟到状况通知承诺人。此通知义务之成立，应具备如下四个条件：①承诺迟到；②承诺未迟发而迟到；③要约人知道或应当知道承诺的迟到不是因承诺人迟发所致；④要约人能发送迟到通知。具备上述条件的，要约人应通知承诺人承诺迟到。怠于通知的，视为承诺未迟到。

案例 7-1

某市食品公司因建造一栋大楼急需水泥，基建处向本市的青锋水泥厂、新华水泥厂和建设水泥厂发出函电。函电中称："我公司急需标号为150型号的水泥100吨，如贵厂有货，请速来函电，我公司愿派人前往购买。"三家水泥厂在收到函电后，都先后向食品公司回复了函电，告知它们备有现货，且告知了水泥的价格。建设水泥厂在发出函电的同时，派车给食品公司送去了50吨水泥。在该批水泥到达食品公司之前，食品公司得知新华水泥厂的水泥质量比较好，且价格比较合理，因此，向新华水泥厂发出函电："我公司愿意购买贵厂100吨150型号的水泥，盼速发货，运费由我公司承担。"在发出函电后的第二天上午，新华水泥厂回函告知已准备发货。下午，建设水泥厂将50吨水泥送到。食品公司告知建设水泥厂，他们已经决定购买新华水泥厂的水泥，因此不能接受建设水泥厂送来的水泥。建设水泥厂认为，双方之间的合同已经签订，拒收货物就构成违约。双方最后协商不成，建设水泥厂向法院提起诉讼。

资料来源　钱芝网，姜丹. 采购管理实务［M］. 北京：中国时代经济出版社，2008.

试问：（1）食品公司向三家水泥厂发函的行为属于什么行为？为什么？

（2）三家水泥厂向食品公司回函的行为属于什么行为？为什么？

（3）建设水泥厂与食品公司的合同是否成立？为什么？

四、签订合同应注意的问题

1.合同的合法有效性

（1）合同主体的资格。在签订合同的过程中，不仅要重视合同的内容，还要对合同主体的签约资格进行审查。为慎重起见，可以要求对方提供资质证明，以确认其签约资格。

同时，应当区分企业法人的分支机构和内部职能部门的签约。一般情况下，企业法人的分支机构有营业执照（非法人营业执照），就具有签约主体的资格，但其是否独立承担民事责任，是诉讼中应当解决的问题，不过这不影响其签约主体资格；而企业的职能部门不具有这样的资格。我们在面对小企业的时候比较容易区分上述情况，但对于规模比较大、分支机构和职能部门比较多的企业，可能就会存在一些问题，这需要在签订和审查合同的过程中加以注意。

（2）合同双方的行为是否合法，即是否存在违反国家法律、法规的行为，是否存在违背社会利益的行为和欺诈行为。

（3）合同主要条款是否具备。当事人在合同签署过程中，对条款的设置往往出于自身利益的考虑，而且主要从商务的角度出发，常出现缺少某些主要条款的情形。

（4）审查代理权限。在签约的过程中，不可能都是企业的法人代表直接签署，更多的是由法人授权的代表来签署。在法人授权的代表签署的情况下，应当要求其提供授权委托书及其本人身份证明等资料。

（5）对方当事人对合同所涉及的财产是否具备处分权或取得了所有权人的授权。

（6）合同成立和生效的条件。合同成立的条件比较容易明确，而合同的生效由于可能涉及法定审批，所以当事人在理解上可能会存在偏差，认为合同一经签署就生效了。当事各方应当注意两者之间的区别。

2.确保维护当事人的合法权益

（1）权利、义务的内容应当明确。应当结合合同的性质，确立合同的主要条款，如标的物的性质、质量要求、交付期限、延迟交付的责任等。

（2）设置终止、解除合同的条件。虽然法律规定了合同解除条件，但由于其并不明确、具体，因此需要当事人注意在合同中明确这些条件，包括违约情形、违约责任、违约所产生的损失范围及补偿（如对可预期利益的范围的界定），以避免将来产生争议。

（3）为避免产生争议后出现损失，应当设置保护性条款。合同中除设定违约责任外，还应当设置其他的保护性条款。特别是合同标的金额比较大、履行周期比较长的，可以考虑设置定金条款、履约保证金条款、抵押和质押条款等，从而降低风险。虽然这些条款的设定并不一定会得到对方当事人的同意，但在谈判过程中仍应主动提出，以充分明确双方当事人在合同履行过程中的权利和义务。

双方签署合同往往是出于良好的愿望，但在合同履行的过程中，如果客观情况出现变化，双方当事人对彼此的权利、义务约定不明就会产生争议。

五、缔约的过失责任

根据《民法典》第五百条的规定，当事人在订立合同的过程中有下列情形之一，造成对方损失的，应当承担损害赔偿责任：

（1）假借订立合同，恶意进行磋商。

（2）故意隐瞒与订立合同有关的重要事实或者提供虚假情况。

（3）有其他违背诚实信用原则的行为。

当事人在订立合同的过程中知悉的商业秘密或者其他应当保密的信息，无论合同是否成立，都不得泄露或者不正当使用。泄露或者不正当使用该商业秘密给对方造成损失的，应当承担损害赔偿责任。

负有缔约过失的当事人，损害赔偿以受损害的当事人的损失为限，包括直接利益的减少和间接利益的损害。

任务实施

一、复习

1.签订合同的原则。

2.合同的基本条款。

3.签订合同应注意的问题。

二、分组

将全班学生每4~6人分成一个小组，每个小组选出1名同学作为组长。

三、实训

以本任务开篇的案例为素材，引导学生进行分析。

过程组织：

（1）教师组织学生仔细阅读案例，进行个人分析案例的构想。

（2）以小组为单位进行讨论，提倡采用"头脑风暴法"。

（3）每个小组派1名代表在全班交流，在本组代表发言时全组同学起立，可以对本组代表的发言进行补充。

（4）教师讲评案例。

（5）学生以小组为单位完成案例分析文案。

任务二　　认定合同效力

任务描述

在现实经济生活中，"重合同、守信誉"已成为商界人士的共识，但对合同的成立及效力如何也存在种种误区，正确认识并予以区分具有重要的现实意义。本任务主要探讨合同的成立和合同的效力问题。

案例导入

甲企业与乙企业达成口头协议，由乙企业在半年内向甲企业供应50吨钢材。3个月后，乙企业以原定钢材价格过低为由要求加价，并提出，如果甲企业表示同意，双方立即签订书面合同；否则，乙企业将不能按期供货。甲企业表示反对，并声称，如乙企业到期不履行协议，将向法院起诉。

试问：（1）此案例中，双方当事人签订的合同有无法律效力？

（2）为什么？

一、合同的成立

1.合同成立的概念

合同成立，是指缔约方就特定民事权利义务关系的设立、变更、消灭协商一致达成协议的事实状态。

2.合同成立的条件

（1）存在双方或多方合同当事人。

（2）各方当事人必须向他方作出能使合同成立的意思表示。

（3）双方或多方合同当事人协商一致形成合意。

3.合同成立的时间

（1）当事人采用合同书订立合同的，自双方当事人签字或者盖章时合同成立。

（2）当事人采用信件、数据电文等形式订立合同的，可以在合同成立之前要求签订确认书，签订确认书时合同成立。

4.合同成立的地点

（1）承诺生效的地点为合同成立的地点。

采用数据电文形式订立合同的，收件人的主营业地为合同成立的地点；没有主营业地的，其经常居住地为合同成立的地点。当事人另有约定的，从其约定。

（2）采用合同书形式订立合同的，双方当事人签字或者盖章的地点为合同成立的地点。

合同约定的订立地点与实际签字或盖章的地点不符的，应当认定约定的订立地点为合同成立地点；合同没有约定订立地点，双方当事人签字或盖章不在同一地点的，应当认定最后签字或者盖章的地点为合同订立地点；同理，应当认定最后签字或者盖章的时间为合同成立时间。

5.合同的事实成立

（1）法律、行政法规规定或者当事人约定采用书面形式订立合同，当事人未采用书面形式但一方已经履行主要义务，对方接受的，该合同成立。

（2）采用合同书形式订立合同，在签字盖章之前，当事人一方已经履行主要义务，对方接受的，该合同成立。

二、合同的效力

合同的效力，是指已经成立的合同在当事人之间产生的法律约束力。但合同成立并不等于合同生效，可能会出现有效合同、无效合同、可变更合同、可撤销合同以及效力待定合同等几种情形。有效合同对当事人具有约束力，受法律保护；无效合同自始无效；可变更、可撤销以及效力待定合同的效力取决于当事人的意思表示。

（一）有效合同

有效合同，是指具备合同有效要件（即民事法律行为要件），对当事人具有法律约束力的合同。通常情况下，合同依法成立之时，就是合同生效之时。但有些合同成立后，必须经过批准、登记等手续后才能产生法律效力。

当事人对合同的效力可以约定附条件，即附条件的合同。附生效条件的合同，自条件成就时生效；附解除条件的合同，自条件成就时失效。所附条件，是指合同当事人自己约定的，未来有可能发生的，用来限定合同效力的附属意思表示，是合同的附属内容，所附条件必须是合法的事实。当事人对合同的效力可以约定附期限，即附期限合同。附生效期限的合同，自期限届至时生效；附终止期限的合同，自期限届满时失效。

当事人为自己的利益不正当地阻止条件成就的，视为条件已成就；不正当地促成条件成就的，视为条件未成就。

知识窗

合同有效要件

从目前现有的法律规定来看，未对合同有效规定统一的条件，但从一些规定中可以归纳出有效合同应具有的共同特征：

1. 行为人具有相应的民事行为能力

当事人了解合同的状况和法律后果，对保护其合法权益和减少纠纷具有重要意义。自然人签订合同，原则上需要具有完全行为能力，限制行为能力人和无民事行为能力人一般不得亲自缔约，应由其法定代理人代为签订。

2. 意思表示真实

意思表示真实，是指缔约人的表示行为应真实地反映其内心的效果意思，即其效果意思与表示行为相一致。作为合同的有效要件，它是意思自治原则的当然要求。意思表示不真实，在一般误解的情况下，合同仍然有效；在重大误解时，合同则可被变更或撤销；在乘人之危致使合同显失公平的情况下，合同可被变更或撤销。在因欺诈、胁迫而成立合同的场合，若损害国家利益，合同无效；若未损害国家利益，合同可被变更或撤销。

3. 不违反法律或者社会公共利益

合同不得违反法律，是由合同制度的目的所决定的。此外，合同还不得违反社会公共利益。《民法典》第五百三十四条规定，对当事人利用合同实施危害国家利益、社会公共利益行为的，市场监督管理和其他有关行政主管部门依照法律、行政法规的规定负责监督处理。由于社会生活广泛，经济往来繁多，法律不可能将一切情况都规定无遗，故以不得违反社会公共利益作为最后防线。"社会公共利益"是一个不确定的概念，通常指不特定多数人的利益，凡是我国社会生活的政治基础、公共秩序、道德准则和风俗习惯等，均在此列。违反社会公共利益的合同严重背离合同制度的目的，不能允许。将此作为合同的有效要件，一方面可弥补社会发展使法律调整出现漏洞和脱节的不足；另一方面也利于醇化社会道德伦理和整肃社会风气。

4. 合同标的需确定和可能

合同标的决定着合同双方权利、义务的质和量，没有它，合同就会失去目的和积极的意义，应归于无效。合同标的确定，是指合同标的自始确定，或可得确定。合同标的可能，是指合同给付可能实现。

（二）无效合同

无效合同，是指不符合合同的有效要件、不具有法律效力和不发生履行效力的合同。无效合同自始无效。它包括全部无效合同和部分条款无效合同。

1.全部无效合同

根据《民法典》"民事法律行为的效力"的规定，有下列情形之一的，合同无效：

（1）一方以欺诈、胁迫的手段订立合同，损害国家利益。

所谓欺诈，是指一方当事人故意告知对方虚假情况，或者故意隐瞒真实情况，诱使对方作出错误意思表示而与之订立合同。所谓胁迫，是指一方当事人以将要发生的损害或者以直接实施损害相威胁，使对方产生恐惧而与之订立合同。

（2）恶意串通，损害国家、集体或者第三人利益。

所谓恶意串通，是指合同的双方当事人非法勾结，为谋取私利，损害国家、集体或第三人利益而共同订立合同。

（3）以合法形式掩盖非法目的。

以合法形式掩盖非法目的，是指行为人为达到非法目的，以迂回的方式避开法律或行政法规的强制性规定而订立合同。

（4）损害社会公共利益。

凡订立的合同危害国家公共安全和秩序、损害公共道德、危害公共健康和环境以及有其他损害社会公共利益的行为，无论当事人如何辩解，合同均为无效。

（5）违反法律、行政法规的强制性规定。

法律、行政法规的规定包括强制性规定和任意性规定。若违反了其中的强制性规定，则合同无效；若违反了其中的任意性规定，则合同不一定无效。

2.部分条款无效合同

根据《民法典》第五百零六条的规定，合同中的下列免责条款无效：

（1）造成对方人身伤害的。

（2）因故意或者重大过失造成对方财产损失的。

根据《民法典》第五百零七条的规定，合同不生效、无效、被撤销或者终止的，不影响合同中有关解决争议方法的条款的效力。

3.无效合同的法律后果

无效合同自始无效。合同被确认无效后，尚未履行的不得履行；正在履行的应立即停止履行。

对于无效合同财产的后果，应当根据无效合同的具体情况以及当事人的过错有无和大小，分别作出不同处理。处理方式有：①返还财产；②赔偿损失；③财产收归国家所有或返还集体、第三人。

案例 7-2

甲乙双方口头约定购销合同，甲方向乙方购买50箱劣质酒，货价4万元，交款提货，并约定乙方需假冒名牌商标，以便甲方出售。合同履行时，甲方以手头一时周转不开为由，只付了2万元就提走了全部货物。乙方一再催讨无果，遂将甲方告上法庭。

试问：（1）本合同是否有效？请说明理由。

（2）法院应如何审理此案？

（三）可变更、可撤销合同

1.可变更、可撤销合同的概念

可变更、可撤销合同又称相对无效合同，指合同有效要件不足，一方当事人可以请求人民法院或仲裁机构变更合同内容或使合同归于失效的合同。

《民法典》第一百四十七条规定，基于重大误解实施的民事法律行为，行为人有权请求人民法院或者仲裁机构予以撤销。

其第一百四十八条规定，一方以欺诈手段，使对方在违背真实意思的情况下实施的民事法律行为，受欺诈方有权请求人民法院或者仲裁机构予以撤销。

其第一百四十九条规定，第三人实施欺诈行为，使一方在违背真实意思的情况下实施的民事法律行为，对方知道或者应当知道该欺诈行为的，受欺诈方有权请求人民法院或者仲裁机构予以撤销。

其第一百五十条规定，一方或者第三人以胁迫手段，使对方在违背真实意思的情况下实施的民事法律行为，受胁迫方有权请求人民法院或者仲裁机构予以撤销。

其第一百五十一条规定，一方利用对方处于危困状态、缺乏判断能力等情形，致使民事法律行为成立时显失公平的，受损害方有权请求人民法院或者仲裁机构予以撤销。

2.可变更、可撤销合同的效力

一方以欺诈、胁迫的手段或者乘人之危，使对方在违背真实意思的情况下订立合同，受损害方有权请求人民法院或者仲裁机构变更或者撤销。当事人请求变更的，人民法院或者仲裁机构不得作出撤销的裁决。以欺诈、胁迫的手段订立的合同，如果损害了国家利益，则合同无效；如果这种合同损害的只是受欺诈、受胁迫、被乘人之危的一方当事人的利益，则根据意思自治的原则，受害方有权决定合同的效力，或变更、撤销合同，或保持原合同效力。

3.撤销权的消灭

《民法典》第一百五十二条规定，有下列情形之一的，撤销权消灭：

（1）当事人自知道或者应当知道撤销事由之日起一年内、重大误解的当事人自知道或者应当知道撤销事由之日起九十日内没有行使撤销权。

（2）当事人受胁迫，自胁迫行为终止之日起一年内没有行使撤销权。

（3）当事人知道撤销事由后明确表示或者以自己的行为表明放弃撤销权。

当事人自民事法律行为发生之日起五年内没有行使撤销权的，撤销权消灭。

案例7-3

某制衣厂（以下简称甲方）为生产高档毛衣向某机械厂（以下简称乙方）订购一套机织设备。双方本应按照约定签订书面合同，但由于乙方表示肯定能在两个月内送货上门，并安装调试至顺利生产，故双方没有签订书面合同。两个月后，乙方准时将设备送到甲方处，并进行了安装调试。在安装完毕的试生产过程中，机器出现故障。甲方请乙方的专业人员又进行了两次调试，但故障仍未排除，于是，甲方以合同未采用法律规定的书面形式为由，要求认定合同不成立并退货。

试问：（1）甲方认定合同不成立的请求有无法律依据？为什么？

（2）此案应如何处理？

任务实施

一、复习

合同的成立及效力。

二、分组

将全班学生每4～6人分成一个小组，每个小组选出1名同学作为组长。

三、实训

1.某储户到某银行存款10 000元人民币，储户填好存款凭条后，连同10 000元人民币递给记账员李某。李某经初点认定金额无误，当即填写了存款凭条，并在上面加盖了私章后向复核员张某移交清点后的存款。由于张某忙于清点其他款项，该存款在张某的桌上被放置了10分钟左右，在张某复核时发现金额少了400元，张某遂将款项退还给李某，李某又将该款项退给储户，引起纠纷。储户向当地法院提起诉讼，最后法院判决银行赔偿储户400元。

试问：为什么法院判决银行赔偿储户400元？

2.某储户到某银行存款10 000元人民币，储户填好存款凭条后，连同10 000元人民币递给记账员马某，马某清点后，发现少了400元，遂将存款退给储户。储户认为自己的钱没少，双方产生争执，储户向当地法院提起诉讼，结果法院驳回了储户的起诉。

试问：法院为什么驳回了储户的起诉？

过程组织：

（1）教师组织学生仔细阅读上述案例，进行案例分析。

（2）以小组为单位进行讨论，提倡采用"头脑风暴法"。

（3）每个小组派1名代表在全班交流，在本组代表发言时全组同学起立，可以对本组代表的发言进行补充。

（4）教师讲评案例。

（5）学生以小组为单位完成案例分析文案。

任务三　　　　　　　　**合同的担保和保全**

任务描述

合同条款订得再好，也还是停留在纸面上，只有认真地履行，才能实现双方当事人的利益。但人们对合同的履行总是存在种种顾虑和担忧，希望得到某种保障以防范风险。本任务主要探讨合同的担保和保全、保证、抵押、质押、留置、定金。

甲乙两公司签订钢材购销合同，合同约定：乙公司向甲公司提供钢材，总价款500万元。甲公司预付价款200万元。在甲公司即将支付预付款前，得知乙公司因经营不善，无法交付钢材，并有确切证据证明。于是，甲公司拒绝支付预付款，除非乙公司能提供一定的担保，乙公司拒绝提供担保。为此，双方发生纠纷并诉至法院。

试问：（1）甲公司拒绝支付预付款是否合法？

（2）甲公司的行为若合法，法律依据是什么？

（3）甲公司行使的是什么权利？行使该权利必须具备什么条件？

知识储备

一、合同的担保和保全概述

（一）合同的担保

市场经济是法治经济，同时也是风险经济。对市场主体来说，依法降低或避免自己的风险非常重要。合同的担保就是一种有效的风险防范方法。

1.合同担保的含义

合同担保，是指依照法律规定或者由当事人双方经过协商一致而约定的，为保障合同债权实现的法律措施。设定合同担保的根本目的，是保证合同的切实履行，既保障债权人实现其债权，也促使债务人履行其债务。

2.合同担保的原则

担保应遵循平等、自愿、公平、诚实信用的原则，以维护参加担保的各方当事人的合法权益。

3.合同担保的形式

根据《民法典》第三百八十七条的规定，债权人在借贷、买卖等民事活动中，为保障实现其债权，需要担保的，可以依照本法和其他法律的规定设立担保物权。

4.合同担保的成立与法律效力

担保既可以是主合同中的担保条款，也可以是单独订立的担保合同（一般在订立合同时成立），包括当事人之间具有担保性质的信函、传真等。担保合同是主合同的从合同，其法律效力取决于主合同的法律效力。担保合同另有约定的，从其约定。

（二）合同的保全

1.合同保全的含义

合同保全，指法律为防止债务人的财产不当减少而给债权人的债权带来危害，允许债权人代债务人之位向第三人行使债务人债权的权利，或者请求法院撤销债务人与第三人的法律行为的法律制度。

2.合同保全的措施

（1）代位权。它是指债权人代债务人之位，以自己的名义向第三人行使债务人的权利。债权人的代位权着眼于债务人的消极行为，当债务人有权利行使而不行使，以致影响债权人权利的实现时，法律允许债权人代债务人之位，以自己的名义向第三人行使债务人债权的权利。

（2）撤销权。它是指债权人请求法院撤销债务人与第三人的法律行为的权利。债权人的撤销权着眼于债务人的积极行为，当债务人在不履行其债务的情况下实施减少其财产而损害债权人债权实现的行为时，法律赋予债权人诉请法院撤销债务人所为的行为的权利。

（三）合同保全与合同担保的区别

合同保全与合同担保都旨在保障债务的履行和债权的实现。

（1）合同担保没超出合同对内效力的范畴。合同保全涉及第三人，其效力属于合同的对外效力，突破了"合同相对性原则"。

（2）合同担保主要因当事人的约定而产生；而合同保全则完全由法律的规定产生。

（3）相对于合同保全而言，合同担保对债权的保障作用更为突出，因为债权人不像担保权人那样能够实际掌握、控制实现债权的财产，也不能对第三人享有优先受偿的权利。

（4）合同担保的前提是债务人不履行债务，合同保全不一定以此为前提。

二、保证

（一）保证的概念和保证人

1.保证的概念

保证，是保证人和债权人约定，当债务人不履行债务时，保证人按照约定履行债务或者承担责任的行为。保证人承担保证责任后，有权向债务人追偿。需要注意的是，在五种担保形式中，只有保证一定是第三人提供的担保，债务人自己不能以保证的形式为自己提供担保。

2.保证人

保证人是保证合同的债务人，是担保主债务人履行债务的担保人。

根据《民法典》第六百八十三条的规定，机关法人不得为保证人，但是经国务院批准为使用外国政府或者国际经济组织贷款进行转贷的除外。

以公益为目的的非营利法人、非法人组织不得为保证人。

（二）保证内容和保证方式

1.保证内容

保证内容应当由保证人与债权人在以书面形式订立的保证合同中加以确定，保证人与债权人可以就单个主合同分别订立保证合同，也可以协议在最高债权额限度内就一定期间连续发生的借款合同或者某项商品交易合同订立一个保证合同。

最高额保证是指保证人与债权人订立一个总的保证合同，为一定期限内连续发生的借款合同或某项商品交易合同提供保证，只要债权人和债务人在保证合同约定的债权额的限度内进行交易，保证人依法承担保证责任。

保证合同应当包括以下内容：被保证的主债权种类、数额；债务人履行债务的期限；保证的方式；保证担保的范围；保证的期间；双方认为需要约定的其他事项。保证合同不完全具备上述规定内容的，可以补正。

2.保证方式

保证方式有一般保证和连带责任保证两种。

（1）一般保证。它是指当事人在保证合同中约定，债务人不能履行债务时，由保证人承担保证责任的保证。一般保证的保证人享有先诉抗辩权，即在主合同纠纷经审判、仲裁，并就债务人的财产依法强制执行仍不能履行债务前，债权人要求保证人承担责任的，保证人有权拒绝。先诉抗辩权的产生基于保证（合同）相对于主合同的从属性和对主债务的补充性，保证人享有先诉抗辩权就可以在债权人要求其履行债务时提出抗辩，要求债权人先就主债务人的财产进行诉讼或者仲裁并强制执行。但有下列情形之一的，保证人不得行使上述权利：

① 债务人住所变更，致使债权人要求其履行债务发生重大困难的，如债务人下落不明、移居境外，且无财产可供执行。

② 人民法院受理债务人破产案件，中止执行程序的。

③ 保证人以书面形式放弃规定的权利的。

（2）连带责任保证。它是指当事人在保证合同中约定，保证人和债务人对债务承担连带责任的保证。连带责任保证的债务人在主合同规定的债务履行期届满没有履行债务的，债权人可以要求债务人履行债务，也可以要求保证人在其保证范围内承担保证责任。保证人选择连带责任保证实际上放弃了保证人可以享有的先诉抗辩权。连带责任保证对保证人来说责任重于一般保证，但有利于保护债权人的权益。

如果当事人对保证方式没有约定或约定不明确，则按照连带责任保证承担保证责任。

一般保证和连带责任保证的保证人享有债务人的抗辩权。债务人放弃对债务的抗辩权的，保证人仍有权抗辩。这里的抗辩权，是指债权人行使债权时，债务人根据法定事由，对抗债权人行使请求权的权利。

（三）保证责任

1.保证人在约定的保证担保范围内承担保证责任

保证担保的范围包括：①主债权及利息；②违约金；③损害赔偿金；④实现债权的费用。当事人对保证担保的范围没有约定或约定不明确的，保证人应对全部债务承担责任。

同一债权既有保证又有物的担保的，保证人对物的担保以外的债权承担保证责任。债权人放弃物的担保的，保证人在债权人放弃权利的范围内免除保证责任。物的担保和保证并存时，如果债务人不履行债务，则根据下列规则确定当事人的担保责任承担：

（1）债权人应当按照约定实现债权。

（2）没有约定或者约定不明确，债务人自己提供物的担保的，债权人应当先就该物的担保实现债权。

（3）第三人提供物的担保的，债权人可以就物的担保实现债权，也可以要求保证人承担保证责任。提供担保的第三人承担担保责任后，有权向债务人追偿。

知识窗

共同保证人

债务人的债务可以由两个或两个以上的单位或个人共同担保，保证人称为共同保证人。共同保证人就担保的债务约定份额的，保证人只对约定的份额部分承担保证责任；没有约定份额的，保证人对全部债务承担保证责任，保证人之间承担连带责任。

2.保证人在与债权人约定的保证期间内承担保证责任

保证期间，是指当事人约定或者法律规定的保证人承担保证责任的时间期限。

保证人与债权人约定保证期间的，按照约定执行；保证人与债权人未约定保证期间的，保证期间为主债务履行期届满之日起6个月。

主合同对主债务履行期限没有约定或者约定不明的，保证期间自债权人要求债务人履行义务的宽限期届满之日起计算。在合同约定的保证期间或者法律规定的保证期间，债权人未对债务人提起诉讼或者申请仲裁，或者债权人未要求保证人承担保证责任的，保证人免除保证责任。

保证人就连续发生的债权作保证，未约定保证期间的，保证人可以随时书面通知债权人终止保证合同，但保证人对通知到达债权人前所发生的债权承担保证责任。

案例7-4

2020年8月25日，某银行与A公司签订了一份借款合同，约定由该银行向A公司提供借款1 900万元，用于购买生产资料，期限自2020年8月25日至2021年7月2日。同日，B公司与该银行签署保证合同，为上述借款提供连带责任保证。合同签订后，该银行将1 900万元汇至A公司账户。2022年3月20日，因A公司未能归还2020年8月25日合同项下的款项，该银行又与A公司、B公司分别签订借款合同及保证合同，约定由该银行向A公司提供借款1 900万元，其中200万元于2022年10月10日到期，1 700万元于2023年2月20日到期，由B公司为A公司该笔借款提供连带责任担保，借款用途注明为借新还旧。因A公司到期仍未能归还2022年3月20日合同项下的借款，2023年4月6日，该银行再次与A公司、B公司分别签订借款合同及保证合同，约定由该银行向A公司提供借款1 900万元，期限自2023年4月6日至2024年2月26日；B公司为A公司提供连带责任担保，同时，B公司向该银行确认，对该笔借款仍用于借新还旧的事实是明知的。该银行履行了义务，但A公司仍未能按约归还本金及利息，B公司亦未承担保证责任。该银行遂于2024年3月12日以A公司、B公司未能履行2023年4月6日借款合同、保证合同约定的还款及保证义务为由诉至法院，要求A公司履行还款责任，B公司承担连带担保责任。

审理中，B公司认为，2020年8月25日合同项下的借款也是用于借新还旧，但其对此不知情。A公司的陈述及账面记载印证了B公司的上述观点。

试问：你认为人民法院对此案应如何审理？

三、抵押

抵押是指为担保债务的履行，债务人或者第三人不转移财产的占有，将该财产抵押给债权人，债务人不履行到期债务或者发生当事人约定的实现抵押权的情形，债权人有权就该财产优先受偿。

债务人或者第三人为抵押人，债权人为抵押权人，提供担保的财产为抵押物。

（一）抵押物

1.可以抵押的财产

根据《民法典》第三百九十五条的规定，债务人或者第三人有权处分的下列财产可以抵押：

（1）建筑物和其他土地附着物；

（2）建设用地使用权；

（3）海域使用权；

（4）生产设备、原材料、半成品、产品；

（5）正在建造的建筑物、船舶、航空器；

（6）交通运输工具；

（7）法律、行政法规未禁止抵押的其他财产。

抵押人可以将前款所列财产一并抵押。

知识窗

不得对抗善意第三人

不得对抗善意第三人，就是在抵押权存续期间，如果抵押人出卖、转让抵押物使其为第三人占有，抵押权人只能要求抵押人重新提供担保，或者要求债务人及时清偿债务，不得直接向第三人主张实现抵押权。

2.不得抵押的财产

根据《民法典》第三百九十九条的规定，下列财产不得抵押：

（1）土地所有权；

（2）宅基地、自留地、自留山等集体所有土地的使用权，但是法律规定可以抵押的除外；

（3）学校、幼儿园、医疗机构等为公益目的成立的非营利法人的教育设施、医疗卫生设施和其他公益设施；

（4）所有权、使用权不明或者有争议的财产；

（5）依法被查封、扣押、监管的财产；

（6）法律、行政法规规定不得抵押的其他财产。

抵押人只能以法律规定可以抵押的财产提供担保；法律规定不可以抵押的财产，抵押人不得用于提供担保。

（二）抵押合同和抵押物登记

1.抵押合同

设立抵押权，当事人应当采取书面形式订立抵押合同。根据《民法典》第四百条的规定，抵押合同一般包括下列条款：

（1）被担保债权的种类和数额；

（2）债务人履行债务的期限；

（3）抵押财产的名称、数量等情况；

（4）担保的范围。

2.抵押物登记

因抵押物不同，登记也有不同的规定。

（1）以建筑物和其他土地附着物、建设用地使用权以及以招标、拍卖、公开协商等方式取得的荒地等土地承包经营权，或者以正在建造的建筑物抵押的，应当办理抵押登记。抵押权自登记时设立。

（2）以动产抵押的，抵押权自抵押合同生效时设立；未经登记，不得对抗善意第三人。以动产抵押的，不得对抗正常经营活动中已经支付合理价款并取得抵押财产的买受人。

（三）抵押的效力

1.抵押权对租赁的影响

抵押权设立前，抵押财产已经出租并转移占有的，原租赁关系不受该抵押权的影响。

2.对抵押期间转让抵押物的限制

抵押期间，抵押人可以转让抵押财产。当事人另有约定的，按照其约定。抵押财产转让的，抵押权不受影响。

抵押人转让抵押财产的，应当及时通知抵押权人。抵押权人能够证明抵押财产转让可能损害抵押权的，可以请求抵押人将转让所得的价款向抵押权人提前清偿债务或者提存。转让的价款超过债权数额的部分归抵押人所有，不足部分由债务人清偿。

3.抵押权的转让

抵押权不得与债权分离而单独转让或者作为其他债权的担保。债权转让的，担保该债权的抵押权一并转让，但法律另有规定或者当事人另有约定的除外。

4.抵押物价值减少的补救措施

抵押人的行为足以使抵押财产价值减少的，抵押权人有权请求抵押人停止其行为；抵押财产价值减少的，抵押权人有权请求恢复抵押财产的价值，或者提供与减少的价值相应的担保。抵押人不恢复抵押财产的价值，也不提供担保的，抵押权人有权请求债务人提前清偿债务。

5.抵押权的放弃与变更

抵押权人可以放弃抵押权或者抵押权的顺位。抵押权人与抵押人可以协议变更抵押权顺位以及被担保的债权数额等内容。但是，抵押权的变更未经其他抵押权人书面同意的，不得对其他抵押权人产生不利影响。

债务人以自己的财产设定抵押，抵押权人放弃该抵押权、抵押权顺位或者变更抵押权的，其他担保人在抵押权人丧失优先受偿权益的范围内免除担保责任，但是其他担保人承诺仍然提供担保的除外。

6.抵押权对抵押物孳息的效力

债务人不履行到期债务或者发生当事人约定的实现抵押权的情形，致使抵押财产被人民法院依法扣押的，自扣押之日起，抵押权人有权收取该抵押财产的天然孳息或者法定孳息，但是抵押权人未通知应当清偿法定孳息义务人的除外。

前款规定的孳息应当先充抵收取孳息的费用。

（四）抵押权的实现

抵押权的实现，是指债务人于履行期届满后未履行债务或者发生当事人约定的实现抵押权的情形时，抵押权人可依法处分抵押物以实现自己的债权。债务人不履行到期债务或者发生当事人约定的实现抵押权的情形时，抵押权人可以与抵押人协议以抵押财产折价或者以拍卖、变卖该抵押财产所得的价款优先受偿。协议损害其他债权人利益的，其他债权人可以请求人民法院撤销该协议。

抵押权人与抵押人未就抵押权实现方式达成协议的，抵押权人可以请求人民法院拍卖、变卖抵押财产。

抵押财产折价或者变卖的，应当参照市场价格。

根据《民法典》第四百一十三条、第四百一十四条的规定，抵押财产折价或者拍卖、变卖后，其价款超过债权数额的部分归抵押人所有，不足部分由债务人清偿。同一财产向两个以上债权人抵押的，拍卖、变卖抵押财产所得的价款依照下列规定清偿：

（1）抵押权已经登记的，按照登记的时间先后确定清偿顺序；

（2）抵押权已经登记的先于未登记的受偿；

（3）抵押权未登记的，按照债权比例清偿。

其他可以登记的担保物权，清偿顺序参照适用前款规定。

四、质押

质押，是指债务人或第三人将其财产或者权利移交债权人占有或者办理出质登记，以此作为债权的担保，当债务人不履行到期债务或者发生当事人约定的实现债权的情形时，债权人有权以处分该财产或者权利的价款优先受偿的担保方式。

按照质物的不同，质押可分为动产质押、不动产质押和权利质押。我国《民法典》只规定了动产质押和权利质押两种。

（一）动产质押

1.动产质押的概念

动产质押，是指为担保债务的履行，债务人或者第三人将其动产出质给债权人占有的，债务人不履行到期债务或者发生当事人约定的实现质权的情形，债权人有权就该动产优先受偿。债务人或者第三人为出质人，债权人为质权人，交付的动产为质押财产。

2.动产质押合同

出质人和质权人应当以书面形式订立质押合同，并且只能以法律、行政法规允许转让的动产出质。

根据《民法典》第四百二十七条的规定，设立质权，当事人应当采用书面形式订立质押合同。质押合同一般包括下列条款：

（1）被担保债权的种类和数额；

（2）债务人履行债务的期限；

（3）质押财产的名称、数量等情况；

（4）担保的范围；

（5）质押财产交付的时间、方式。

质权自出质人交付质押财产时设立。

3.动产质押的履行

质权人在债务履行期限届满前，与出质人约定债务人不履行到期债务时质押财产归债权人所有的，只能依法就质押财产优先受偿。因为出质人如以较大价值的质物担保较小数额的债权，债务人到期不能清偿债务，质权人可以不经任何程序就成为质物的所有权人，这对出质人是不公平的。

4.动产质押的效力

（1）动产质押对质物孳息的效力。质权人有权收取质押财产的孳息，但合同另有约定的除外。孳息应当先充抵收取孳息的费用，其余部分再用来冲抵主债权利息和主债权。如当事人双方对质权人是否可以收取孳息未作约定或者约定不明确，质权人亦有权收取质押财产的孳息。

（2）质权人负有妥善保管质物的义务。因保管不善致使质押财产毁损、灭失的，应当承担赔偿责任。质权人的行为可能使质押财产毁损、灭失的，出质人可以请求质权人将质押财产提存，或者请求提前清偿债务并返还质押财产。

为债务人质押担保的第三人，在质权人实现质权后，有权向债务人追偿。质权因质物的灭失而消灭。因质物灭失所得的赔偿金，应当作为出质财产。质权与担保的债权同时存在，债权消灭，质权也消灭。

（3）质权人的物上代位权。因不可归责于质权人的事由可能使质押财产毁损或者价值明显减少，足以危害质权人权利的，质权人有权请求出质人提供相应的担保；出质人不提供的，质权人可以拍卖、变卖质押财产，并与出质人协议将拍卖、变卖所得的价款提前清偿债务或者提存。质权人在质权存续期间，未经出质人同意转质，造成质押财产毁损、灭失的，应当承担赔偿责任。

（4）质权的实现。债务人履行债务或者出质人提前清偿所担保的债权的，质权人应当返还质押财产。

债务人不履行到期债务或者发生当事人约定的实现质权的情形，质权人可以与出质人协议以质押财产折价，也可以就拍卖、变卖质押财产所得的价款优先受偿。

质押财产折价或者变卖的，应当参照市场价格。

出质人可以请求质权人在债务履行期限届满后及时行使质权；质权人不行使的，出质人可以请求人民法院拍卖、变卖质押财产。

出质人请求质权人及时行使质权，因质权人怠于行使权利造成出质人损害的，由质权人承担赔偿责任。

质押财产折价或者拍卖、变卖后，其价款超过债权数额的部分归出质人所有，不足部分由债务人清偿。

出质人与质权人可以协议设立最高额质权。

案例 7-5

张某向同村的王某借款 2 000 元，将一头价值 2 000 元的母牛质押给王某，双方既没有签订书面借款合同，也没有签订书面质押合同，但对借款和质押的事实都承认。在还款期届满前，母牛产下一头小牛，张某要求王某返还小牛，王某坚持要将小牛冲抵接生费 50元、母牛饲养费 150 元，共计 200 元（小牛价值为 200 元）。双方僵持不下。

试问：（1）该质押属于什么性质的质押？该质押是否有效？为什么？

（2）张某要求返还小牛是否有法律依据？请说明理由。

（3）能否用小牛冲抵 200 元债权？为什么？

（二）权利质押

1.权利质押的概念

权利质押，是以所有权以外的可让与的财产权作为质权标的，以担保债权实现的担保方式。权利质押的标的是权利，其对质物的占有主要表现在质权人对出质人行使已出质的权利的控制上。

2.可质押的权利范围

根据《民法典》的规定，债务人或者第三人有权处分的下列权利可以出质：①汇票、支票、本票；②债券、存款单；③仓单、提单；④可以转让的基金份额、股权；⑤可以转让的注册商标专用权、专利权、著作权等知识产权中的财产权；⑥现有的以及将有的应收账款；⑦法律、行政法规规定可以出质的其他财产权利。

3.质押权的设立

权利质押一般应以书面形式订立质押合同。

（1）以汇票、支票、本票、债券、存款单、仓单、提单出质的，质权自权利凭证交付质权人时设立；没有权利凭证的，质权自办理出质登记时设立。法律另有规定的，依照其规定。

（2）以基金份额、股权出质的，质权自办理出质登记时设立。

（3）以注册商标专用权、专利权、著作权等知识产权中的财产权出质的，质权自有关主管部门办理出质登记时设立。

（4）以应收账款出质的，质权自办理出质登记时设立。

4.被质押权利的行使、转让与许可他人实施

（1）汇票、支票、本票、债券、存款单、仓单、提单的兑现日期或者提货日期先于主债权到期的，质权人可以兑现或者提货，并与出质人协议将兑现的价款或者提取的货物提前清偿债务或者提存。

（2）基金份额、股权出质后，不得转让，但经出质人与质权人协商同意的除外。出质人转让基金份额、股权所得的价款，应当向质权人提前清偿债务或者提存。

（3）知识产权中的财产权出质后，出质人不得转让或者许可他人使用，但经出质人与质权人协商同意的除外。出质人转让或者许可他人使用出质的知识产权中的财产权所得的价款，应当向质权人提前清偿债务或者提存。

（4）应收账款出质后，不得转让，但经出质人与质权人协商同意的除外。出质人转让应收账款所得的价款，应当向质权人提前清偿债务或者提存。

五、留置

1.留置的概念

留置，是指债权人按照合同约定占有债务人的动产，债务人不履行到期债务，债权人可以留置已经合法占有的债务人的动产，并有权就该动产优先受偿。债权人为留置权人，占有的动产为留置财产。

2.留置担保的范围

留置担保的范围，是指债务履行期届满债务人不履行债务，债权人在处理留置物后就其价款优先受偿的债权范围。留置担保的范围包括：主债权及利息、违约金、损害赔偿金、留置物保管费用和实现留置权的费用。

3.留置权人对留置物的保管

留置权人负有妥善保管留置财产的义务；因保管不善致使留置财产毁损、灭失的，应当承担赔偿责任。留置权人未经债务人同意，不得使用留置物（为了保管上的必要使用除外），也不得将其出租或者提供担保。留置权人有权收取留置财产的孳息。孳息应当先充

抵收取孳息的费用。

4.留置权的实现

留置权的实现，是指在债权人留置财产后一定期限内债务人仍不履行债务时，债权人可以处置留置物并就所得价款优先受偿。

留置权人与债务人应当约定留置财产后的债务履行期限；没有约定或者约定不明确的，留置权人应当给债务人六十日以上履行债务的期限，但是鲜活易腐等不易保管的动产除外。债务人逾期未履行的，留置权人可以与债务人协议以留置财产折价，也可以就拍卖、变卖留置财产所得的价款优先受偿。

留置财产折价或者变卖的，应当参照市场价格。

另外，债务人可以请求留置权人在债务履行期届满后行使留置权；留置权人不行使的，债务人可以请求人民法院拍卖、变卖留置财产。同一动产上已设立抵押权或者质权，该动产又被留置的，留置权人优先受偿。

5.留置权的消灭

根据《民法典》的规定，留置权因下列原因消灭：

一是留置权人对留置财产丧失占有。

二是债务人另行提供担保并被债权人接受的。设定留置的目的是确保担保债权的实现，因此，虽然留置是法定担保方式，但只要有利于债权的实现，它就可以被其他担保方式所替代，其前提是被债权人接受。

六、定金

1.定金的概念

定金，是为了确保合同的履行，一方当事人按照合同金额的一定比例预先给付对方当事人一定数额的货币的担保形式。定金是一种预先给付，在债务人履行债务后，可将定金抵作价款或者收回。

2.定金合同

当事人在定金合同中应约定交付定金的期限。定金合同一般针对支付金钱的债务合同设定。定金合同的成立不仅需要双方当事人的意思表示一致，而且必须有交付定金的行为。定金合同从实际交付定金之日起生效。所以，定金合同属于实践性合同。

定金的数额由当事人约定，但不得超过主合同标的额的20%。如果超过这一标准，其超过部分不产生定金的效力；如果实际支付的定金数额多于或少于约定数额，视为变更约定的定金数额。

书面的定金合同是主合同的从合同，因而它以主合同的成立、有效为前提。定金合同可以单独订立，也可以作为主合同中的担保条款。实践中，定金（合同）更多地以主合同中担保条款的形式出现。

3.定金与主合同

当事人约定以交付定金为订立的主合同担保，给付定金的一方拒绝订立主合同的，无权要求返还定金；收受定金的一方拒绝订立主合同的，应当双倍返还定金。

当事人约定以交付定金作为主合同成立或者生效要件的，给付定金的一方未支付定金，但主合同已经履行或者已经履行主要部分的，不影响主合同的成立或者生效。

4.定金的效力

定金的效力主要表现为对不履行合同债务的当事人一方所进行的制裁，即适用定金罚则。根据《民法典》的规定，给付定金的一方不履行债务或者履行债务不符合约定，致使不能实现合同目的的，无权请求返还定金；收受定金的一方不履行债务或者履行债务不符合约定，致使不能实现合同目的的，应当双倍返还定金。

因当事人一方迟延履行或者其他违法违约行为，致使合同目的不能实现的，可以适用定金罚则。但法律另有规定的除外。

定金交付后，交付定金的一方可以按照合同的约定以丧失定金为代价而解除主合同，收受定金的一方可以双倍返还定金为代价而解除主合同。

当事人既约定违约金，又约定定金的，一方违约时，对方可以选择适用违约金或者定金条款。

定金不足以弥补一方违约造成的损失的，对方可以请求赔偿超过定金数额的损失。

因不可抗力、意外事件致使主合同不能履行的，不适用定金罚则。因合同关系以外的第三人的过错，致使主合同不能履行的，适用定金罚则；受定金处罚的一方当事人可以依法向第三人追偿。

知识窗

不可抗力

不可抗力是一项免责条款，是指买卖合同签订后，由于发生了合同当事人无法预见、无法预防、无法避免和无法控制的事件，以致不能履行或不能如期履行合同。发生意外事件的一方可以免除履行合同的责任或者推迟履行合同。在我国《民法典》中，不可抗力是指"不能预见、不能避免且不能克服的客观情况"。

不可抗力可以是自然原因酿成的，也可以是人为的、社会因素引起的。前者如地震、水灾、旱灾等，后者如战争、政府禁令、罢工等。不可抗力所造成的是一种法律事实。不可抗力事件发生后，可能会导致原有经济法律关系的变更、消灭，如必须变更或解除经济合同；也可能导致新的经济法律关系的产生，如财产投保人因不可抗力遭受保险范围内的财产损失时，与保险公司之间产生的关系。当不可抗力事件发生后，遭遇事故的一方应采取一切措施，使损失降到最低。

在订立买卖合同时，一般都订有不可抗力条款。如因不可抗力使合同无法履行，则应解除合同。如不可抗力只是暂时阻碍合同履行，则一般采取延期履行合同的方式。凡发生不可抗力，当事方已尽力采取补救措施但仍未能避免损失的，可不负赔偿责任。

因不可抗力不能履行民事义务的，不承担民事责任。法律另有规定的，依照其规定。

任务实施

一、复习

1.合同的担保和保全概述。

2.合同担保的方式：保证、抵押、质押、留置、定金。

二、分组

将全班学生每4～6人分成一个小组，每个小组选出1名同学作为组长。

三、实训

以案例7-5为分析素材。

过程组织：

（1）教师组织学生仔细阅读案例，进行个人分析案例的构想。

（2）以小组为单位进行讨论，提倡采用"头脑风暴法"。

（3）每个小组派1名代表在全班交流，在本组代表发言时全组同学起立，可以对本组代表的发言进行补充。

（4）教师讲评案例。

（5）学生以小组为单位完成案例分析文案。

任务四　　变更、转让和终止合同

任务描述

依法订立的合同具有法律约束力，但在合同履行期间，当事人的主客观情况都处于变化之中，合同的变更、转让及终止是经常发生的。本任务主要探讨合同的变更、转让及终止。

案例导入

2019年10月11日，某化工厂为扩大生产规模，向某公司借款20万元，约定于2020年10月11日偿还，若迟延还款，化工厂向对方支付违约金。2020年10月11日，该公司要求化工厂偿还借款，化工厂因产品销售情况不好，一时无力清偿20万元借款，于是向该公司请求暂缓一段时间偿还，该公司未作任何表示，此后双方未再发生联系。2022年10月30日，该公司要求化工厂偿还借款并付清迟延还款的违约金。化工厂以还款时效已过为由拒绝还款，该公司遂诉至法院。

试问：（1）双方之间的借款合同是否发生变更？

（2）该公司要求化工厂还款的请求能否实现？

一、合同的变更

根据《民法典》第一百一十九条的规定，依法成立的合同，对当事人具有法律约束力。行为人非依法律规定或者未经对方同意，不得擅自变更或者解除民事法律行为。

然而，在合同履行的过程中，由于客观情况的变化，需要对双方的权利义务关系重新调整和规定时，合同当事人可以依法变更合同。故《民法典》第五百四十三条规定，当事人协商一致，可以变更合同。

合同的变更，是指在合同成立后至履行或者完全履行之前，当事人双方根据客观情况的变化，经协商一致，依法对原合同的内容进行修改和补充。必须强调的是，合同的变更既不是合同当事人的更换，也不是合同整体效力的解除，而只是对合同内容的调整。

合同变更要坚持协商一致的原则。协商一致也是合同变更的必备条件，既包括变更合同的意向，也包括合同新内容的确定，只有当事人双方都同意变更合同，并对合同的新条款协商一致，合同才得以变更。合同变更后，新内容取代了原合同的内容，当事人应当按照变更后的内容履行合同。当事人对合同变更的内容约定不明确的，推定为未变更。

合同变更的形式由当事人协商确定，一般要与原合同的形式一致；法律、行政法规规定变更合同应当办理批准、登记等手续的，应依照其规定办理。

二、合同的转让

合同的转让，是合同的一方当事人将其合同的权利和义务全部或者部分转让给第三人的行为。合同的转让是合同主体发生了变化，经过转让，第三人成为合同的当事人之一，同时享有相应的权利，并承担相应的义务，这是合同转让最显著的标志。

合同的转让有三种类型：合同权利转让、合同义务转让、合同权利和义务一并转让。

（一）合同权利转让

1.合同权利转让的概念

合同权利转让又称合同债权转让或合同债权让与，是合同债权人通过协议将其合同权利的全部或部分转让给第三人的行为。原债权人成为让与人，新债权人称为受让人。

2.合同权利不得转让的情形

根据《民法典》第五百四十五条的规定，债权人可以将合同的权利全部或者部分转让给第三人，但有下列情形之一的除外：

（1）根据债权性质不得转让。根据合同权利的性质，如果只能在特定当事人之间生效，则不得转让。因为如果转让给第三人，将会使合同的内容发生变更，从而使转让后的合同内容与转让前的合同内容失去联系性和同一性，且违反了当事人订立合同的目的。

（2）按照当事人约定不得转让。根据合同自由原则，当事人可以在订立合同时或订立合同后特别约定，禁止任何一方转让合同权利，只要此约定不违反法律的禁止性规定和社会公共道德，就应当产生法律效力。任何一方违反此种约定而转让合同权利，将构成违约。如果一方当事人违反禁止转让的规定而将合同权利转让给善意第三人，则善意第三人可取得这项权利。

（3）依照法律规定不得转让。如企业被宣告破产后，破产企业不得将其债权转让给第三人，以免损害其债权人的利益。

3.合同权利转让的法律效力

合同权利转让的生效，首先应取决于两个条件：一是合同权利转让合同的成立；二是债权人将权利转让的事实通知债务人以后，债务人未表示异议。根据《民法典》第五百四十六条的规定，债权人转让权利的，应当通知债务人。未经通知，该转让对债务人不发生效力。债权人转让权利的通知不得撤销，但经受让人同意的除外。

（1）对受让人的效力。

它包括：①受让人取得合同权利。如果是全部权利转让，则受让人将作为新债权人而成为合同权利的主体，转让人将脱离原合同关系，由受让人取代其地位；如果是部分权利转让，则受让人将加入合同关系，与原债权人一起成为债权人。②受让人取得属于主权利的从权利。在转让合同权利时从属于主债权的从权利，如抵押权、利息债权、定金债权、违约金债权及损害赔偿请求权等也将随主权利的移转而发生转移，但专属于债权人的从权利不能随主权利的移转而转移。《民法典》第五百四十七条规定，债权人转让权利的，受让人取得与债权有关的从权利，但该从权利专属于债权人自身的除外。受让人取得从权利不因该从权利未办理转移登记手续或者未转移占有而受到影响。

（2）对转让人即原债权人的效力。

它包括：①保证转让的权利有效且无瑕疵。如果在权利转让以后，因权利存在瑕疵而给权利人造成损失的，转让人应当向受让人承担损害赔偿责任。当然，转让人在转让权利时，若明确告知受让人权利有瑕疵，则受让人无权要求赔偿。②不得重复转让。转让人在将某项权利转让给他人以后，不得就该项权利再作出转让。如果转让人重复转让债权，则涉及应由哪一个受让人取得受让的权利的问题。一般认为，有偿让与的受让人应当优先于无偿让与的受让人取得权利；全部让与中的受让人应当优先于部分让与中的受让人取得权利。同时，按照"先来后到"的规则，先前的受让人应当优先于在后的受让人取得权利。

（3）对债务人的效力。

它包括：①债务人应向受让人履行债务。债务人不得再向转让人即原债权人履行债务，如果债务人仍然向原债权人履行债务，则不构成合同的履行，更不应使合同终止。如果债务人向原债权人履行，造成受让人损害，债务人应负损害赔偿责任。同时，原债权人接受此种履行，构成不当得利，受让人和债务人均可请求其返还。②免除债务人对转让人所负的责任。债务人负有向新债权人履行合同的义务，同时免除其对原债权人所负的责任。如果债务人向受让人作出履行以后，转让合同被宣告无效或被撤销，但债务人出于善意，则债务人向受让人作出的履行仍然有效。③对受让人的抗辩权不因权利转让而消灭。债务人在合同权利转让时所享有的对抗原债权人的抗辩权，并不因合同权利的转让而消灭。我国《民法典》第五百四十八条规定，债务人接到债权转让通知后，债务人对让与人的抗辩，可以向受让人主张。这一规定主要是为了保护债务人的利益，使其不因合同权利的转让而受到损害。在合同权利转让之后，债务人对原债权人所享有的抗辩权仍然可以对抗受让人即新的债权人，如同时履行抗辩、时效完成的抗辩、债权业已消灭的抗辩、债权从未发生的抗辩、债权无效的抗辩等。④债务人的抵销权。

《民法典》第五百四十九条规定，有下列情形之一的，债务人可以向受让人主张抵销：

① 债务人接到债权转让通知时，债务人对让与人享有债权，且债务人的债权先于转让的债权到期或者同时到期；

② 债务人的债权与转让的债权基于同一合同产生。

因债权转让增加的履行费用，由让与人负担。

（二）合同义务转让

合同义务转让又称合同义务转移，是债务人将合同义务的全部或部分转移给第三人的行为。

债务人将合同的义务全部或者部分转移给第三人的，应当经债权人同意；否则，该转让行为对债权人不发生效力，债权人有权拒绝第三人向其履行，同时有权要求债务人继续履行义务并承担迟延履行合同的法律责任。因为合同的签订基于合同双方当事人之间的信任，而债务人将义务转移给第三人，使第三人成为合同当事人，新的义务人必须取得合同债权人的信任，才能使合同关系得以维系。

《民法典》第五百五十一条规定，债务人或者第三人可以催告债权人在合理期限内予以同意，债权人未作表示的，视为不同意。

债务人全部转移合同义务时，新债务人完全取代了旧债务人的地位，承担全部履行合同义务的责任，享有原债务人对债权人的抗辩权。同时，与所转移的主债务有关的从债务，也应当由新债务人承担，但该从债务专属于原债务人自身的除外。债务人部分转移合同义务时，新的债务人加入合同关系中，与原债务人一起向债权人履行义务。法律、行政法规规定转让权利或者转移义务应当办理批准、登记等手续的，依照其规定。

第三人与债务人约定加入债务并通知债权人，或者第三人向债权人表示愿意加入债务，债权人未在合理期限内明确拒绝的，债权人可以请求第三人在其愿意承担的债务范围内和债务人承担连带债务。

债务人转移债务的，新债务人可以主张原债务人对债权人的抗辩；原债务人对债权人享有债权的，新债务人不得向债权人主张抵销。

（三）合同权利和义务一并转让

合同权利和义务一并转让又称合同承受，是指当事人一方经对方同意，将自己在合同中的权利和义务一并转让给第三人，由第三人取代自己在合同中的地位，承受合同中的权利和义务。《民法典》第五百五十五条规定，当事人一方经对方同意，可以将自己在合同中的权利和义务一并转让给第三人。但是，根据合同性质、按照当事人约定或者依照法律规定不得转让的除外。

《民法典》第五百五十六条规定，合同的权利和义务一并转让的，适用债权转让、债务转移的有关规定。

案例 7-6

某商场（以下简称甲方）与某服装厂（以下简称乙方）于4月初签订了便式西服定作合同。合同规定：甲方提供样品，由乙方购料制作便式西服500套。每套布料180元，加工费90元，所用布料与甲方提供的样品相同，以所封存的样品为检验产品质量的依据。

乙方分3次交货，4月底交200套，5月底交200套，6月初交100套。每次交货后甲方在6天内付款。4月底，甲乙双方如期履行了合同。但5月底，乙方交付的第二批便式西服经甲方检验，发现存在同一规格的西服领大小不一、口袋上下左右偏位等质量问题，与样品完全不相符。于是，甲方要求乙方停止工作，双方解除合同，乙方赔偿甲方错过销售旺季所造成的经济损失。乙方则提出，该批西服已转给某个体裁缝加工，质量问题应由个体裁缝独立承担责任。双方协商不成，甲方遂向法院提起诉讼，要求乙方赔偿损失。法院受理此案后，进行了调查取证，发现乙方于5月初与某大公司签订了出口服装加工合同，乙方的全部设备与劳动力都投入出口服装加工中，故将制作便式西服的任务在未与甲方协商的情况下，擅自转给个体裁缝。

试问：（1）在此纠纷中谁负有违约责任？法律依据是什么？

（2）定作合同转让要注意什么问题？

（3）此案如何处理？

三、合同终止

（一）合同终止的含义

合同终止又称合同消灭，即合同权利、义务的终止，是指依法生效的合同因具备法定情形或当事人约定的情形，合同债权、债务归于消灭，合同法律关系不复存在的客观事实。

合同终止必须基于一定的法律事实，这就是合同终止的原因。合同终止不同于合同解除，合同解除只是合同终止的一种原因。合同终止也不同于合同变更，合同终止后，当事人之间的债权债务关系消灭；而合同的变更，仅是合同内容的变更，债权债务关系仍然存在，合同关系并没有消灭。

（二）合同终止的具体情形

《民法典》第五百五十七条规定，有下列情形之一的，债权、债务终止：

（1）债务已经履行；

（2）债务相互抵销；

（3）债务人依法将标的物提存；

（4）债权人免除债务；

（5）债权、债务同归于一人；

（6）法律规定或者当事人约定终止的其他情形。

合同解除的，该合同的权利义务关系终止。

《民法典》第五百六十二条规定，当事人协商一致，可以解除合同。

当事人可以约定一方解除合同的事由。解除合同的事由发生时，解除权人可以解除合同。

《民法典》第五百六十三条规定，有下列情形之一的，当事人可以解除合同：

（1）因不可抗力致使不能实现合同目的；

（2）在履行期限届满前，当事人一方明确表示或者以自己的行为表明不履行主要债务；

（3）当事人一方迟延履行主要债务，经催告后在合理期限内仍未履行；

（4）当事人一方迟延履行债务或者有其他违约行为致使不能实现合同目的；

（5）法律规定的其他情形。

以持续履行的债务为内容的不定期合同，当事人可以随时解除，但是应当在合理期限之前通知对方。

《民法典》第五百六十四条规定，法律规定或者当事人约定解除权行使期限，期限届满当事人不行使的，该权利消灭。

法律没有规定或者当事人没有约定解除权行使期限，自解除权人知道或者应当知道解除事由之日起一年内不行使，或者经对方催告后在合理期限内不行使的，该权利消灭。

《民法典》第五百六十五条规定，当事人一方依法主张解除合同的，应当通知对方。合同自通知到达对方时解除；通知载明债务人在一定期限内不履行债务则合同自动解除，债务人在该期限内未履行债务的，合同自通知载明的期限届满时解除。对方对解除合同有异议的，任何一方当事人均可以请求人民法院或者仲裁机构确认解除行为的效力。

当事人一方未通知对方，直接以提起诉讼或者申请仲裁的方式依法主张解除合同，人民法院或者仲裁机构确认该主张的，合同自起诉状副本或者仲裁申请书副本送达对方时解除。

《民法典》第五百六十六条规定，合同解除后，尚未履行的，终止履行；已经履行的，根据履行情况和合同性质，当事人可以请求恢复原状或者采取其他补救措施，并有权请求赔偿损失。

合同因违约解除的，解除权人可以请求违约方承担违约责任，但是当事人另有约定的除外。

主合同解除后，担保人对债务人应当承担的民事责任仍应当承担担保责任，但是担保合同另有约定的除外。

案例7-7

兴达公司与山川厂于某年12月30日签订了一份财产租赁合同。合同规定兴达公司租用山川厂5台翻斗车拉运土方，租赁期为1年，租金必须按月付清，逾期未付，承租人承担滞纳金；超过30天仍不付清租金的，出租方有权解除合同。次年2月1日，兴达公司接车后未付租金。山川厂两次书面通知兴达公司按约付租金，并言明逾期将依约解除合同，但兴达公司仍未支付。同年6月10日，山川厂单方通知解除与兴达公司的合同，并向法院提起诉讼，要求兴达公司赔偿其损失12 000元。

试问：（1）山川厂是否有权解除合同？

（2）山川厂的损失应由谁承担？

（三）合同终止的效力

合同终止的效力表现在以下几个方面：

（1）合同当事人之间的权利义务关系消灭。合同终止意味着合同权利义务关系的消灭，债权人不再享有合同的债权，债务人也不再承担合同的债务。

（2）债权的担保及其他从属的权利义务关系消灭。担保物权、保证债权、违约金债权、利息债权等，在合同关系消灭时，自然也消灭。因为这些权利有些属于主合同的从合同，随着主合同的消灭，从合同也随之消灭。

（3）合同当事人必须承担合同终止后的附随义务。《民法典》第五百五十八条规定，债权、债务终止后，当事人应当遵循诚信等原则，根据交易习惯履行通知、协助、保密、旧物回收等义务。其第五百五十九条规定，债权、债务终止时，债权的从权利同时消灭，但是法律另有规定或者当事人另有约定的除外。

（4）合同终止不影响合同中结算和清理条款的效力。《民法典》第五百六十七条规定，合同的权利义务关系终止，不影响合同中结算和清理条款的效力。

任务实施

一、复习

合同的变更、转让、终止。

二、分组

将全班学生每4～6人分成一个小组，每个小组选出1名同学作为组长。

三、实训

2024年6月，宏业建材公司（以下简称宏业公司）与盛佳建筑工程公司（以下简称盛佳公司）签订了新建办公楼的装修合同。双方约定：盛佳公司在合同签订后的两个月内完成宏业公司办公楼的装修工程，宏业公司在工程装修完工后的一个月内付清装修款。合同对装修工程的质量、标准及违约责任作了规定。在此合同签订之前，盛佳公司曾在2024年3月向宏业公司赊购建筑材料，货款总计350万元。

2024年8月，宏业公司办公楼装修完工，在向盛佳公司支付装修款时，主动从应付装修款480万元中扣除了盛佳公司欠本公司的材料款350万元，在通知盛佳公司后将其差额130万元汇入该公司指定账户。盛佳公司得知这一情况后，要求宏业公司待付清装修款后再协商赊购建材的还款事宜，双方因此产生纠纷，诉诸法院。

试问：你认为法院会怎样处理此纠纷？

过程组织：

（1）教师组织学生仔细阅读上述案例，进行个人分析案例的构想。

（2）以小组为单位进行讨论，提倡采用"头脑风暴法"。

（3）每个小组派1名代表在全班交流，在本组代表发言时全组同学起立，可以对本组代表的发言进行补充。

（4）教师讲评案例。

（5）学生以小组为单位完成案例分析文案。

任务五　　履行合同

任务描述

合同履行既是《民法典》合同编的核心内容，也是商务谈判终极目标得以实现的唯一途径。本任务主要探讨合同履行概述、合同履行的原则、规则及合同履行中的抗辩权。

某村配电室（供电方，以下简称甲方）与该村粮食加工专业户杨某（用电方，以下简称乙方）签订了供用电合同。合同生效后，甲方按照国家规定的供电标准和合同的约定，保证了供电的安全性和连续性，但乙方没按时缴纳电费。甲方诉至法院，要求乙方缴纳电费。

在诉讼期间，电费上涨。

试问：法院应该如何判决？请说明理由。

知识储备

一、合同履行概述

合同履行，是在合同生效后，双方当事人按照合同规定的各项条款，完成各自承担的义务和实现各自享有的权利，使双方当事人订立合同的目的得以实现的行为。

合同履行是《民法典》"合同编"的核心内容，订立合同的目的是履行合同；合同成立是合同履行的前提；合同的效力是合同履行的依据；合同的变更和转让是对合同内容和主体的变更和改变，不是对合同履行的否定；合同终止与合同履行在保护当事人的合法权益上是一致的；违约责任制度的重要目的是促使当事人履行合同。

当合同规定的全部义务都履行完毕时，当事人订立合同的目的得以实现，合同也因目的实现而消灭。因此，合同履行是合同目的实现的根本条件，也是合同关系消灭最正常的原因。

合同履行一般情况下都表现为当事人的积极作为，如执行合同规定的交付、完成合同规定的工作等。但是在特殊情况下，消极的不作为也是合同的履行，如保密义务的执行。

二、合同履行的原则

合同履行的原则，是当事人在履行合同时应遵循的基本准则。合同生效后，双方当事人要按照合同的约定履行各自的义务，而且不得因姓名、名称的变更或法定代表人、负责人、承办人的变动而不履行合同义务。

（一）全面履行原则

全面履行原则，是指当事人应当按照合同约定的标的、质量、数量、期限、地点、方式等条款，全面履行各自的义务。只有当合同的全部条款都得到履行，才能实现双方订立合同的目的。合同中任何一项基本条款没有按规定履行，都可能构成违约。所以，全面履行原则是衡量合同是否履行和是否构成违约的标准。《民法典》第五百零九条规定，当事人应当按照约定全面履行自己的义务。当事人应当遵循诚信原则，根据合同的性质、目的和交易习惯履行通知、协助、保密等义务。当事人在履行合同的过程中，应当避免浪费资源、污染环境和破坏生态。

（二）适当履行原则

适当履行原则，是指当事人应依合同约定的标的、质量、数量，由适当主体在适当的期限、地点，以适当的方式，全面履行合同规定的义务。

其具体内容包括：①履行主体适当。当事人必须亲自履行合同义务或接受履行，不得擅自转让合同义务或合同权利让其他人代为履行或接受履行。②标的物、数量和质量适当。当事人必须按合同约定的标的物履行义务，还应依合同约定的数量和质量来给付标的物。③履行期限适当。当事人必须依照合同约定的期限履行合同，债务人不得迟延履行，债权人不得迟延受领；如果合同未约定履行期限，则双方当事人可随时提出履行要求，但必须给对方必要的准备时间。④履行地点适当。当事人必须严格依照合同约定的地点来履行合同。⑤履行方式适当。履行方式包括标的物的履行方式以及价款或酬金的履行方式，当事人必须严格依照合同约定的方式履行合同。

适当履行与实际履行有区别。实际履行要求债务人按照合同约定交付标的物或者提供服务，至于交付的标的物或提供的服务是否适当就不一定了。适当履行不但要求债务人要实际交付标的物或提供服务，还要求交付的标的物或提供的服务必须符合合同的约定。所以，适当履行一定是实际履行，而实际履行不一定是适当履行。

（三）协作履行原则

协作履行原则，是指在合同履行过程中，当事人双方要团结协作，互相帮助对方履行合同义务。履行合同是双方的民事法律行为，不仅仅是债务人一方的事情。由于在合同履行的过程中，债务人比债权人更多地受诚实守信、适当履行等原则的约束，协作履行往往是对债权人的要求。协作履行原则也是诚实守信原则在合同履行方面的具体体现。

其具体要求如下：①债务人履行合同债务时，债权人应当适当受领给付；②债务人履行合同债务时，债权人应当创造必要条件、提供方便；③债务人因故不能履行或不能完全履行合同义务时，债权人应积极采取措施防止损失扩大，否则，应就扩大的损失自负其责。

（四）经济效益原则

经济效益原则，又称效益履行原则，是指当事人在履行合同的过程中应努力减少消耗，降低成本，提高合同的经济效益。通过订立合同取得一定的经济效益是双方当事人最初订立合同的重要目的。在合同履行过程中，当事人可以通过多种方法贯彻效益履行原则，如选择适当的交货方式、交货日期、交货地点，采取合理的运输方式、包装方式，以及在当事人一方违约的情况下采取必要的补救措施等。

（五）情势变更原则

情势变更原则，是指合同依法成立后，因不可归责于双方当事人的原因发生了不可预见的情势变更，致使合同的基础丧失或动摇，若继续维持合同原有的效力则显失公平，法律允许当事人变更或解除合同而免除违约责任的承担。

适用条件：①必须有情势变更的事实。客观情况确实发生了异常变动，如战争引起通货膨胀等。②情势变更需发生在合同成立以后、履行完毕之前。如果在订立合同时已经发生了情势变更则不适用，因为这样就可以推断当事人知道情势已经发生了变化，却仍要订立合同，这不合常理。③情势变更的发生必须不可归责于当事人。如果当事人有责任，则应由其承担相应的风险。④情势变更必须是当事人不可预见的。如果在缔约时能够预见该情势变更，则表明他愿意承担该风险。⑤情势变更必须使履行原合同显失公平。情势变更出现后，一可以重新协商；二可以变更合同；三可以解除合同。

案例7-8

合同规定：进出口某商品1 200万米，7—12月每月各装运200万米，不可撤销即期议付信用证付款，装运月份开始前15天买方负责将信用证开给卖方。买方按约如期于6月15日将信用证开给卖方，经审查信用证总量与总额以及其他条款均与合同规定一致，但装运条款仅规定"允许分批"和最后装运日期为12月31日。由于出口企业备有库存现货，为争取早出口、早收汇，遂先后于7月20日和10月5日将货物分两批各600万米装运出口。由于提交的单据符合信用证条款的规定，付款行及时履行了付款义务。但事后不久，收到国外进口人的电传，声称出口企业违反了合同，故提出索赔。

试问：你认为应如何处理？

三、合同履行的规则

对于依法生效的合同，在其履行期限届满以前，债务人应当根据合同的具体内容和合同履行的基本规则实施履行行为。

（一）合同内容约定不明确的履行规则

根据《民法典》第五百一十条、第五百一十一条的规定，合同生效后，当事人就质量、价款或者报酬、履行地点等内容没有约定或者约定不明确的，可以协议补充；不能达成补充协议的，按照合同有关条款或者交易习惯确定。

依照上述规定仍不能确定的，适用下列规定：

（1）质量要求不明确的，按照强制性国家标准履行；没有强制性国家标准的，按照推荐性国家标准履行；没有推荐性国家标准的，按照行业标准履行；没有国家标准、行业标准的，按照通常标准或者符合合同目的的特定标准履行。

（2）价款或者报酬不明确的，按照订立合同时履行地的市场价格履行；依法应当执行政府定价或者政府指导价的，按照规定履行。

（3）履行地点不明确，给付货币的，在接受货币一方的所在地履行；交付不动产的，在不动产所在地履行；其他标的，在履行义务一方的所在地履行。

（4）履行期限不明确的，债务人可以随时履行，债权人也可以随时要求履行，但应当给对方必要的准备时间。

（5）履行方式不明确的，按照有利于实现合同目的的方式履行。

（6）履行费用的负担不明确的，由履行义务一方负担。

（二）执行政府定价或者政府指导价的合同的履行规则

根据《民法典》第五百一十三条的规定，执行政府定价或者政府指导价的，在合同约定的交付期限内政府价格调整时，按照交付时的价格计价。逾期交付标的物的，遇价格上涨时，按照原价格执行；价格下降时，按照新价格执行。逾期提取标的物或者逾期付款的，遇价格上涨时，按照新价格执行；价格下降时，按照原价格执行。

（三）涉及第三人的合同履行规则

（1）向第三人履行的合同。向第三人履行的合同，又称利他合同，是指债权人将自己所享有的债权转移至第三人，由债务人向该第三人履行债务的合同。

根据《民法典》第五百二十二条的规定，当事人约定由债务人向第三人履行债务，债务人未向第三人履行债务或者履行债务不符合约定的，应当向债权人承担违约责任。

法律规定或者当事人约定第三人可以直接请求债务人向其履行债务，第三人未在合理期限内明确拒绝，债务人未向第三人履行债务或者履行债务不符合约定的，第三人可以请求债务人承担违约责任；债务人对债权人的抗辩，可以向第三人主张。

（2）由第三人履行的合同。由第三人履行的合同，又称第三人负担的合同，是指债务人将自己的债务转移至第三人，由第三人向债权人履行债务的合同。

根据《民法典》第五百二十三条的规定，当事人约定由第三人向债权人履行债务，第三人不履行债务或者履行债务不符合约定的，债务人应当向债权人承担违约责任。

其第五百二十四条规定，债务人不履行债务，第三人对履行该债务具有合法利益的，第三人有权向债权人代为履行；但是，根据债务性质、按照当事人约定或者依照法律规定只能由债务人履行的除外。

债权人接受第三人履行后，其对债务人的债权转让给第三人，但是债务人和第三人另有约定的除外。

四、合同履行中的抗辩权

（一）合同履行中的抗辩权的概念和特征

合同履行中的抗辩权，是指在双务合同中，当事人一方在对方未履行或者不能保证履行合同义务时，可以相应地不履行合同的权利。它具有如下特征：

（1）合同履行中的抗辩权只存在于双务合同中。抗辩权的客体是对方的请求权，而单务合同中不存在对方请求权的问题，当然也就不存在所谓的抗辩权。

（2）抗辩权是一种防御性而非攻击性的权利。只有一方当事人行使请求权时，另一方当事人才可能对此进行抗辩，否则"抗辩"就无从谈起。

（3）抗辩权的有效行使权是对请求权效力的一种阻却，它并没有否认相对人的请求权，也没有变更或消灭相对人的权利。

（4）双务合同履行中的抗辩权是合同效力的表现。由于行使抗辩权只是在一定期限内中止履行合同，并不终止合同的履行效力，抗辩事由消除后，债务人仍应履行其合同义务，因此，合同履行中的抗辩权在性质上为一时的抗辩权或者延缓的抗辩权。

（5）双务合同履行中的抗辩权对抗辩权人来说是一种保护手段，避免自己履行后得不到他方履行的风险，使对方当事人产生及时履行、提供担保等压力。所以它是债权保障的法律制度，就其防患于未然这一特点来说，其作用比违约责任要积极，相较债的担保亦不逊色。

（6）抗辩权是永久性权利。只要合同履行中抗辩的理由还存在，抗辩权就不会随时间的流逝而消失，而可以永久或者无数次地提出。

（7）行使合同履行中的抗辩权，是合同当事人行使自己的合法权利，具有法律依据，应受法律保护，因而不得令权利人承担违约责任。

知识窗

双务合同与单务合同

双务合同，是双方当事人都享有权利和承担义务的合同。现实中的合同绝大多数是双务合同，典型的双务合同如买卖、互易、委托、租赁、合伙、借贷、技术、雇佣、加工承揽、运输及财产保险合同等。

单务合同，是一方当事人只享有权利而不承担义务，另一方当事人则只承担义务而不享有权利的合同。典型的单务合同如赠与、归还原物的借用和无偿保管合同等。

（二）合同履行中抗辩权的种类

1.同时履行抗辩权

同时履行抗辩权，是指当事人互负债务，没有先后履行顺序的，应当同时履行。一方在对方履行之前有权拒绝其履行要求。一方在对方履行债务不符合约定时，有权拒绝其相应的履行要求。

同时履行抗辩权在法律上的根据，在于双务合同之债权、债务成立的关联性，一方债权、债务不成立或不生效，他方债权、债务亦不成立或生效。成立的关联性决定了履行的关联性，双方当事人应同时履行自己所负的债务，在一方履行或提出履行前，他方有权拒绝履行自己的义务。

例如，某学校与某家具厂签订了定做500套课桌椅的合同，双方约定在学校开学前三天钱货两清。家具厂如期完成定做任务后，学校却以资金困难为由，请求家具厂先提供课桌椅，待学校开学向学生收取学费后再结清货款。家具厂根据同时履行抗辩权，可以拒绝学校的请求。

同时履行抗辩权的适用条件：①由同一双务合同产生的债务，且互为对价给付；②双方互负的债务均已届清偿期；③对方未履行债务或履行债务不符合合同约定；④对方的对价给付是可能的。

2.后履行抗辩权

后履行抗辩权，是指当事人互负债务，有先后履行顺序，先履行一方未履行的，后履行一方有权拒绝其履行要求。先履行一方履行债务不符合约定的，后履行一方有权拒绝其相应的履行要求。

例如，甲乙两公司签订一份买卖合同，合同约定买方甲公司在合同生效后30日内向卖方乙公司支付50%的预付款，乙公司收到预付款后10日内发货到甲公司，甲公司收到货物验收后即结清余款。在合同履行过程中，乙公司收到了预付款，并将货发至甲公司，甲公司验收时发现货物质量不符合合同约定。根据后履行抗辩权，甲公司有权拒付余款。

后履行抗辩权的适用条件：①互为对价的合同双方当事人各自债务的履行有先后顺序；②先履行一方未履行或其履行不符合合同约定。

3.不安抗辩权（先履行抗辩权）

不安抗辩权，是指应当先履行债务的当事人，有确切证据证明对方有下列情形之一的，可以中止履行：①经营状况严重恶化；②转移财产、抽逃资金，以逃避债务；③丧失商业信誉；④有丧失或者可能丧失履行债务能力的其他情形。当事人没有确切证据中止履行的，应当承担违约责任。

中止履行的，应当及时通知对方。对方提供适当担保时，应当恢复履行。中止履行后，对方在合理期限内未恢复履行能力并且未提供适当担保的，中止履行的一方可以解除合同。

不安抗辩权本质上是对先期违约的抗辩。先期违约是指一方当事人首先违约，所以造成另一方不履行合同。

不安抗辩权的适用条件：①互为对价的合同双方当事人各自债务的履行有先后顺序，且先履行一方尚未履行债务；②后履行义务一方的履行能力明显降低，有不能为对价给付之虞。

案例7-9

某画家甲与顾客乙约定，由甲为乙画像，乙应先付酬金1万元。合同生效后，甲患重病卧床不起，极有可能无法再为乙画像。鉴于此种情形，乙通知对方其中止履行先行给付酬金的义务。甲接到通知后，向乙提出，如果自己在15日内病情好转能够作画，乙仍应先行支付酬金。15日后，甲的病情无好转迹象，于是乙主张解除合同。

试问：本案中乙的行为是否合法？为什么？

任务实施

一、复习

1.合同履行概述。

2.合同履行的原则和规则。

3.合同履行中的抗辩权。

二、分组

将全班学生每4～6人分成一个小组，每个小组选出1名同学作为组长。

三、实训

以本任务开篇案例作为分析素材。

过程组织：

（1）教师组织学生仔细阅读案例，进行个人分析案例的构想。

（2）以小组为单位进行讨论，提倡采用"头脑风暴法"。

（3）每个小组派1名代表在全班交流，在本组代表发言时全组同学起立，可以对本组代表的发言进行补充。

（4）教师讲评案例。

（5）学生以小组为单位完成案例分析文案。

任务六　　　　承担违约责任

任务描述

当事人严格履行合同，实现各自的目标，达成双赢的局面，这既是正常的商务往来，也是当事人的良好愿望。但现实中违约行为的存在，使得这一愿景经常破灭。本任务主要探讨违约行为的概念和特征、违约行为的分类和违约责任的承担。

案例导入

2024年10月，东方百货为组织元旦、春节货源，与星光电视机厂签订了购买100台电视机的合同。合同约定：每台电视机价格2 400元（当时市场零售价每台2 800元），交货日期为12月15日。东方百货按合同约定于10月20日给付一半货款，另一半货款待星光电视机厂按时将货送到东方百货且经其验收合格后付清。12月14日，星光电视机厂司机在送货途中因醉酒将车开下山崖，导致车毁人亡，车上100台电视机全部报废。东方百货在节日期间因缺少电视机这一重要商品，其销售收入受到很大影响。另外，星光电视机厂的违约行为还使得东方百货与另外两家商场约定的节日期间电视机展销会无法举行，东方百货为此支付上述两家商场违约金8 000元。东方百货因此将星光电视机厂告上法庭，要求其赔偿全部损失。

试问：本案应如何赔偿？

知识储备

一、违约行为的概念和特征

1.违约行为的概念

违约行为，是合同当事人违反合同义务的行为。违约行为是违约责任的基本构成要件，没有违约行为，也就没有违约责任。

2.违约行为的特征

违约行为的主体具有特定性，是合同关系中的当事人。

（1）违约行为是以有效的合同关系的存在为前提的。没有有效的合同关系，就没有合同义务，也就不存在不符合约定的问题。

（2）违约行为违反了合同义务。合同义务主要包括当事人在合同中约定的义务、法律规定的义务、依诚实信用原则而产生的其他义务（即附随义务）。

（3）违约行为导致了对合同债权的侵害。违约行为导致债权人的债权无法实现或无法完全实现。

二、违约行为的分类

（一）按违约行为主体分类

按违约行为主体不同，可将违约行为分为单方违约和双方违约。

（1）单方违约，是指违约是由一方当事人的行为造成的。在单方违约的情况下，应由违约方承担违约责任。

（2）双方违约，是指双方当事人的行为都构成违约。根据《民法典》第五百九十二条的规定，双方当事人都违反合同的，应当各自承担相应的责任。当事人一方违约造成对方损失，对方对损失的发生有过错的，可以减少相应的损失赔偿额。

（二）按违约行为违背缔约目的及所致后果的严重程度分类

按违约行为违背缔约目的及所致后果的严重程度，可将违约行为分为根本违约和非根本违约。

（1）根本违约，是指一方的违约致使另一方的订约目的不能实现或违约行为后果严重。

（2）非根本违约，是指一方的违约并没有导致另一方的订约目的完全不能实现，或者使其遭受重大损害。

根本违约和非根本违约的区别主要表现为：由于一方当事人根本违约，致使不能实现合同目的，另一方享有单方解除权；而在非根本违约的情况下，对方可以要求违约方承担违约责任，但不能解除合同。

同样一个违约行为，既可能是根本违约，也可能是非根本违约。例如，顾客买2.5米布料，商店仅裁出2.3米，短了0.2米。如果顾客买布的目的是做一套西装，2.3米布料不够剪裁用，商店构成根本违约；如果顾客买布的目的是做一幅床单，虽短0.2米，但不影响使用，商店则构成非根本违约。

（三）按违约行为发生的时间分类

按违约行为发生的时间，可将违约行为分为预期违约和实际违约。

（1）预期违约。预期违约，是指发生在履行期限届满之前的违约，包括明示预期违约和默示预期违约。根据《民法典》第五百七十八条的规定，当事人一方明确表示或者以自己的行为表明不履行合同义务的，对方可以在履行期限届满之前要求其承担违约责任。当事人在合同履行期到来之前无正当理由明确表示将不履行合同，或者以自己的行为表明将不履行合同，即构成预期违约。由于预期违约发生在履行期间，债权人可以催促债务人履行。

（2）实际违约。实际违约，是指违约行为发生于合同履行期届满以后。它包括：①不履行；②不符合约定的履行，又称为不适当履行；③其他违反合同义务的行为，主要是指违反法定的通知、协助、保密等义务的行为。

（四）按合同是否履行与履行状况分类

按合同是否履行与履行状况，可将违约行为分为不履行和不适当履行。

（1）不履行。不履行，指当事人不履行合同义务，包括拒不履行和履行不能。拒不履行，指当事人能够履行合同义务却无正当理由而故意不履行；履行不能，指因不可归责于债务人的事由致使合同的履行在事实上已经不可能。

（2）不适当履行。不适当履行，又称不完全给付，指当事人履行合同义务不符合约定的条件。它又分为一般瑕疵履行和加害履行，一般瑕疵履行又含迟延履行。

（五）按违约行为是否造成侵权损害分类

按违约行为是否造成侵权损害，可将违约行为分为一般瑕疵履行和加害履行。

（1）一般瑕疵履行。当事人履行合同有一般瑕疵的，为一般瑕疵履行。一般瑕疵履行有数量不足、质量不符、履行方法不当、履行地点不当、履行迟延等多种表现形式。

（2）加害履行。当事人履行合同除有一般瑕疵外，还造成对方当事人的其他财产、人身损害的，为加害履行。履行不能和履行延迟属于债务人应为而不为，加害履行则属于不应为而为之，故理论上将其称为"积极侵害债权"。加害履行是违约责任和侵权责任竞合的典型情况。例如，债务人给付的机电产品存在漏电缺陷，导致债权人触电死亡，即为加害履行。加害履行也是一种瑕疵履行，故将与其对应的其他瑕疵履行称为一般瑕疵履行。

（六）按迟延履行的主体分类

按迟延履行的主体不同，可将违约行为（迟延履行）分为债务人履行迟延和债权人受领迟延。

（1）债务人履行迟延。债务人超过履行期履行的，为债务人履行迟延。

（2）债权人受领迟延。债权人超过履行期受领的，为债权人受领迟延。

（七）按违约的原因分类

按违约的原因不同，可将违约行为分为因当事人原因造成的违约和因第三人原因造成的违约。

（1）因当事人原因造成的违约。违约是合同当事人造成的，由当事人承担违约责任。

（2）因第三人原因造成的违约。违约是由第三人造成的，根据《民法典》第五百九十三条的规定，当事人一方因第三人的原因造成违约的，应当依法向对方承担违约责任。当事人一方和第三人之间的纠纷，按照法律规定或者按照约定解决。因第三人原因造成一方当事人违约的，如第三人迟延交货造成一方当事人迟延履行的，该当事人应当承担违约责任。该当事人承担违约责任后，可以向第三人追偿。第三人原因构成意外事故致使一方当事人违约，且第三人无力赔偿的，损失由双方当事人分担。法律规定因第三人原因造成违约第三人直接承担责任的，第三人应当直接承担责任。例如，依照《消费者权益保护法》，消费者因商品缺陷造成人身、财产损害的，可以向出售商品的销售者请求赔偿，也可以向制造商品的生产者请求赔偿，受损害的消费者直接请求生产者赔偿的，生产者应当赔偿。

案例 7-10

中国某进出口公司与新加坡某公司签订了一份1亿条沙包袋的出口合同，交货期限为合同成立后的3个月内，价格条款为1美元 CIF 新加坡。该合同的违约金条款为：如合同一方在合同履行期内未能履行合同规定的义务，则必须向另一方支付合同总价3.5%的违约金。中方公司因急于扩大出口，赚取外汇，只看到合同利润优厚，便与外商签订了合同，未实际估计自己是否有能力履行合同。而实际上，中方公司并无3个月内加工1亿条该类沙包袋的能力。合同期满，能够向新加坡公司交付的沙包袋数量距1亿条相差很远。中方无奈，只能将已生产的沙包袋向外方交付并与之交涉要求合同延期，外方态度强硬，以数量不符合同规定为由拒收，并以中方公司违约为由而要求其支付违约金。双方协商未果，最后中方公司只得向对方支付违约金300多万美元，损失巨大。

试问：你对此案有何看法？依据是什么？

三、违约责任的承担

（一）违约责任的概念和特征

违约责任，是指当事人一方不履行合同义务或者履行合同义务不符合约定的，应当承担继续履行、采取补救措施或者赔偿损失等民事责任。《民法典》在违约责任问题上采取严格问责原则，只要当事人不履行合同义务或者履行合同义务不符合约定，则不论违约方主观上是否有过错，都需要承担违约责任。

违约责任具有如下特征：

（1）违约责任是一种民事责任。民事责任，是指民事主体在民事活动中，因实施民事违法行为或基于法律的特别规定，依据民法所应承担的民事法律后果。民事责任总体上分为侵权责任和违约责任两种。

（2）违约责任是违约的当事人一方对另一方承担责任，这是由合同相对性决定的。合同当事人以外的第三人对当事人之间的合同不承担违约责任。例如，合同一方当事人有代理人，如果出现违约的情况，由当事人承担违约责任，而代理人不承担；如果过错在于代理人，则当事人可以根据与代理人的约定确认责任承担方。

（3）违约责任具有补偿性和惩罚性。由于违约使守约方受到损失，违约责任就以弥补这些损失为目的，以损害赔偿为主要的责任形式，在向对方补偿的同时，对违约方进行惩罚。

（二）承担违约责任的方式

根据《民法典》第五百七十七条的规定，当事人一方不履行合同义务或者履行合同义务不符合约定的，应当承担继续履行、采取补救措施或者赔偿损失等违约责任。据此，承担违约责任有三种基本形式，即继续履行、采取补救措施和赔偿损失。除此之外，承担违约责任还有其他形式，如违约金和定金责任。

1.继续履行

继续履行，又称强制实际履行，是指当事人一方不履行合同义务或者履行合同义务不符合约定的，守约方可以要求违约方按照合同约定继续履行，直至达到合同目的。继续履行不依附于其他责任形式，即不论违约方是否已经承担赔偿金或者违约金责任，都必须按照守约方的要求继续履行合同。此种情况多适用于标的物是特定的必须履行的、不得替代履行的情况，如委托加工特定的半成品、特种型号或规格的元器件。

继续履行合同既是为了实现合同目的，也是一种承担违约责任的方式。

2.采取补救措施

采取补救措施作为一种独立的承担违约责任形式，是矫正合同不适当履行（如质量不合格等），使履行缺陷得以消除的具体措施。这种责任形式与继续履行（解决不履行问题）和赔偿损失具有互补性。

我国相关法律对采取补救措施的具体方式做了如下规定：《消费者权益保护法》第52条的规定为"修理、重作、更换、退货、补足商品数量、退还货款和服务费用、赔偿损失等"；《产品质量法》第40条的规定为"修理、更换、退货"。

3.赔偿损失

赔偿损失，又称违约损害赔偿，是违约方以支付金钱的方式弥补守约方因前者的违约行为所损失的财产或利益的责任形式。赔偿损失是承担违约责任的重要形式，目的在于弥补守约方的损失，具有补偿性质。

赔偿损失具有如下特点：①是最重要的违约责任承担形式。它具有根本救济功能，任何其他责任形式都可以转化为损害赔偿。②以支付金钱的方式弥补损失。金钱为一般等价物，任何损失一般都可以转化为金钱，因此，赔偿损失主要指金钱赔偿。但在特殊情况下，也可以其他物代替金钱作为赔偿。③由违约方赔偿守约方因前者违约所遭受的损失。

首先，赔偿损失是对违约行为所造成的损失的赔偿，与违约行为无关的损失不在赔偿之列。其次，赔偿损失是对守约方所遭受损失的一种补偿，而不是对违约行为的惩罚。④具有一定的任意性。违约赔偿的范围和数额，可由当事人约定。当事人既可以约定违约金的数额，也可以约定损害赔偿的计算方法。

赔偿损失的确定方式有两种：法定损害赔偿和约定损害赔偿。

（1）法定损害赔偿。法定损害赔偿，是指法律规定的由违约方对守约方因前者违约行为而遭受的损失承担的赔偿责任。

（2）约定损害赔偿。约定损害赔偿，是指当事人在订立合同时，预先约定一方违约时应当向对方支付一定数额的赔偿金或约定损害赔偿额的计算方法。它具有预定性（缔约时确定）、从属性（以主合同的有效成立为前提）、附条件性（以损失的发生为条件）。

4.违约金

违约金，是当事人违约时应向对方支付一定数额的金钱，以弥补守约方的损失，同时兼有惩罚违约行为作用的违约责任方式。承担违约责任后，是否还要继续履行或采取补救措施，可由合同双方协商确定。但是，当事人就迟延履行约定违约金的，违约方支付违约金后，还应当履行债务。

违约金是对损害赔偿额的预先约定，既可能高于实际损失，也可能低于实际损失，过高或过低均会导致不公平结果。《民法典》第五百八十五条规定，当事人可以约定一方违约时应当根据违约情况向对方支付一定数额的违约金，也可以约定因违约产生的损失赔偿额的计算方法。约定的违约金低于造成的损失的，人民法院或者仲裁机构可以根据当事人的请求予以增加；约定的违约金过分高于造成的损失的，人民法院或者仲裁机构可以根据当事人的请求予以适当减少。

5.定金责任

定金责任又称定金罚则，是指当事人可以依据《民法典》的规定，在债务人履行债务后，定金应当抵作价款或者收回。给付定金的一方不履行债务或者履行债务不符合约定，致使不能实现合同目的的，无权请求返还定金；收受定金的一方不履行债务或者履行债务不符合约定，致使不能实现合同目的的，应当双倍返还定金。

当事人既约定违约金，又约定定金的，一方违约时，守约方可以选择适用违约金或者定金条款，要求对方承担责任。定金不足以弥补一方违约造成的损失的，对方可以请求赔偿超过定金数额的损失。

例如，甲乙两公司签订了一份价值100万元的合同，乙公司支付给甲公司20万元定金，双方又约定违约金为合同金额的30%。后甲公司违约，致使乙公司损失20万元。如果合并适用定金条款与违约金条款，在本案中，甲公司除双倍返还定金40万元外，还需支付给乙公司违约金30万元。这显然远远高于乙公司所遭受的损失，属于对甲公司惩罚过重。根据《民法典》的规定，本案中乙公司只能选择适用违约金或者定金条款。

上述违约责任形式可以选择使用，也可以几种形式同时使用，但宗旨都是达到合同目的，而且需经合同各方一致同意，实际操作以便捷、有效为宜。

2023年11月，南华商场与灵通电器集团订立了空调购销合同，约定由灵通电器集团于2024年5月底交付立式空调500台给南华商场，每台价格4 000元，南华商场向灵通电器集团交付20万元定金，如果灵通电器集团逾期交货，则按合同总价款的3%支付违约金。2024年3月，气象部门预测当年夏天将持续高温，灵通电器集团的立式空调排产量被商家订购一空，且订购价高达每台4 800元。2024年3月底，灵通电器集团给南华商场发了信函，声称无法履约，要求取消合同。南华商场为了防止灵通电器集团向另外的商家交付已与自己约定的货物，于2024年4月8日将灵通电器集团诉至法院，要求其履行合同，如不实际履行，则应双倍返还定金，并支付违约金。灵通电器集团辩称，合同未到履行期，拒绝承担违约责任。

试问：（1）灵通电器集团的行为属于何种违约行为？为什么？

（2）经法院查明，灵通电器集团有货可供，南华商场是否可以要求灵通电器集团继续履行合同义务？

（3）南华商场是否可以要求灵通电器集团双倍返还定金并支付违约金？

（三）违约责任的免除

合同订立后，一方当事人没有履行合同或者履行合同不符合约定的，应当向对方承担违约责任。但是，由于一些特殊情况的发生或者合同约定的情况发生，违约方可以不承担违约责任。

违约责任的免除，又称免除违约责任，是指当事人由于法律规定或者合同约定的免责事由的发生而不承担违约责任。当事人不承担违约责任主要基于以下两种情形：

1.不可抗力

不可抗力，是指不能预见、不能避免并不能克服的客观情况。当事人应当在合同中明确规定不可抗力的范围，因该范围内的原因引起的不能履行合同的行为，根据不可抗力的影响，部分或者全部免除责任，但法律另有规定的除外。当事人迟延履行后发生不可抗力的，不能免除责任。

当事人一方因不可抗力不能履行合同的，应当及时通知对方，以减轻可能给对方造成的损失，并应当在合理期限内提供证明。如不履行上述义务，应承担相应的法律责任。

2.免责条款

免责条款，是双方当事人在合同中约定的免除或限制其未来责任的条款。作为合同的组成部分，免责条款必须经当事人充分协商，并且其内容不得违反诚实信用原则和社会公共利益，这样才具有法律效力。因免责事由发生而不能履行合同的，当事人不承担违约责任。

任务实施

一、复习

1.违约行为的概念和特征。

2.违约行为的分类。

3.违约责任的承担。

二、分组

将全班学生每4~6人分成一个小组，每个小组选出1名同学作为组长。

三、实训

丰果园基地（以下简称丰果园）与某区华龙食品有限责任公司（以下简称华龙公司）于2024年7月7日签订了购销合同，合同的主要内容如下：丰果园于2024年10月1日前向华龙公司提供由丰果园所产的葡萄15吨，价款3万元，货到付款；如一方违约，则按未履行部分的5%支付违约金。在合同履行期限内，丰果园所产葡萄均已出口国外，未履行与华龙公司所签订的合同。华龙公司在合同履行期即将届满之时，便通知丰果园在2024年10月5日前履行供货义务。丰果园告知华龙公司葡萄已全部出口，无货可供，并自愿承担违约责任，华龙公司则坚持要货，双方产生纠纷。华龙公司于10月20日将丰果园诉至法院，请求判令丰果园支付违约金1 500元（30 000×5%），并继续履行合同。

试问：你认为法院会如何审理？依据是什么？

过程组织：

（1）教师组织学生仔细阅读上述案例，进行个人分析案例的构想。

（2）以小组为单位进行讨论，提倡采用"头脑风暴法"。

（3）每个小组派1名代表在全班交流，在本组代表发言时全组同学起立，可以对本组代表的发言进行补充。

（4）教师讲评案例。

（5）学生以小组为单位完成案例分析文案。

项目小结

通过本章的学习，应了解合同的基本概念和特征，签订合同的基本原则，合同的订立、生效、履行、担保、变更与终止以及违约责任等内容。

项目训练

一、判断题

1.甲向乙发出一份要约，其中规定乙须在10日内作出答复。该要约不得撤销。（   ）

2.甲向乙发出要约，丙得知后表示接受甲的要约的意思表示，为承诺。（   ）

3.以欺诈、胁迫手段订立的合同一律无效。（   ）

4.限制民事行为能力人所订立的合同，必须经其法定代理人追认才具有法律效力。（   ）

5.效力待定合同之所以订立后不能立即生效，是因为当事人的意思表示不真实。（   ）

6.限制民事行为能力人订立的合同在被追认前，善意相对人有权将该合同撤销。（   ）

7.无处分权人签订的处分财产的合同属于无效合同。（   ）

8.当债务人怠于行使对第三人的债权时，债权人可以债务人的名义向第三人主张债权。（   ）

9.在保证期间，债权人与债务人对主合同的标的数量等主要内容作了变动，未经保证

人同意的，保证人不再对变更后的合同承担责任。　　　　　　　　　　　（　　　）

10.抵押人是指接受抵押担保的债权人。　　　　　　　　　　　　　　　（　　　）

11.质押合同自签订之日起生效。　　　　　　　　　　　　　　　　　　（　　　）

12.对于定金数额，只能由《担保法》规定，不允许当事人自行约定。　　（　　　）

13.合同中债务人一方将合同义务转让给第三人须经债权人同意，债权人一方转让合同权利则不必经对方同意。　　　　　　　　　　　　　　　　　　　　　（　　　）

14.在协议变更合同时，当事人对合同变更的内容约定不明确的，视为未变更。　（　　　）

15.违约方支付了违约金后，其履行合同债务的责任当然免除。　　　　　（　　　）

二、单项选择题

1.根据《民法典》的规定，对于可撤销合同的撤销，具有撤销权的当事人自知道或应当知道撤销事由之日起一定期间内没有行使撤销权的，则该撤销权消灭。该期间是（　　　）。

A.1个月　　　　　　　B.3个月　　　　　　　C.1年　　　　　　　D.5年

2.根据《民法典》的规定，下列财产中，可以用作抵押的是（　　　）。

A.土地所有权　　　　　　　　　　　　B.所有权有争议的财产

C.依法被扣押的财产　　　　　　　　　D.抵押人所有的厂房

3.甲公司与乙饮料厂签订了一份买卖纯净水的合同，约定提货时付款。甲公司提货时称公司出纳员突发急病，支票一时拿不出来，要求先提货，过两天再把货款送来。乙饮料厂拒绝了甲公司的要求。乙饮料厂行使的这种权利在法律上称为（　　　）。

A.不安抗辩权　　　B.先履行抗辩权　　　C.后履行抗辩权　　　D.同时履行抗辩权

4.甲公司与乙企业在签订合同时约定，由乙企业将一张1万元的国债单据交付甲公司作为合同的担保，该种担保方式在法律上称为（　　　）。

A.抵押　　　　　　B.动产质押　　　　　C.留置　　　　　　D.权利质押

5.根据《民法典》的规定，当事人既约定违约金又约定定金的，一方违约时，对方可以采取的追究违约责任的方式是（　　　）。

A.只能适用定金条款　　　　　　　　　B.只能适用违约金条款

C.合并适用违约金和定金条款　　　　　D.选择适用违约金或定金条款

6.甲于2月14日向乙发出签订合同的要约，乙于2月28日承诺同意，甲、乙双方在3月13日签订合同，约定该合同于3月25日生效。根据《民法典》的规定，该合同的成立时间是（　　　）。

A.2月14日　　　　　B.2月28日　　　　　C.3月13日　　　　　D.3月25日

7.根据《民法典》的规定，下列情形中，要约没有产生法律效力的是（　　　）。

A.撤回要约的通知与要约同时到达受要约人

B.撤销要约的通知在受要约人发出承诺通知之前到达

C.同意要约的通知到达要约人

D.受要约人对要约的内容作出实质性变更

8.根据《民法典》的规定，可撤销合同的当事人行使撤销权的有效期限是（　　　）。

A.自合同签订之日起1年内

B.自合同签订之日起2年内

C.自知道或者应当知道撤销事由之日起1年内

D.自知道或者应当知道撤销事由之日起2年内

9.甲与乙签订了标的额为20万元的买卖合同，为保障合同的履行，合同中附加了定金条款。根据《民法典》的规定，该合同的定金数额最多不得超过（   ）万元。

A.4   B.6   C.8   D.10

10.甲与乙订立了买卖合同，合同到期，甲按约定交付了货物，但乙以资金紧张为由迟迟不支付货款。之后，甲了解到，乙借给丙的一笔款项已到期，但乙一直不向丙催付欠款，于是，甲向人民法院请求以甲的名义向丙催付欠款。甲请求人民法院以自己的名义向丙催付欠款的权利在法律上称为（   ）。

A.代位权   B.不安抗辩权

C.撤销权   D.后履行抗辩权

11.甲公司对外负债300万元，并将一部分优质资产分离出去另成立乙公司，甲、乙公司和债权人对清偿300万元债务的问题没有协议。根据《民法典》的规定，下列关于公司分立后300万元债务清偿责任的表述，正确的是（   ）。

A.应当由乙公司一方承担清偿责任

B.应当由甲公司一方承担清偿责任

C.应当由甲公司和乙公司共同按约定比例承担清偿责任

D.应当由甲公司和乙公司承担连带清偿责任

12.甲、乙公司于2018年3月10日签订买卖合同，3月15日甲公司发现自己对合同标的存有重大误解，遂于3月20日向法院请求撤销该合同，4月10日法院依法撤销了该合同。下列表述中，符合《民法典》规定的是（   ）。

A.合同自3月10日起归于无效   B.合同自3月15日起归于无效

C.合同自3月20日起归于无效   D.合同自4月10日起归于无效

13.甲、乙两公司拟签订一份买卖合同，甲公司签字盖章后尚未将书面合同邮寄给乙公司时，接到乙公司按照合同约定发来的货物，甲公司经清点后将该批货物入库。次日将签字盖章后的书面合同发给乙公司。乙公司收到后，即在合同上签字盖章。根据《民法典》的规定，该买卖合同的成立时间是（   ）。

A.甲公司签字盖章时

B.乙公司签字盖章时

C.甲公司接受乙公司发来的货物时

D.甲公司将签字盖章后的合同发给乙公司时

14.根据《民法典》的规定，下列各项中属于可撤销合同的是（   ）。

A.一方以欺诈的手段订立合同，损害国家利益

B.限制民事行为能力人与他人订立的纯获利益的合同

C.违反法律强制性规定的合同

D.因重大误解订立的合同

15.甲公司以其所持有的乙上市公司依法可转让股票出质向银行贷款，并与银行订立了书面质押合同。根据《民法典》的规定，该质押合同生效的时间为（   ）。

A.贷款合同签订之日   B.质押合同签订之日

C.权利凭证交付之日　　　　　　　　　D.向登记机构办理出质登记之日

三、多项选择题

1.根据《民法典》的规定，当事人在订立合同过程中实施的下列行为，属于缔约过失的有（　　　）。

A.假借订立合同，恶意进行磋商

B.明知对方为限制行为能力人而与其进行合同磋商

C.故意隐瞒与订立合同有关的重要事实

D.提供与订立合同有关的虚假信息

2.根据《民法典》的规定，下列属于无效合同的有（　　　）。

A.因重大误解订立的合同

B.以合法形式掩盖非法目的的合同

C.损害社会公共利益的合同

D.恶意串通损害第三人利益的合同

3.下列关于合同成立时间的表述中，正确的有（　　　）。

A.承诺生效时合同成立

B.承诺人收到要约时合同成立

C.要求签订确认书的，签订确认书时合同成立

D.采用合同书形式的，自双方当事人签字或者盖章时合同成立

4.根据《民法典》的规定，下列各项中属于无效合同的有（　　　）。

A.损害社会公共利益的合同

B.以合法形式掩盖非法目的的合同

C.一方以欺诈手段订立的损害国家利益的合同

D.一方以欺诈手段订立的违背对方真实意思的合同

5.下列各项中，除双方当事人意思表示一致外，还需交付标的物才能成立的合同有（　　　）。

A.普通货物买卖合同　　　　　　　　　B.委托合同

C.动产质押合同　　　　　　　　　　　D.定金合同

6.下列各项中，可以成为合同标的的有（　　　）。

A.生产资料　　　　　　　　　　　　　B.自然人

C.智力成果　　　　　　　　　　　　　D.劳务

7.根据《民法典》的规定，下列各项中属于不得撤销要约的情形有（　　　）。

A.要约人确定了承诺期限　　　　　　　B.要约已经到达受要约人

C.要约人明示要约不可撤销　　　　　　D.受要约人已发出承诺的通知

8.X市甲厂因购买Y市乙公司的一批木材与乙公司签订了一份买卖合同，但合同中未约定交货地与付款地，双方就此未签订补充协议，按照合同有关条款或者交易习惯也不能确定。根据《民法典》的规定，下列关于交货地及付款地的表述，正确的有（　　　）。

A.X市为交货地　　　　　　　　　　　B.Y市为交货地

C.X市为付款地　　　　　　　　　　　D.Y市为付款地

9.根据《民法典》的规定，下列合同中属于效力待定合同的有（　　　）。

A.甲、乙恶意串通订立的损害第三人丙利益的合同

B.某公司法定代表人超越权限与善意第三人订立的买卖合同

C.代理人甲超越代理权限与第三人丙订立的买卖合同

D.限制民事行为能力人甲与他人订立的买卖合同

10.根据《民法典》的规定，下列各项中属于要约失效情形的有（　　）。

A.要约人依法撤回要约

B.要约人依法撤销要约

C.承诺期限届满，受要约人未作出承诺

D.受要约人对要约的内容作出实质性变更

11.无效合同的确认权由（　　）行使。

A.市场监督管理机关   B.仲裁机关

C.人民法院   D.公证机关

12.甲、乙双方签订了买卖合同，在合同履行过程中，发现该合同履行费用的负担问题约定不明确。在这种情况下，可供双方选择的履行规则有（　　）。

A.双方协议补充   B.按交易习惯确定

C.由履行义务一方负担   D.按合同有关条款确定

13.所有担保方式担保的范围除非合同另有规定，均包括（　　）。

A.主债权   B.利息

C.违约金   D.担保物保管费用

14.抵押权实现的方式包括（　　）。

A.折价   B.扣押

C.拍卖   D.变卖

15.《民法典》规定的违约金具有（　　）性质。

A.补偿性   B.警告性

C.惩罚性   D.告诫性

四、案例分析题

甲公司与乙厂签订合同，委托乙厂生产一批机器设备。在交货日前，乙厂厂长听说甲公司的财务状况恶化，银行已停止向其贷款。为避免甲公司无力支付货款，乙厂决定停止为甲公司生产机器设备。甲公司遂与乙厂进行交涉。

根据上述情况和《民法典》的有关规定，回答下列问题：

（1）乙厂在什么情况下可以中止履行合同？乙厂中止履行合同应承担什么义务？

（2）如乙厂中止履行合同是合法的，乙厂在什么情况下可以解除合同？

（3）如乙厂中止履行合同是不合法的，乙厂应承担什么责任？

项目评价

本项目考核由自我评价与小组评价、教师评价两部分构成，考核成绩根据学生对项目训练部分的完成情况给出，教师评定成绩和学生自评成绩分别由教师和学生根据课堂教学、课堂讨论及实训完成情况给出，分别见表7-1和表7-2。

表 7-1 **自我评价与小组评价表**

主要内容	评价等级（在符合的情况下面打"√"）							
	全都做到了		80%做到了		60%做到了		没做到	
	个人	小组	个人	小组	个人	小组	个人	小组

自我总结	我的优势	
	我的不足	
	努力目标	
	具体措施	
小组建议		

表 7-2 **教师评价表**

主要内容	教师评价等级（在符合的情况下面打"√"）			
	优秀	良好	合格	不合格
态度认真、参与积极				
专业知识掌握情况				
综合运用知识解决问题				

综合评语	
	教师签名：　　　　　　年　月　日

主要参考文献

［1］杜海玲，许彩霞．商务谈判实务［M］．4版．北京：清华大学出版社，2023．

［2］黄漫宇．商务沟通［M］．3版．北京：清华大学出版社，2023．

［3］殷向洲．商务谈判理论与技巧［M］．武汉：武汉理工大学出版社，2022．

［4］最高人民法院民法典贯彻实施工作领导小组．中华人民共和国民法典合同编理解与适用［M］．北京：人民法院出版社，2020．

［5］最高人民法院司法案例研究所．民法典新规则案例适用［M］．北京：中国法制出版社，2020．

［6］杨立新．中国民法典释义与案例评注：合同编［M］．北京：中国法制出版社，2020．

［7］杨剑英，常军．商务谈判理论与实务［M］．南京：南京大学出版社，2020．

［8］王铁江．沟通与谈判［M］．武汉：华中师范大学出版社，2019．

［9］王绍军，刘增田．商务谈判［M］．北京：北京大学出版社，2017．

［10］张守刚．商务沟通与谈判［M］．2版．北京：人民邮电出版社，2016．

［11］李爽，于湛波．商务谈判［M］．2版．北京：清华大学出版社，2015．

［12］张素洁．营销素养训练［M］．3版．大连：东北财经大学出版社，2021．

［13］朱春燕，陈俊红，孙林岩．商务谈判案例［M］．北京：清华大学出版社，2011．

［14］上海国家会计学院．领导、沟通与谈判［M］．北京：经济科学出版社，2011．

［15］潘肖珏，谢承志．商务谈判与沟通技巧［M］．上海：复旦大学出版社，2010．

［16］于博远．商务谈判理论与实务［M］．哈尔滨：哈尔滨工业大学出版社，2009．

［17］黄伟平．国际商务谈判［M］．北京：机械工业出版社，2008．

［18］袁其刚．国际商务谈判［M］．北京：高等教育出版社，2007．

［19］冯亚华．商务谈判［M］．北京：清华大学出版社，2006．

［20］李红丽，于博远．谈判理论与实务［M］．北京：中国宇航出版社，2005．

［21］于建忠．商务谈判教学指引［M］．北京：中国人民大学出版社，2003．

［22］左显兰．商务谈判与礼仪［M］．2版．北京：机械工业出版社，2018．

［23］龚荒．商务谈判与沟通：理论、技巧、案例［M］．2版．北京：人民邮电出版社，2018．

［24］陈文汉．商务谈判实务［M］．2版．北京：清华大学出版社，2018．

［25］樊建廷．商务谈判［M］．5版．大连：东北财经大学出版社，2018．

［26］李品媛．商务谈判——理论、实务、案例、实训［M］．2版．北京：高等教育出版社，2015．

［27］李红梅．现代推销实务［M］．4版．北京：电子工业出版社，2014．

［28］吴湘频．商务谈判［M］．北京：北京大学出版社，2014．

［29］张祥．国际商务谈判：原则、方法、艺术［M］．北京：社会科学文献出版社，2014．

［30］毛锦华，周晓．商务沟通与礼仪实务教程［M］．北京：电子工业出版社，2013．

［31］夏美英，徐姗姗．商务谈判实训［M］．北京：北京大学出版社，2013．

［32］李逾男，杨学艳．商务谈判与沟通［M］．北京：北京理工大学出版社，2012．

［33］吕红军．商贸法律与案例［M］．3版．北京：对外经济贸易大学出版社，2012．

［34］王志伟．商贸法律与案例［M］．北京：电子工业出版社，2012．

［35］赵德淳．商贸法律与案例［M］．3版．北京：中国财政经济出版社，2012．

［36］李霞，徐美萍．商务谈判与操作［M］．北京：清华大学出版社，北京交通大学出版社，2010．

［37］吴海侠，高琳．商务沟通与谈判［M］．北京：化学工业出版社，2010．

［38］周贺来．商务谈判实务［M］．北京：机械工业出版社，2010．

［39］崔利群，苏巧娜．推销与沟通技巧［M］．2版．北京：高等教育出版社，2009．

［40］董原．商务谈判与推销技巧［M］．广州：中山大学出版社，2009．

［41］辛文昉．商务谈判［M］．北京：中国商务出版社，2009．

［42］王继新．国际商贸法律与案例［M］．北京：科学出版社，2008．

［43］魏炳麒，王志伟．商贸法律与案例［M］．2版．北京：高等教育出版社，2008．

［44］袁革．商务谈判［M］．北京：中国财富出版社，2007．

［45］王洪耘．商务谈判［M］．北京：首都经济贸易大学出版社，2005．

［46］周琼，吴再芳．商务谈判与推销技术［M］．北京：机械工业出版社，2005．

［47］万成林，舒平．营销商务谈判［M］．天津：天津大学出版社，2004．